"十二五"职业教育国家规划教材 修订版

经全国职业教育教材审定委员会审定

高等职业教育路桥类专业"新形态一体化"系列教材

公路养护技术与管理

第4版

主 编 周传林 王淑娟

参 编 耿 巍 刘 武

主 审 周 进

U0366631

机械工业出版社

本书为"十二五"职业教育国家规划教材修订版。全书主要介绍了路基、路面、桥梁涵洞和隧道的养护，公路的防水、防冰、防雪和防沙，交通工程及沿线设施的养护，公路绿化与环境保护，高速公路养护管理，公路养护的组织与管理，公路路政管理，公路养护管理系统等内容。每一项目后附有思考题，以利于提高学生的实践动手能力。

本书可作为高等职业院校道路桥梁工程技术专业、道路养护与管理专业的教材，也可供从事公路养护与管理的管理人员、技术人员参考使用。

为方便教学，本书还配有电子课件、教案、题库等多种资源，凡使用本书作为教材的教师可登录机工教育服务网 www.cmpedu.com 注册下载。机工社职教建筑群（教师交流QQ群）：221010660。咨询电话：010-88379934。

图书在版编目（CIP）数据

公路养护技术与管理/周传林，王淑娟主编. —4 版. —北京：机械工业出版社，2021.4（2023.6 重印）

高等职业教育路桥类专业"新形态—体化"系列教材 "十二五"职业教育国家规划教材：修订版

ISBN 978-7-111-67903-5

Ⅰ. ①公… Ⅱ. ①周… ②王… Ⅲ. ①公路养护–技术管理–高等职业教育–教材 Ⅳ. ①U418

中国版本图书馆 CIP 数据核字（2021）第 057954 号

机械工业出版社（北京市百万庄大街 22 号 邮政编码 100037）

策划编辑：沈百琦 责任编辑：沈百琦
责任校对：张 薇 封面设计：鞠 杨
责任印制：李 昂
北京捷迅佳彩印刷有限公司印刷
2023 年 6 月第 4 版第 4 次印刷
184mm×260mm · 17 印张 · 1 插页 · 417 千字
标准书号：ISBN 978-7-111-67903-5
定价：49.90 元

电话服务

客服电话：010-88361066
　　　　　010-88379833
　　　　　010-68326294
封底无防伪标均为盗版

网络服务

机 工 官 网：www.cmpbook.com
机 工 官 博：weibo.com/cmp1952
金 书 网：www.golden-book.com
机工教育服务网：www.cmpedu.com

前 言

Foreword

本书为"十二五"职业教育国家规划教材修订版。此次修订，以"职业能力培养"为核心，以"公路养护工作项目"为主线编写，突出以下特色：

➡ 依标准、依岗位，充分体现"工学结合 德技并修"的职业教学特色

本书以现行相关公路养护的技术标准、规范、规程为依据，以职业岗位目标为切入点，围绕养护全过程进行修订。在本书编写过程中，紧密结合工作岗位技能需求，实现工作与学习的整合，理论与实践的整合，专业能力、方法能力和社会能力的整合，充分体现高等职业教育"工学结合、德技并修"的特点。

➡ 新体例、新思路，充分体现"以学生为中心"的培养目标

本书打破传统教材的章节式体例格式，变学科型课程体系为任务引领型课程体系。依照认知规律创设学习项目，在学习项目下设置若干工作任务。以学生就业为导向，紧紧围绕完成工作任务的需要和职业资格证书中相关考核要求来选择各个工作任务中的学习内容。

各个项目中设置知识目标、技能目标、素养目标和工作任务，在明确需要了解的知识内容，需要掌握的技能要求，需要明确的职业素养以及明确本项目的具体工作任务的前提下，开展本项目的各任务学习。各项目设置思政目标，在"润物细无声"的知识学习中，帮助同学们树立正确的世界观、人生观、价值观。各项目最后设置"课后训练"，帮助学生们自我巩固与提升。

➡ 数字化、立体化，符合"互联网+职业教育"的发展需求

为更好地适用于当前职业教育教学需求，本书配有微课视频、教案（分36学时和68学时）、电子课件（PPT）、测试题库、教学设计（单元设计和整体设计）、能力训练、相关规范文本、公路病害图片库以及思政案例素材等数字化、立体化配套资源，更好地帮助学生自主学习。

➡ 新排版、新升级，符合课程特点，符合学生自主学习的习惯

此次修订进行重新排版，依据课程本身理论强的特点以及学生的学习习惯，采用双色印刷，并在书中每页增加学习笔记空白部分，以方便学生随学随记，增加本书的使用效果。

为贯彻党的二十大精神，加强教材建设，推进教育数字化，编者在动态修订过程中，系统优化了本书数字资源，使之更好地服务当前数字化教学。

本书由南京交通职业技术学院周传林、王淑娟任主编，参与编写的还有南京交通职业技术学院耿巍、江西交通职业技术学院刘武。其中，项目一、项目四和项目五由周传林编写，项目三、项目七、项目八、项目九由王淑娟编写，项目二、项目六、项目十由耿巍编写，项目十一、项目十二由刘武编写。

全书由江苏省交通运输厅公路事业发展中心研究员级高级工程师周进主审。江苏省泰州市交通运输综合行政执法支队高级工程师王勇，江苏通用路桥工程有限公司高级工程师李军对本书的编写提供了指导和帮助，在此一并致谢。

由于编者水平有限，书中疏漏和不妥之处在所难免，敬请读者批评指正。

编　者

本书资源列表

Resource List

视频类资源			
名　　称	图　形	名　　称	图　形
1. 路基常见的病害及原因		5. 路基翻浆	
2. 路肩及边坡的养护		6. 路基滑坡、崩塌	
3. 路基排水设施的养护		7. 沥青路面裂缝和拥包的维修	
4. 路基防护工程的养护		8. 沥青路面沉陷和车辙的维修	

（续）

视频类资源			
名　　称	图　形	名　　称	图　形
9. 水泥混凝土路面破损 1		12. 交通安全设施的养护	
10. 水泥混凝土路面破损 2		13. 高速公路养护的基本知识	
11. 水毁的预防及抢修			

彩图类资源			
名　　称	图　形	名　　称	图　形
1. 路基常见病害		5. 路基病害处理	
2. 边坡养护		6. 沥青路面部分病害	
3. 路基排水设施		7. 水泥混凝土路面部分病害	
4. 路基防护工程		8. 坑槽维修	

（续）

彩图类资源				
名　　称	图　形	名　　称	图　形
9. 沥青罩面		12. 桥梁加固方法	
10. 水泥混凝土路面破损处理		13. 公路水毁、冰害、雪害、沙害	
11. 桥梁部分病害		14. 交通安全设施	

其他资源
教案（分 36 学时和 68 学时）、电子课件（PPT）、测试题库、教学设计（单元设计和整体设计）、能力训练、相关规范文本、公路病害图片库以及思政案例素材

目　录
Contents

项目一
公路养护的基本知识
01

● **知识目标**

1. 叙述公路养护的指导方针和技术政策；
2. 叙述公路养护的目的和任务。

● **技能目标**

1. 掌握公路养护工程的分类；
2. 掌握公路养护质量考核方法。

● **素养目标**

通过观看《超级工程》，将公路建设的成就与课程内容联系起来，激发职业自豪感和爱国情怀。

● **工作任务**

1. 公路养护的指导方针和技术政策；
2. 公路养护工程的分类及养护质量考核。

1

公路是国家经济发展和现代化建设的重要基础设施，是整个交通综合系统中最机动灵活的运输方式，具有直达、迅速、方便、适应性强的特点。随着我国交通事业的飞速发展，特别是大量高等级公路的出现，公路交通运输在国家的政治、经济、文化、军事建设中发挥着越来越重要的作用。

公路在建成投入使用后，由于反复承受车轮的磨损、冲击，遭受暴雨、洪水、风沙、冰雪、日晒、冻融等自然力的侵蚀，以及设计、施工中留下的某些缺陷，必然造成公路使用功能和行车服务质量的日趋退化、不适应行车要求，甚至中断交通。为延长公路的使用周期，保障运行畅通，尽量减少和避免由于上述原因给公路使用者带来损失，适应交通量增大、重型车增多等新情况，必须本着"预防为主、防治结合"的原则，采取适当的工程技术措施，坚持日常保养，及时修复损坏部分，保持公路完好、畅通、整洁、美观，周期性地进行预防性大、中修，逐步改善技术状况，提高公路的使用质量和抗灾能力。因此，公路养护是保证汽车高速、安全、舒适行驶不可缺少的经常性工作，加强公路养护、维修和改善具有十分重要的意义。

任务一　公路养护的指导方针和技术政策

公路养护工作现阶段的指导方针是：全面规划、加强养护、积极改善、重点发展、科学管理、保证畅通，普及与提高相结合，以提高为主。在整个公路工作中，应把现有公路的养护和技术改造作为首要任务。公路养护工作应贯彻执行以下技术政策：

1）公路养护工作必须贯彻"预防为主、防治结合"的方针。根据积累的技术经济资料和当地具体情况，通过科学分析，预作防范，消除导致公路损毁的因素，增强公路设施的耐久性和抗灾能力，特别要做好雨季的防护工作，以减少水毁损失。

2）因地制宜，就地取材，尽量选用当地天然材料和工业废渣；充分利用原有工程材料和原有工程设施，以降低养护成本。

3）推广应用先进的养护技术和科学的管理方法，改善养护生产手段，提高养护技术水平。

4）重视综合治理，保护生态平衡、路旁景观和文物古迹，防止环境污染，注意少占农田。

5）全面贯彻执行《公路桥梁养护管理工作制度》，加强桥梁的检查、维修、加固和改善，逐步消灭危桥。

6）公路养护工程设计应符合现行《公路工程技术标准》（JTG B01）的规定；公路施工时应注重社会效益，保障公路畅通。

7）加强以路面养护为中心的全面养护。

8）大力推广和发展公路养护机械化。

在采取公路养护工程的技术措施时，应遵循下列原则。

1）认真开展路况调查，分析公路技术状况，针对病害产生的原因和后果，采取有效、先进、经济的技术措施。

2）加强养护工程的前期工作以及各种材料试验及施工质量检验和监理，确保工程质量。

3）推广路面、桥梁管理系统，逐步建立公路数据库，实行病害监控，实现决策科学化，使有限的资金发挥最大的经济效益。

4）认真做好公路交通情况调查工作，积极开发、采用自动化观测和计算机处理技术，为公路规划、设计、养护、管理、科研及社会各方面提供全面、准确、连续、可靠的交通情况信息资料。

5）改革养护生产组织形式，管好、用好现有的养护机具设备，积极引进、改造、研制养护机械，逐步实现养护机械装备标准化、系列化，以保障养护工程质量，提高养护生产效率，降低劳动强度，改善劳动环境。

6）加强对交通工程设施（包括标志、标线、通信仪器、监控仪器等）、收费设施、服务管理设施等的设置、维护、更新工作，保障公路应有的服务水平。

任务二 公路养护工程的分类及养护质量考核

一、公路养护的目的与基本任务

公路养护与管理的任务，就是运用先进的技术和科学的管理方法，合理地分配和使用养护资金，通过养护维修使公路在设计使用年限内经常保持完好状态，并有计划地改善公路的技术指标，以提高公路的服务质量，最大限度地发挥公路的运输经济效益。公路养护的目的和基本任务如下：

1）贯彻"预防为主，防治结合"的方针，加强预防性养护，提高公路的抗灾害能力。

2）加强公路及其沿线设施的基本技术状况调查，及时发现和消除隐患。

3）保持公路及其沿线设施良好的技术状况，及时修复损坏部分，保障公路行车安全、畅通、舒适。

4）吸收和采用新技术、新工艺、新材料、新设备，采取科学的技术措施，不断提高公路养护工程质量，有效延长公路的使用寿命，降低路桥设施的全寿命周期成本，提高养护资金使用效益。

5）对原有技术标准过低的路段和构造物以及沿线设施进行分期改善和增建，逐步提高公路的使用质量和服务水平。

二、公路养护工程的分类

公路养护工程按其工程性质、规模大小、复杂程度，各国通常有不同的分类方法。前苏联分为保养、小修、中修和大修四类；日本分为保养和维修两大类，维修中还包括更新和改善的内容；英、美等国则分为具体养护和交通服务两类（不包括改善工作）。国际道路会议常设协会于1983年建议，公路养护统一划分为日常养护、定期养护、特别养护和改善工程四类。我国对公路养护的过程分为小修保养、中修、大修和改善四类，其划分原则如下：

1）小修保养工程：对管养范围内的公路及其沿线设施经常进行预防性保养和修补其轻微损坏部分的作业。它通常是由养护工区（站）在年度小修保养定额经费内，按月（旬）安排计划，经常进行的工作。

2）中修工程：对公路及其沿线设施的一般性磨损和局部损坏部分进行定期的修理加固，以恢复公路原有技术状况的工程。它通常是由基层公路管理机构按年（季）安排计划并组织实施的工作。

3）大修工程：对公路及其沿线设施的较大损坏进行周期性的综合修理，以全面恢复到原技术标准的工程项目。它通常是由基层公路管理机构或在其上级机构的帮助下，根据批准的年度计划和工程预算来组织实施的工作。

4）改善工程：对公路及其沿线设施因不适应现有交通量增长和载重需要而提高技术等级指标，通过改善显著提高其通行能力的较大工程项目。它通常是由省级公路管理机构或地（市）级公路管理机构根据批准的计划和设计预算来组织实施或招标完成的工作。

对于当年发生的较大水毁等自然灾害的公路抢修和修复工程，可列为专项工程办理。对当年不能修复的项目，视其规模大小，列入下年度的中修、大修或改善工程计划内完成。

具体的公路养护工程分类见表 1-1。

表 1-1 公路养护工程分类

工程项目	小修保养	中修工程	大修工程	改善工程
路基	保养： 1. 整理路肩、边坡，修剪路肩、分隔带草木，清除杂物，保持路容整洁 2. 疏通边沟，保持排水系统畅通 3. 清除挡土墙、护坡上生长的有碍设施功能发挥的杂草，修理伸缩缝、疏通泄水孔及松动石块 4. 路缘带的修理 小修： 1. 小段开挖边沟、截水沟或分期铺砌边沟 2. 清除零星塌方，填补路基缺口，轻微沉陷翻浆的处理 3. 修理挡土墙、护坡、护坡道、泄水槽等的局部损坏 4. 局部加固路肩	1. 局部加宽、加高路基，或改善个别急弯、陡坡、视距 2. 全面修理、接长或个别添建挡土墙、护坡、护坡道、泄水槽、护栏及铺砌边沟 3. 清除较大塌方，大面积翻浆、沉陷处理 4. 整段开挖边沟、截水沟或铺砌边沟 5. 透水路面的处理 6. 平交道口的改善 7. 整段加固路肩	1. 在原路技术等级内整段改善线形 2. 拆除重建或增建较大挡土墙、护坡等防护工程 3. 大塌方的清除及善后处理	整段加宽路基，改善公路线形，提高技术等级

（续）

工程项目	小修保养	中修工程	大修工程	改善工程
路面	保养： 1. 清除路面泥土、杂物，保持路面整洁 2. 排除路面积水、积雪、积冰、积砂，铺防滑料、灭尘剂或压实积雪维持交通 3. 砂土路面刮平，修理车辙 4. 碎砾石路面匀扫面砂，添加面砂，洒水润湿，刮平波浪，修补磨耗层 5. 处理沥青路面的泛油、拥包、裂缝、松散等病害 6. 水泥混凝土路面日常清缝、灌缝及堵塞裂缝 7. 路缘石的修理和刷白 小修： 1. 局部处理砂石路的翻浆变形、添加稳定料 2. 碎砾石路面修补坑槽、沉降，整段修理磨耗层或扫浆铺砂 3. 桥头、涵顶跳车的处理 4. 沥青路面修补坑槽、沉陷，处理波浪、局部龟裂、啃边等病害 5. 水泥混凝土路面板块的局部修理	1. 砂土路面处理翻浆，调整横坡 2. 碎砾石路面局部路段加厚、加宽，调整路拱，加铺磨耗层，处理严重病害 3. 沥青路面整段封层罩面 4. 沥青路面严重病害的处理 5. 水泥混凝土路面严重病害的处理 6. 水泥混凝土路面接缝材料的整段更换 7. 整段安装、更换路缘石 8. 桥头搭板或过渡路面的整修	1. 整段用稳定材料改善土路 2. 整段加宽、加厚或翻修重铺碎砾石路面 3. 翻修或补强、重铺或加宽高级、次高级路面	1. 整线整段提高公路技术等级，铺筑高级、次高级路面 2. 新铺碎砾石路面 3. 水泥混凝土路面病害处理后，补强或改造为沥青混凝土路面
桥梁涵洞隧道	保养： 1. 清除污泥、积雪、积冰、杂物，保持桥面的清洁 2. 疏通涵管，疏导桥下河槽 3. 伸缩缝养护，泄水孔疏通，钢支座加润滑油，栏杆油漆 4. 桥涵的日常养护 5. 保持隧道内及洞口清洁 小修： 1. 局部修理、更换桥栏杆和修理泄水孔、伸缩缝、支座和桥面的局部轻微损坏 2. 修补墩、台及河床铺底和防护圬工的微小损坏 3. 涵洞进出口铺砌的加固修理 4. 通道的局部维修和疏通修理排水沟 5. 清除隧道洞口碎落岩石和修理圬工接缝，处理渗漏水	1. 修理、更换木桥的较大损坏构件及防腐 2. 修理更换中小桥支座、伸缩缝及个别构件 3. 大中型钢桥的全面油漆除锈和各部件的检修 4. 永久性桥墩、台侧墙及桥面的修理和小型桥面的加宽 5. 重建、增建、接长涵洞 6. 桥梁河床铺底或调治构造物的修复和加固 7. 隧道工程局部防护加固 8. 通道的修理与加固 9. 排水设施的更新 10. 各类排水泵站的修理	1. 在原技术等级内加宽、加高、加固大中型桥梁 2. 改建、增建小型桥梁和技术性简单的中桥 3. 增、改建较大的河床铺底和永久性调治构造物 4. 吊桥、斜拉桥的修理与个别索的调整更换 5. 大桥桥面铺装的更换 6. 大桥支座、伸缩缝的修理更换 7. 通道改建 8. 隧道的通风、照明和排水设施的大修或更新 9. 隧道的较大防护、加固工程	1. 提高公路技术等级，加宽、加高大中型桥梁 2. 改建、增建小型立体交叉桥 3. 增建公路通道 4. 新建渡口的公路接线、码头引线 5. 新建短隧道工程

（续）

工程项目	小修保养	中修工程	大修工程	改善工程
沿线设施	保养： 　标志牌、里程牌、百米桩、界牌、轮廓标等埋置、维护或定期清洗 小修： 　1. 护栏、隔离栅、轮廓标、标志牌、里程碑、百米桩、防雪栏栅等修理、油漆或部分添置更换 　2. 路面标线的局部补划	1. 全线新设或更换永久性标志牌、里程牌、百米桩、轮廓标、界牌等 2. 护栏、隔离栅、防雪栏栅的全面修理更换 3. 整段路面标线的划设 4. 通信、监控设施的维修	1. 护栏、隔离栅、防雪栏栅的增设 2. 通信、监控设施的更新	1. 整段增设防护栏、隔离栅等 2. 整段增设通信、监控设施
绿化	保养： 　1. 行道树、花草的抚育、抹芽、修剪、治虫、施肥 　2. 苗圃内幼苗的抚育、灭虫、施肥、除草 小修： 　1. 行道树、花草缺株的补植 　2. 行道树冬季刷白	更新、新植行道树、花草、开辟苗圃等		

对于高速公路的养护工作，根据高速公路的特点，我国现行《公路养护技术规范》（JTJ 073）将其分为维修保养、专项工程和大修工程三类。

1）维修保养是为保持高速公路及其附属设施的正常使用功能而安排的经常性保养和修补其轻微损坏部分的作业。

2）专项工程是对高速公路及其附属设施的一般性磨损和局部损坏，进行定期修理、加固、更新和完善的作业。

3）大修工程是指高速公路及其附属设施已达到其服务周期时所必须进行的应急性、预防性、周期性的综合修理，使之全面恢复到原设计的状态，或由于水毁、地震、交通事故、风暴、冰雪等造成的高速公路及其附属设施的重大损坏，为保证其正常使用而及时进行的修复作业。

高速公路养护工程的具体内容见表1-2。

三、公路养护质量考核

对公路养护的质量要求是：保持路面整洁，横坡适度，行车舒适；路肩整洁，边坡稳定，排水畅通；构造物完好；沿线设施完善；绿化协调美观，力争构成畅、洁、绿、美的公路交通环境。

对公路质量的考核，按照《公路技术状况评定标准》（JTG H20）的规定，公路技术状况用公路技术状况指数 MQI（Maintenance Quality Indicator）和相应分项指标表示，MQI 和相应分项指标的值域为 0~100，公路技术状况分为优、良、中、次、差五个等级，公路技术状况等级见表1-3。

表 1-2 高速公路养护工程分类

项目	维修保养内容	专项工程内容	大修工程内容
路基	1. 整修路肩、边坡，修剪路肩杂草，清除挡墙、边坡、护栏、集水井和泄水槽内的杂物 2. 疏通边沟和修理路缘石 3. 小段开挖、铺砌边沟 4. 清除路基塌方，填补缺口 5. 局部整修挡墙、护坡、泄水槽圬工 6. 加固路肩	1. 全面修理挡墙、护坡、泄水槽，铺砌边沟和路缘石 2. 清除大塌方、大面积翻浆 3. 整段增设边沟、截水沟 4. 局部软土地基处理	1. 拆除、重建或增建较大的挡土墙、护坡等防护工程 2. 重大水毁路基的恢复 3. 整段软土地基处理
路面	1. 清除路面上的一切杂物 2. 排除积水、积雪、积冰，铺防滑、防冻材料 3. 水泥混凝土路面接缝的正常养护 4. 处理沥青路面和水泥混凝土路面的局部、轻微病害 5. 处理桥头跳车 6. 日常巡视和定期调查	1. 处理路面严重病害 2. 沥青路面整段罩面 3. 处理桥头跳车	1. 周期性或预防性的整段路面改善工程 2. 沥青路面整段加铺面层 3. 水泥混凝土路面板整段更换或改善 4. 重大自然灾害造成的路面损坏的修复
桥涵、隧道及交叉工程	1. 清除污泥、积雪、杂物，保持结构物的整洁 2. 清除立交桥下和隧道涵洞中的污泥杂物 3. 伸缩缝清理修整、泄水槽疏通、部分栏杆油漆 4. 局部更换栏杆、扶手等小构件 5. 局部修理泄水槽、伸缩缝、支座和桥面 6. 维修防护工程 7. 涵洞整修 8. 疏通排水系统 9. 日常巡视和定期调查	1. 更换伸缩缝及支座 2. 桥墩、桥台及隧道衬砌局部修理 3. 桥梁河床铺底及调治构造物的修复 4. 排水设施整段修理或更新 5. 承载能力检测 6. 金属构件全面除锈、油漆	1. 增建小型立体交叉或通道 2. 整段改善大、中桥梁 3. 隧道衬砌全面改善
绿化	路树花草的抚育管理和补植	1. 开辟苗圃 2. 更新树种、花木、草皮 3. 增设公路绿色小品和公路雕塑	—
沿线设施	1. 对标志、标线和集水井、通信井等设施的正常维修和定期检查 2. 对护栏、隔离栅和标志局部油漆和更换 3. 路面标线局部补画	1. 全面修理护栏、隔离栅和各种标志 2. 整段重划路面标线 3. 整段钢质沿线设施定期油漆 4. 通信和监控设施修理	1. 整段更换沿线设施 2. 各种钢质沿线设施的定期刷油漆

表 1-3 公路技术状况评定标准

评价等级	优	良	中	次	差
MQI 及各级分项指标	≥90	≥80，<90	≥70，<80	≥60，<70	<6

公路技术状况评定以 1km 路段长度为基本评定单元。

公路技术状况指数 MQI 按式（1-1）计算。

$$MQI = w_{PQI}PQI + w_{SCI}SCI + w_{BCI}BCI + w_{TCI}TCI \tag{1-1}$$

式中 w_{PQI}——路面使用性能指数 PQI 在 MQI 中的权重，取值为 0.70；

w_{SCI}——路基技术状况指数 SCI 在 MQI 中的权重，取值为 0.08；

w_{BCI}——桥隧构造物技术状况指数 BCI 在 MQI 中的权重，取值为 0.12；

w_{TCI}——沿线设施技术状况指数 TCI 在 MQI 中的权重，取值为 0.10。

课后训练

1. 自然因素对公路有哪些影响？
2. 公路养护的目的是什么？
3. 公路养护的基本任务是什么？
4. 试述公路养护工程的分类及划分原则。

项目二
路基养护

02

● 知识目标

1. 叙述路基常见病害及原因；
2. 了解路基养护工作的内容及要求；
3. 叙述路肩及边坡养护的基本要求和措施；
4. 叙述路基排水设施养护的要求；
5. 叙述路基防护工程的养护措施；
6. 了解特殊地区的路基养护方法。

路基常见病害

● 技能目标

1. 具有独自处理路基翻浆的能力；
2. 具有独自处理滑坡、崩塌、泥石流的能力。

● 素养目标

通过对先进养护队伍事迹的学习，谈谈自己的体会和感受，养成吃苦耐劳、爱岗敬业的工作态度。

● 工作任务

1. 路基养护的基本知识；
2. 路肩及边坡的养护；
3. 路基排水设施的养护；
4. 路基防护工程的养护；
5. 特殊地区的路基养护；
6. 几种路基病害的处理。

任务一 路基养护的基本知识

公路路基是路面的基础，与路面共同承受车辆荷载，是保证路面强度与稳定性的重要条件之一，它是公路的重要组成部分。为了经常保持路基的良好状态，确保路基在行车作用和自然因素的影响下不发生过大的变形，保持完整无损，必须加强对路基的养护工作。

一、路基的常见病害及原因

路基常见的
病害及原因

由于自重、行车荷载和水、温度等各种自然因素的作用，路基的各部分会产生可恢复的变形和不可恢复的变形，那些不可恢复的变形，将引起路基标高和边坡坡度、形状的改变，甚至造成土体位移和路基横断面几何形状的改变，危及路基及其各部分的完整和稳定，形成路基的病害。

路基常见的病害主要有以下几种。

1. 路基的沉陷

路基沉陷是指路基在垂直方向产生较大的沉落。路基的不均匀下陷，将造成局部路段破坏，影响交通。

路基的沉陷有两种情况：

1）路基的沉落：因填料选择不当，填筑方法不合理，压实不足，在荷载和水温综合作用下，堤身可能向下沉陷，如图 2-1a 所示。

2）地基的沉陷：原地面为软弱土层，例如泥沼、流砂或垃圾堆积等，填筑前未经换土或压实，造成承载力不足，发生侧面剪裂凸起，地基发生下沉，引起路堤堤身下陷，如图 2-1b 所示。

a)   b)

图 2-1　路基沉陷

a）路基沉落　b）地基沉陷

路基的沉陷防治方法有：

1）注意选用良好的填料，严禁用腐殖土或有草根的土块，应分层填筑、分层夯实，并及时排除流向路基的地面水或处理好地下水。

2）填石路堤从上而下，应用由大到小的石块认真填筑，并用石渣或石屑填空隙。

3）原地面为软弱土层时，路堤高度较低的，且可中断行车时，应挖除换上良好的填料，然后按原高度填平夯实；路堤高度较高的，且又不能中断行车时，可采用打砂桩、混凝土桩或松木桩。

2. 路基边坡的塌方

路基边坡的塌方是最常见的路基病害，亦是水毁的普遍现象。按其破坏规模与原因的不同，路基边坡塌方可分为剥落、碎落、滑坡、崩塌等，如图 2-2 所示。

剥落是指边坡表土层或风化岩层表面，在大气的干湿或冷热的循环作用下，表面发生胀缩现象，是表层土成片状从坡面上剥落下来，而且老的脱落后，新的又不断产生。在土体不均匀和易溶盐含量大的土层（如黄土）及泥灰岩、泥质岩、绿泥岩等松软岩层较易发生此种破坏现象。路堑边坡剥落的碎屑堆积在坡脚，堵塞边沟，妨碍交通并影响路基的稳定。

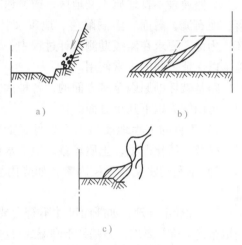

图 2-2　路基边坡塌方
a）剥（碎）落　b）滑坡　c）崩塌

碎落是岩石碎块的一种剥落现象，其规模与危害程度比剥落严重。产生的主要原因是路堑边坡较陡（大于45°），岩石破碎和风化严重，在胀缩、振动及水的浸蚀与冲刷作用下，块状碎屑沿坡面向下滚落。如果落下的岩块较大（直径在 40cm 以上），以单个或多块落下，此种碎落现象可称为落石或坠落。落石的石块较大，降落速度极快，所产生的冲击力可使路基结构物遭到破坏，威胁行车和行人的安全，有时还会引起其他病害。

滑坡是指路基边坡土体或岩石，沿着一定的滑动面整体向下滑动。其规模与危害程度较碎落更为严重。有时滑体可达数百万方以上，造成严重阻车。产生滑坡的主要原因是边坡较高（大于 10~20m，视不同土质而定），坡度较陡（陡于50°），填方不密实，缺少应有的支撑与加固。此外，挖方的岩层倾向公路路基，岩层倾角在 25°~70° 之间，夹有较弱和透水的薄层或岩石严重风化等，在水的浸蚀和冲刷作用下，形成滑动面致使土石失去平衡产生滑坡。

崩塌的规模与产生原因同滑坡有相同之处，亦是比较常见而且危害较大的路基病害之一。它同滑坡的主要区别就在于崩塌无固定滑动面，亦无下挫现象，即坡脚线以下地基无移动。崩塌体的各部分相对位置，在移动过程中完全打乱，其中较大石块翻滚较远，边坡下部形成乱石堆或岩堆。崩塌所产生的冲击力，常使建筑物受到严重破坏，经常阻断交通，并给行车安全带来很大威胁。

坍塌（亦称堆塌）主要是由于土体（或土石混杂的堆积物）遇水软化，在45°~60° 的较陡边坡无支撑情况下，自身重量所产生的剪力超过了黏结力和摩擦力所构成的抗剪力，因而土体沿松动面坠落散开，其运动速度比崩塌慢，很少有翻滚现象。

3. 路基沿山坡滑动

在较陡的山坡填筑路基，如果原地面较光滑，未经凿毛或人工挖筑台阶，或丛草未清除，坡脚又未进行必要的支撑，特别是在受到水的浸润后，填方路基与原地面之间摩阻力减小，在荷载及自重作用下，有可能使路基整体或局部沿地面向下移动,使路基失去整体稳定性。

4. 不良地质水文条件造成的路基破坏

公路通过不良地质水文地区,或遭遇较大的自然灾害作用,如巨型滑坡、塌落、泥石流、雪崩、溶洞陷落、地震及特大暴雨等,均能导致路基的大规模毁坏。为此,要求在路线勘测设计过程中,力求避开这些地区或采取相应的技术措施,以保证公路的正常使用。

路基破坏的原因是多方面的,各种病害既有各自特点,又往往具有共同的原因,可归纳为以下几个方面。

1)不良的工程地质与水文条件,如地质构造复杂,岩层走向及倾角不利,岩性松散,风化严重,土质较差,地下水位较高以及其他特殊不良地质灾害等。

2)不利的水文与气候因素,如降雨量大、洪水、干旱、冰冻、积雪或温差过大等。

3)设计不合理,如断面尺寸不符合要求,其中包括边坡值不当,边坡过高,挖填布置不符合要求,路基处于潮湿或过湿状态,排水不良,防护与加固不妥等。

4)施工不符合有关规定,如填筑顺序不当,土基压实不足,盲目采用大型爆破,以及不按设计要求和操作规程进行施工,工程质量没有达到应有的标准。

上述原因中,地质条件是影响路基工程质量和产生病害的基本前提,水是造成路基病害的主要原因。

二、路基养护工程分类

路基养护工程分类参见表 1-1。

三、路基养护维修的注意事项

在路基养护维修的过程中,应注意以下事项:

1)在修复路基过程中,不论是何种损坏现象,均应及时查明原因,做出相应的措施,及时排除,要将其防患于未然。

2)要尽早找出道路的缺陷及损坏部分,根据需要采用应急处理,同时还需要及时地采取修复措施。

3)养护及维修作业时,要注意不要对交通造成障碍及对沿线生活环境造成影响。

四、路基养护工作的内容及要求

路基养护应通过对公路各部分的日常巡视和定期检查,发现病害及时查明原因,采取有效措施进行修复或加固,消除病害根源,其作业范围应包括下列内容:

1)维修、加固路肩和边坡。

2)疏通、改善排水设施。

3)维护、修理各种防护构造物。

4)清除塌方、积雪,处理塌陷,检查险情,防治水毁。

5)观察预防或处理翻浆、滑坡、泥石流等病害。

6）有计划、有针对性地对局部路基进行加宽、加高，改善急弯、陡坡等视距不良地段，使之逐步达到所要求的技术标准。

为保证路基各部分完整，使路基发挥正常有效的作用，路基养护工作必须符合下列基本要求：

1）保持路基土密实，排水性能良好，各部分尺寸和坡度符合规定并及时消除不稳定因素。

2）路肩无车辙、坑洼、隆起、沉陷、缺口、横坡适度，边缘顺适，表面平整坚实、整洁，与路面接茬平顺。

3）边坡稳定、坚固、平顺，无冲沟、松散，坡度符合规定。

4）边沟、排水沟、截水沟、跌水井、泄水槽等排水设施无淤塞、高草，纵坡符合要求，排水畅通，进出口维护完好，保证路基、路面及边沟内不积水。

5）挡土墙、护坡及防雪、防砂等设施保持完好无损坏，泄水孔无堵塞。

6）做好翻浆、塌方、山体滑坡、泥石流等病害的预防、治理和抢修，尽力缩短阻车时间。

五、路基技术状况评定

路基技术状况用路基技术状况指数（SCI）评价，按式（2-1）计算。

$$SCI = \sum_{i=1}^{8} w_i(100 - GD_{iSCI}) \qquad (2-1)$$

式中　GD_{iSCI}——第 i 类路基损坏的总扣分（Global Deduction），最高分值为 100，按表 2-1 的规定计算；

　　　w_i——第 i 类路基损坏的权重，按表 2-1 取值；

　　　i——路基损坏类型。

表 2-1　路基损坏扣分标准

类型（i）	损坏名称	损坏程度	计量单位	单位扣分	权重（w_i）	备　　注
1	路肩损坏	轻	m²	1	0.10	—
		重		2		
2	边坡坍塌	轻	处	20	0.25	边坡坍塌为重度且影响交通安全时，该评定单元的 MQI 值应取 0
		中		50		
		重		100		
3	水毁冲沟	轻	处	20	0.15	—
		中		30		
		重		50		
4	路基构造物损坏	轻	处	20	0.10	路基构造物损坏为重度时，该评定单元的 SCI 值应取 0
		中		50		
		重		100		
5	路缘石缺损	—	m	4	0.05	—

（续）

类型（i）	损坏名称	损坏程度	计量单位	单位扣分	权重（w_i）	备　注
6	路基沉降	轻	处	20	0.25	—
		中		30		
		重		50		
7	排水不畅	轻	处	20	0.10	—
		中		50		
		重		100		

任务二　路肩及边坡的养护

一、路肩的养护

路肩及边坡
的养护

路肩是保证路基、路面有整体稳定性和排除路面水的重要结构，也是为保持临时停车所需两侧余宽的重要组成部分。路肩的养护情况直接关系到路基路面的强度、稳定性和行车的畅通。此外，路肩和边坡应与环境协调，并尽可能使之美观。

路肩的养护应达到以下基本要求：

1）路肩的横坡应平整顺适，硬路肩应与路面横坡相同，土或植草的路肩应比路面横坡坡度大 1%～2%。若路肩横坡坡度过缓，不利于排水，影响路基稳定；坡度过大，又易于被雨水冲刷成沟槽。

2）路肩的宽度应符合现行《公路工程技术标准》的规定。

3）路肩应经常保持平整坚实，不应积水、积淤泥和出现坑槽、车辙和缺口。

4）路肩上严禁种植农作物和堆放任何杂物。

5）路肩应尽量与环境协调，尽可能使之美观。

对于不同类型的路肩，其具体的养护措施有：

1. 土路肩

土路肩上出现车辙、坑洼或与路面产生错台现象时，必须及时整修，并用与原路基相同的土填平夯实，使其顺适。

土路肩过高，妨碍路面排水时，应铲削整平，宜在雨后土壤湿润状态下，结合清理边沟同时进行。

土路肩横坡坡度过大时，宜用良好的砂土以及其他合适的材料填补压实，不得用清沟挖出的淤泥或含有草根的土壤填补。填补厚度大于 15cm 时，应分层夯压密实。砂性土或粉性土地段，应掺拌黏性土加固表面，以提高路肩的稳定性。

土路肩横坡过小时，应削高补低整修至规定坡度。土或有草的路肩应满足其横坡坡度比路面坡度大 1%～2% 的要求，以利排水。

2. 陡坡路段（纵坡大于 5%）**的路肩**

陡坡路段由于纵坡大，易被暴雨冲成纵横沟槽，甚至冲坏路堤边坡。一般可根据路基排水系统的情况与需要，综合改善，可采取下述措施。

自纵坡坡顶起，每隔 20m 左右两边交错设置宽 30～50cm 的斜向截水明槽，并用砾（碎）石填平；同时在路肩边缘处设置高 10cm、上宽 10cm、下宽 20cm 的拦水土埂。在每条截水明槽处，留一淌水口，其下面的边坡用草皮或砌石加固，使水集中由槽内流出，如图 2-3 所示。

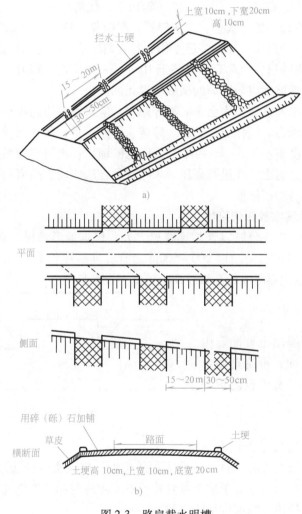

图 2-3　路肩截水明槽

在暴雨中，可沿路肩截水明槽下侧临时设置阻水埂，迫使雨水从草内排出，但雨后应立即铲除。中、低级路面的路肩上自然生长的草皮也应予以保留。植草皮应选择适宜于当地土壤的种子，成活后需加以维护和修整，使草高不超过 15cm，丛集的杂草应铲除重铺，以保持路容美观。如路肩草中淤积砂土过多妨碍排水时，应立即铲除，以恢复路肩应有的横坡度。使用除草剂消灭杂草时，应注意对沿线环境的影响。路肩外侧易被洪水冲缺或牲畜踩踏形成缺口处，可以用石块、水泥混凝土预制块或草皮铺砌宽 20cm 左右的护肩带，既消除病害，又美化路容。

3. 路肩的加固和改善

公路上的路肩通常不供行车之用，但从功能上要求应能承受汽车荷载。为减少路肩养护工作量，对于行车密度大的路线，应有计划地将土路肩改铺成硬路肩。

硬路肩的类型大体上有以下几种：

1）砂石加固的硬路肩，如泥结碎（砾）石、烧陶粒。

2）稳定类路肩，如石灰土、二灰碎石、泥结碎（砾）石、水泥土等。

3）综合结构硬路肩，如在基层上作沥青表面处治的综合结构路肩。

4）草皮加固路肩，但草高不得高于 10cm，否则应进行修剪。

硬路肩的横坡坡度应与路面的横坡坡度相同。

为了防止雨水冲刷和雨中会车时泥泞陷车，应对路肩进行加固。加固的方法是：用粗砂、小砾石、风化石、炉渣、碎砖、砂浆、贝壳等粒料掺拌黏土，铺筑加固层，加固厚度不小于 5cm。应尽量采用挖槽铺压；也可在雨后路肩湿软时直接将粒料撒铺到路肩上，并进行碾压。采用这种方法应注意路肩与路面衔接处的平顺，并保持适当的横坡度。

4. 路肩上严禁堆放任何杂物

对养路材料，应在公路以外相连路肩之处，根据地形情况，选择适宜地点，设置堆料坪，堆料坪的间距以 200～500m 为宜。堆料坪长 5～8m，宽约 2m，如图 2-4 所示。机械化养路或较高级路面，可以不设堆料坪。

二、边坡的养护

边坡养护

边坡包括路堤填土坡面及山体天然状态的坡面，不论是路堤还是路堑边坡，又有不设防护和已设防护之分。

（一）不设防护的边坡养护

不设防护的边坡是指没有铺

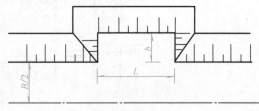

图 2-4 堆料坪
b—堆料坪宽度   L—堆料坪长度   B—路基宽度

设防护或加固设施的边坡。对于不设防护的边坡，应经常保持边坡适宜的坡度。边坡上除个别高出的部分应予铲平维修外，不准随便挖动，更不能在坡脚处垂直挖坑取土，要保持边坡的坡度稳定一致。

路堤边坡如有坍塌，应自上而下先挖成台阶，再分层填土夯实，夯实后宽度要稍超出原来坡面，以便最后整修切平，不能在边坡上贴土修补。另外应保护好边坡上的长草。

对于山岭的路堑边坡，要经常检查，如有坡顶出现裂缝等可能坍塌的迹象时，应及时查明原因，采取相应的预防措施，以免突然下塌，伤害行人和阻断交通。对已堆积在路上的塌方，应先及时清除而后再处治边坡。

在各种自然因素（如风化作用）和违反规定的行为（如在路基坡脚、边坡护坡道上挖土、取料或种植农作物等）的作用和影响下，不设防护的边坡常常会出现岩层风化崩塌、土体失稳坍塌等情况，边坡、碎落台、护坡道等出现缺口、冲沟、沉陷、塌落等现象，或受洪水、边沟流水冲刷及浸水影响而引起破损，这时必须加设防护加固工程措施，以消除危岩、浮石，防止冲刷，保持稳定状态。

防护与加固类型的选择以及详细的技术要求，已在路基工程中讲述。

（二）已设防护的边坡养护

对于已经设置了防护与加固设施的边坡，应经常检查这些防护加固设施，针对不同情况，采用不同养护维修措施。

1）植被护坡。植被护坡有种草及铺草皮两种方法。应经常检查植被的发育状态，地下水及地表水流出状况；草皮护坡有无局部的根部冲空现象；坡面及坡顶有无裂缝、隆起等异常现象；坡面及坡顶的尘埃、土砂等堆积状况，针对不同情况，采取措施。

2）砌石护坡。养护时应检查护坡有无松动现象；有无局部脱落及陷没现象；护坡工程有无滑动、下沉、隆起、裂缝等现象；检查是否有涌水及渗水状况，泄水孔是否起作用，基础是否受到冲刷。针对上述现象找出原因，应及时填补，进行维修，保证边坡稳定。

3）抛石加固边坡。应检查抛石有无空缺或冲失，应及时添补填实，或选用大块石压铺在表面。

4）石笼加固边坡。应检查笼框、铁丝是否出现腐蚀或断开，填石有无脱落现象；若有上述情况应及时修换笼框；笼中石料若不足，应予以添满，封闭笼框。

任务三　路基排水设施的养护

路基排水设施分为地面排水设施和地下排水设施。

地面排水设施一般应包括边沟、截水沟、排水沟、跌水、急流槽、倒虹吸管、渡槽等。

边沟是设在路基边缘的水沟，主要用以汇集和排除路基范围内和流向路基的少量地面水，它是矮路堤和路堑不可缺少的排水设施。

路基排水设施的养护

截水沟又称天沟，当路基上侧山坡汇水面积较大时，应在挖方坡顶以外或填方路基上侧适当距离设置截水沟，用于拦截山坡流向路基的水流。

排水沟的作用是将边沟、截水沟、取土坑或路基附近的积水通过排水沟排至桥涵处或路基以外的洼地或天然河沟，以防水流停积于路基附近，危害路基。

当地形险峻、水流湍急，排水沟渠的纵坡较陡时，为降低流速、消减能量、防止冲刷，可设置跌水和急流槽，以防止水流对路基与桥涵结构物的危害。

地下排水设施有暗沟、渗沟和渗井。

路基排水设施

暗沟是设在地面以下引导水流的沟渠。它本身不起渗水和汇水作用，而是把路基范围内的泉水或渗沟汇集的水流排到路基范围以外，使不致在土中扩散，危害路基。

渗沟又分盲沟、管式渗沟、洞式渗沟三种，用来吸收、降低、汇集和排除地下水，或用以拦截流向路基的地下水，并把它排出路基范围以外。

当路线经过地区地形平坦，地面水无法排除时，可以修建像竖井或吸水井形式一样的渗水井，将地面水通过渗井渗入地下予以排除。

路基排水系统具有拦截、汇集、排除地面和地下水，降低地下水位的功能，能使路基免受水的侵害，保证路基的强度和稳定性。路基排水系统能否正常工作，直接影响到路基的稳定性。因此，加强对各排水设施的日常养护与维修、加固，是确保路基稳定的关键环节。

（一）地面排水设施的养护与维修

1）除坚持日常检查外，应加强汛前、雨中、暴雨后的检查，及时发现问题加以清除，保证路基各排水设施的正常工作。

对边沟、截水沟、排水沟及暗沟（管）等排水设施，在春融前，特别是汛前，应全面进行检查疏浚，保证各排水沟渠完好无损，水流能够畅通无阻。

雨中必须上路巡查，及时排除堵塞、疏导水流，保持水流通畅，并防止水流集中冲坏路基。

暴雨后应进行重点检查，如有冲刷、损坏，必须及时修理加固，如有堵塞应立即清除。

2）对各类地面排水沟渠，应经常保持设计断面形状和尺寸，满足排水要求。

一般情况下，边沟的横断面形式，土质边沟宜采用梯形，石质边沟宜采用矩形，流线型边沟适合积雪或积砂路段，三角形边沟适用于矮路堤或机械施工时。边沟的底宽一般不应小于0.4m，深度也不宜小于0.4m。

截水沟和排水沟的断面形式一般都采用梯形，底宽不小于0.5m，深度按设计流量确定，也不宜小于0.5m。

若发现边沟、截水沟、排水沟内有淤泥或边坡剥落的土块，或沟壁损坏，造成沟渠断面形状改变，应及时清淤和修复。

3）对各类地面排水沟渠，还应经常保持沟外边坡的坡度，以防塌堤，阻塞边道。

当发现排水沟渠的边坡特别是土质边坡松散滑塌时，应立即修复。

4）为了保证沟渠迅速排水，应经常疏通，一般使沟底保持不小于0.5%的纵坡，在平原地区排水有困难的地段，不宜小于0.3%。当纵坡大于0.3%时，则需要进行加固。当纵坡等于或超过7%时，宜设置跌水或急流槽。

5）保证排水沟的水流在注入河流或其他沟渠时，成锐角相交，且不大于45°，使水流顺畅，避免冲淤。

6）农业灌溉用水应经由涵管、倒虹吸管及渡槽等流过公路。

（二）地下排水设施的养护和维修

地下排水设施的养护和维修应做到以下几点：

1）应经常进行检查，如发现堵塞、淤积，应进行清除冲洗。尤其是雨季，应保证流水畅通。

2）应经常注意保持地下排水设施排水口的排水能力，防止堵塞。如发现沟口长草堵塞，应及时清理和冲洗。

3）如碎（砾）石层淤塞不通时，应翻修，并剔除颗粒较小的砂石。

4）地下排水设施的其他部位，由于平时不便于检查，可以在降雨之后调查，看其机能是否正常。如果地下排水设施的机能显著降低，或者可以断定排水设施的排水能力不足时，应该考虑新设或增设地下排水设施。

5）如发现排水口的流量变化有异常，或路面出现裂缝或凸凹，若经检查是由于地下排水设施的破坏而引起的，则应维修或重修地下排水设施。

任务四　路基防护工程的养护

一、挡土墙的养护

挡土墙是用来支撑天然边坡或人工填土边坡，以保持土体稳定的建筑物，是公路的重要组成部分，其技术状况的好坏对公路往往带来比较大的影响，除经常检查外，每年还应在春秋两季各进行一次定期检查。在北方冰冻严重地区尤应注意，主要检查挡土墙在冰冻融化后墙身及基础的变化情况。在通过重车的异常情况下，应进行特殊检查，发现裂缝、倾斜、鼓肚、滑动、下沉、表面风化、泄水孔不通、墙身后积水、地基错台或空隙等情况，应查明原因，并观察其发展情况。然后根据结构种类，针对损坏实情，采取合理的修理加固措施；对检查和修理加固情况，应做好工程施工档案备查。其工程技术措施如下：

路基防护工程
的养护

路基防护工程

1）圬工或混凝土砌块石挡墙的裂缝、断缝的处理。对已停止发展的挡土墙裂缝、断缝，应立即进行修理、加固，其方法是将缝隙凿毛，清除碎渣和杂物，然后用水泥砂浆填塞；对混凝土或钢筋混凝土挡土墙裂缝，可采用环氧树脂黏合。

2）挡土墙倾斜、鼓肚或滑动、下沉的处理：

① 锚固法。锚固法适用于水泥混凝土或钢筋混凝土挡土墙，采用高强钢筋做锚杆，穿入预先钻好的孔内，用水泥砂浆灌满锚杆插入岩体部位，固定锚杆，待砂浆达到一定强度后，对锚杆进行张拉，然后用锚头固紧，如图2-5所示。

② 套墙加固法。套墙加固是在原墙外侧加宽基础，加厚墙身，如图2-6所示。施工时，应挖除一部分墙后填土，减少压力，同时应注意新旧基础和墙身的结合。方法是凿毛旧基础和旧墙身，必要时设置钢筋锚栓或石榫，以增强连接。墙后回填土必须分层填筑并夯实。

③ 增建支撑加固法。增建支撑加固是在挡墙外侧，每隔一定的间距，增建支撑墙。支撑墙的基础埋置深度、尺寸和间距应通过计算确定，如图2-7所示。

原挡土墙损坏严重，采用以上加固方法不能达到设计强度要求时，则应考虑将损坏部分拆除重建。为防止不均匀沉降，新旧挡土墙之间应设置沉降缝，并应注意新旧挡墙接头协调。

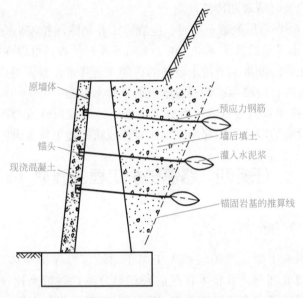

图 2-5 锚固法加固挡墙

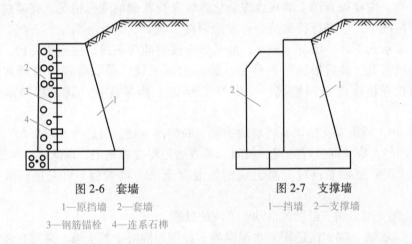

图 2-6 套墙

1—原挡墙 2—套墙

3—钢筋锚栓 4—连系石榫

图 2-7 支撑墙

1—挡墙 2—支撑墙

3）挡土墙的泄水孔应经常保持畅通。泄水孔如有堵塞，应设法疏通。如疏通工程艰巨或冻胀困难，应针对墙后土体含水情况，另行选择适当位置增设泄水孔，或在墙背后沿挡墙加做墙后排水设施，一般可增设盲沟将水引出路基以外，以防止墙后积水，引起土压力增加，造成土壤膨胀，将墙体挤裂、挤倒。

4）砖石、混凝土或钢筋混凝土挡土墙表面如出现风化剥落，应将风化表层凿除，喷涂水泥砂浆保护层，防止剥落恶化。当风化剥落严重时，应将风化部分拆除重砌。

5）添建或接长挡墙应与线路或原挡墙协调，对挡墙两端连接的边坡，若被水流冲成槽或缺口，应及时填补、夯实，恢复原状。

6）锚杆式或加筋土挡墙应做好顶面和墙外的防水、排水。发现变形、倾斜或肋柱、挡板断裂，应及时修理、加固或更换。对出露式的锚头螺母和垫板，要定期涂刷防锈漆以防锈蚀。如锚头用砂浆或沥青麻絮包裹，要注意是否紧密，发现脱落，应及时修补。

7）浸水挡土墙除平时经常检查其是否损坏外，应在洪水期前后详细观察、检查。汛前检查的目的是确定其作用、效果是否稳定，能否承受洪水的袭击，同时采取相应的防护、加固措施；汛后检查的目的是观察其是否损坏，如有损坏，应及时修理和加固。浸水挡土墙受洪水冲刷，出现基础被掏空，但未危及挡土墙本身时，可采取抛石加固或用块（片）石将淘空部分塞实并灌浆，当挡土墙本身出现损坏，如松动、下沉、倒塌、开裂等，应按原样修复。

二、护岸的养护

沿河公路路基直接受到水流侵害。为了防止水流危害岸坡，除了可以采用植物防护、石砌防护、抛石与石笼防护等直接防护措施以外，还可采用间接防护方法，即修筑调治结构物等各类护岸设施来改变水流方向，消除和减缓水流对堤岸的直接破坏。这类调治结构物主要是指堤坝，按其与河道的相对位置，一般可分为丁坝、顺坝或格坝。

丁坝也称挑水坝，是指坝根与岸滩相接，坝头伸向河槽，坝身与水流方向成某一角度，能将水流挑离河岸的结构物。丁坝一般用来束水归槽，改善水流状态，保护河岸。

顺坝为坝根与岸滩相接，坝身大致与堤岸平行的结构物，主要用于导流、束水、调整河道曲度，改变流态，也可称作导流坝或顺流坝。

格坝为建于顺坝与河岸之间，其一端与河岸相连，另一端与顺坝坝身相连的横向调治结构物。格坝的作用是将水流反射入主河床，同时防止洪水溢入顺坝，冲刷坝后河床与河岸，并促进其间的淤积。

在洪水期前后，应密切注意各类护岸设施，检查其是否完整稳固，观察其作用和效果是否正常。当护岸设施受到洪水冲刷或波浪、漂浮物等的冲击而损坏时，应采取抛石防护或石笼防护措施，加固河床，防护护岸设施免受水流冲刷和淘刷。

用土工膜袋做护岸是一项新技术。土工膜袋就像一个中间带有许多节点的超大型塑料纺织袋，其规格可按工程要求加工。施工时，将膜袋平铺于岸坡上，从袋口连续灌注流动性良好的混凝土，则充满混凝土的膜袋紧贴在岸坡上，形成一个稳固的大面积混凝土壁，起到护岸的作用。这项技术的特点是施工速度快、简便、经济，并且可省去养管工作，尤其适用于冲刷严重的沿河路堤，如图 2-8所示。

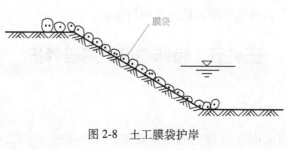

图 2-8　土工膜袋护岸

三、透水路堤的养护

受季节性或长期浸水的路堤、沿河路堤和桥头引道等，其路堤下部每年遭受短期或长期的淹没。这些路堤称为透水路堤，如图 2-9 所示。当河中水位上升时，水从边坡的一侧或两侧渗入路堤内；当水位降落时，水又从堤内向外渗出。故透水路堤除承受车辆荷载和自重外，还要受水的浮力和渗透动水压力的作用。当堤外水位下降时，渗透动水压力指向土体外面，此时会破坏边坡的稳定性，产生边坡凸起或滑坡现象。

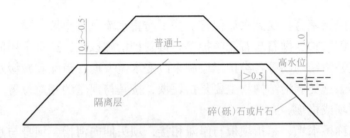

图 2-9　透水路堤（尺寸单位：m）

透水路堤的边坡应保持稳定和完好，若有损坏，应及时按原样修复。透水路堤伸出路基坡脚以外部分应保持完好，并经常清理路基边坡碎落的泥土杂物，防止淤塞缝隙，影响透水。

设置于透水层内的泄水管应经常清除淤泥和杂物，保持良好的泄水性能。在北方严重冰冻地区，冬季封冰前应在管内无水时采用不透水材料将泄水管两头堵塞封闭，防止因积水冰冻膨胀而损坏泄水管，待春季融冻时再放开。

透水路堤上游一侧的路基护坡，应高出最高洪水位不小于 1m，并保持其完好稳定状态。如有损坏，应及时修复。

透水路堤的上下游护底铺砌，必须保持平顺密实无淤泥。如有淤泥杂物沉积，必须及时清除，以防止淤泥杂物堵塞路堤而影响透水效果；护底铺砌层如有损坏，应及时修复。

透水路堤顶面与路基之间应设置 30~50cm 厚的隔离层，以防止毛细水上升而软化上部路基。如上部路基发软变形，说明隔离层失去作用，应及时进行修理。

透水路堤如失去透水作用，则应改建桥涵。

任务五　特殊地区的路基养护

一、盐渍土地区路基

当地表以下 1m 内含有容易溶解的盐类，如 $NaCl$、$MgCl_2$、$CaCl_2$、Na_2SO_4、

MgSO₄、Na₂CO₃、NaHCO₃（重碳酸钠）等超过 0.3%（除特别说明外，均为质量分数）时即属盐渍土。在我国西北、东北的干旱气候地区及沿海平原地区分布有大面积的盐渍土。其含盐量通常是 5%~20%，有的甚至高达 60%~70%。由于土中含有易溶盐，土的物理、力学性质和筑路性质发生变化，引起许多路基病害。盐渍土在干旱季节和干旱地区，因盐类的胶结和吸湿、保湿作用，有利于路基稳定，但一旦受到雨水、冰雪融化的淋湿，含水量急增，出现湿化塌堤、沉陷、路基发软，致使强度降低、丧失稳定，甚至失去承载力，导致路基容易出现病害，如道路泥泞、路基翻浆及冻胀病害加重等；受水浸时，强度显著下降，发生沉陷；硫酸盐发生盐胀作用，使土体表面层结构破坏和疏松，以致产生路面被拱裂及路肩、边坡被剥蚀等。针对这些情况，主要采用下述措施加以防治。

1）加密排水沟，排水沟底要保持 0.5%~1% 的纵坡；在低矮平坦排水困难的地段应加宽、加深边沟，或在边沟外增设横向排水沟，其间距不宜大于 500m，沟底应有向外倾斜 2%~3% 的横坡，如图 2-10 所示。

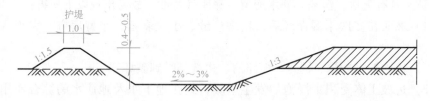

图 2-10 加大排水沟及护堤（尺寸单位：m）

2）对加深加宽边沟的弃土，可堆筑在边沟外缘，形成护堤，以保护路基不被水淹。

3）在盐湖地区用盐晶块修筑的路基表面，原来没有覆盖层或覆盖层已失散了的，宜用砂土混合料进行覆盖和恢复。路肩出现车辙、坑凹、泥泞，应清除浮土，泼洒盐水湿润，再填补碎盐晶块整平夯实，仍用砂、土混合料覆盖压实。

4）秋冬季节或春融季节，路肩容易出现盐胀隆起，甚至翻浆，对隆起的应予铲平，使地面水及时排除。

5）边坡经雨水或雪融水冲蚀后出现的沟槽、溶洞、松散等，可采用盐壳平铺或黏土掺砂铺土压密，防止疏松。

6）为防止边坡水土流失，在坡脚处增设各宽 2m 的护坡道，护坡道高出常水位 20cm 以上。护坡道上可选择种植一些耐盐性的树木或草本植物（如红杨、甘草、白茨等）以增强边坡稳定，如图 2-11 所示。

7）在过盐地区，对较高等级的道路，为防止路肩风蚀、泥泞以及防止水分从路肩部分下渗，而造成路面沉陷，其路肩可考虑采用下列措施：

① 用粗粒渗水材料掺在当地土内封闭路肩表层。

② 用沥青材料封闭路肩。

③ 就地取材，用 15cm 厚的盐壳加固。

8）对硫酸盐渍土路基，为处治边坡疏松、风蚀和人畜踩踏而造成的破坏，可根据需要和可能，采取把卵石、砾石、黏土和盐壳平铺在路堤边坡上等措施。

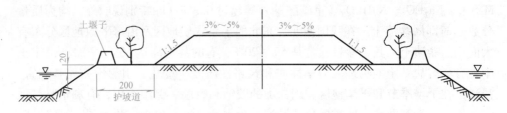

图 2-11　设置护坡道并植树（尺寸单位：cm）

二、黄土地区路基

黄土主要分布在昆仑山、秦岭、山东半岛以北的干旱和半干旱地区，其中以黄土高原的黄土沉积最为典型。

（一）常见病害

黄土具有疏松、湿陷、遇水崩解，膨胀等特性，故易出现以下病害：

1）坡面在多次干湿循环后，出现裂缝、小块剥落、小型塌方、大小沟槽、陷穴。

2）边沟被水冲深、蚀宽，使路肩、边坡脚受到破坏。

3）边坡土体受积水浸泡后发生滑塌，或在地下水及地面水的综合作用下，形成泥流。

（二）病害的治理

1）对疏松的坡面，宜拍打密实，或用轻碾自坡顶沿坡面碾实，如坡度缓于 1∶1，雨量适宜草类生长的，可用种草、铺草皮等方法加固。

2）雨量较小，冲刷不严重的，采用黏土掺拌，锄草进行抹面，并每隔 30～40cm，打入木楔，增强草泥与坡面的结合。

3）雨雪量较大的地区，无论坡度大小，宜用石灰、黄土、细砂三合土或加炉渣的四合土进行抹面加固，对高路堤可采取葵花拱式砌块铺砌。

4）对坡脚易受雨水冲刷或坡面剥落严重地段应进行修理加固。

5）路基上出现的陷穴，首先要查清造成陷穴的水的来源、水量、发展情况等，可采用灌砂、灌泥浆填塞或挖开填塞孔道后再回填夯实，设地下暗管、盲沟等。

6）公路通过纵横向沟壑时，沟壑边坡疏松土层，应采用挖台阶办法清除，台阶宽度不小于 1m，如图 2-12 所示。

7）因地表水浸蚀，路肩上出现坑凹，可用砂土混合料改善表层。采用无机结合稳定类半刚性基层、沥青表处面层或其他硬化结构硬化路肩。路肩尚未硬化路段，为防止地表水渗入路面底层中，应每隔 2～3m 设盲沟一处。盲沟口与边坡急流槽相接，盲沟与盲沟之间铺设土工布防水层，如图 2-13 所示。

8）在高路堤（大于 12m）地段，为防止路基下沉，应在垫层下铺设塑料薄膜防水层（塑料薄膜厚度不小于 0.14mm），并必须设盲沟。

9）通过沟壑时，如未设置防护工程，应在上游一侧路基边坡底部先铺设塑

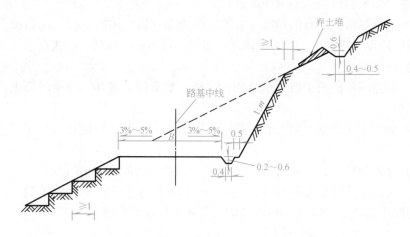

图 2-12　边坡疏松土层挖台阶（尺寸单位：m）

B—路基宽度

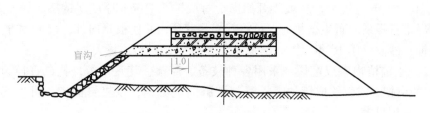

图 2-13　路肩未硬化，设置盲沟与铺塑料薄膜（尺寸单位：m）

料薄膜或其他隔水材料，然后贴在隔水层上铺浆砌片石坡脚，铺砌高度高于水位 20~50cm，如图2-14所示。

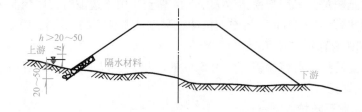

图 2-14　坡脚铺设塑料薄膜及片石铺砌（尺寸单位：cm）

三、沙漠地区路基

我国沙漠地区主要分布在北方干旱、半干旱地区。由于气候比较干燥、雨量稀少、风沙大，地表植被均较稀疏、低矮，容易发生边坡或路肩被风蚀、整个路基被风沙掩埋等情况。沙漠地区路基的养护往往需要大量的防护材料，因此，在养护中要把备料工作做好。"固、阻、输、导，综合治理"是沙漠地区筑路的基本方针。公路养护也应遵循此方针。

（一）沙漠路基病害的防护措施

1）对路基两侧原有的沙障、石笼、风力加速堤、用黏土覆盖的植被、防沙栅栏及防沙设置等措施，如有被掩埋、倾倒、损坏和失效的，应拔高、扶正或修理补充。

2）对路基的砌石护坡或草格防沙设施，如有塌方破坏，应及时修理，保持完好状态。

3）必须维护路基两侧现有植物的正常生长，并有计划地补植防沙树木和防护林。

4）路基边坡上，出现的风蚀、空洞、塌缺应予填实并加做护坡。

5）路肩上严禁堆放任何材料或杂物，以免造成沙丘。对公路上的积沙，应及时清除运到路基下风侧 20m 以外的地形开阔处摊撒平顺。

（二）砂质路基的防护措施

1. 柴草类防护

1）层铺防护：采用麦草、稻草、芦苇、沙蒿、野麻或其他草类，将其基杆砍成 30~50cm 的短节，从坡脚开始向上每层按 5~10cm 厚度层铺捣实。如采用沙蒿等带有根系的野生植物时，可将其根茎劈开，并使根篓向外，按上述方法进行层铺。沙蒿可用 10 年以上，其他多为 3~5 年，材料用量大。

2）平铺植物束成笆块，采用各种枝条、芦苇、芨芨草等，扎成直径为 5~10cm 的束把，或编织成笆块，沿路基坡脚向上平铺，以桩钉固定，可用 5~10 年，材料用量大。

3）平铺或叠铺草皮，以 40~50cm 为一块挖取草皮，其厚度约 10~15cm，沿路基坡脚向上错缝平铺或叠铺，一般可用 3~5 年，如能成活，可起永久稳固边坡作用。

2. 土类防护

1）黏土防护：采用塑性指数大于 7 的黏土，用于边坡时，厚为 5~10cm，用于路肩时，厚为 10~15cm。为增加抗冲蚀强度和避免干裂，可掺 10%~15% 的砂或 20%~30% 的砾石（体积分数）。

2）盐盖防护：可将盐盖打碎为 5cm 的碎块，予以平铺（松软的盐盖可直接平铺而形成硬壳）。

3. 砾、卵石防护

1）平铺卵石防护：用于边坡时，厚 5~10cm；用于路肩时，厚为 10~15cm，分平铺、整平、夯实几步进行。

2）格状砾卵石防护：用于边坡时，厚 5~7cm；用于路肩时，厚为 10~15cm，先用 10cm 以上的卵石在边坡上做成 1m×1m 或 2m×2m 并与路肩边缘成 45°角的方格，格内平铺粒径较小的砾石；路肩平铺砾石，应进行整平并夯（或拍）实。

4. 沥青防护

1）平铺沥青砂，采用 10%~20% 热沥青与 80%~90% 的风积沙混合，直接平铺、拍实。

2）直接喷洒沥青或渣油：采用低标号沥青、渣油，熬热后洒在边坡上，然后撒一薄层风积沙。

四、多年冻土地区

在年平均气温在 0℃ 的条件下，地下形成一层能长期保持冻结状态的土，这种土叫多年冻土。在我国的东北、西北及青藏高原的高寒地区，分布有成片的多年冻土。低温地带的多年冻土往往含有大量水分，或夹有冰层，并有一些不良的物理地质现象，易引起的路基病害主要有：路堑边坡坍塌、路基底发生不均匀沉陷；由于水分向路基上部积聚而引起冻胀、翻浆；路基底的冰丘、冰堆往往使路基鼓胀，引起路基、路面的开裂与变形，而融化后又发生不均匀沉陷等。针对其病害的不同情况，可以采取以下措施：

1）多年冻土地区的路基养护，应采取"保护冻土"的原则，做到"宜填不挖"。除满足不同地区、气候、水文、土壤等路基填筑的最小高度外，另加 50cm 保护层。路基填方高度不宜小于 1m。

2）养护材料尽量选用砂砾等非冻胀性材料，不适宜用黏土、重黏土等毛细作用强、冻胀性大的养护材料。

3）加强排水，防止地表积水，保持路基干燥，减少水融，做到最大限度地保护冻土。应完善路基侧向保护和纵横向排水系统，地表径流应分段截流，通过桥涵排出路基下方坡脚 20m 以外。路基坡脚 20m 以内不得破坏地貌，不得挖除原有草皮；取土坑应设在路基坡脚 20m 以外；路基上侧 20m 处应开挖截水沟，防止雨雪水沿路基坡脚长流或向低处汇积，造成地表水下渗，路基下冻土层上限下降。疏浚边沟、排水沟时，应防止破坏冻层，导致冻土融化，产生边坡坍塌。

4）受地形限制，路基填筑高度不够时，应铺筑保温隔离层，隔温材料可采用泥炭、炉渣、碎砖等，防止热融对冻土的破坏。

5）防护构造物应选用耐融性材料。选用防水、干硬性砂浆和混凝土时，在冰冻深度范围，其强度等级应提高一级。

6）流冰的治理宜采用下列方法：将路基上侧的泉水、夹层和透水层的渗水，从保温暗沟（或导管）导流出路基外，如含水层下尚有不冻结的下层含水层，则可将上层水引入下层含水层中排出。具体做法是将泉水源头至路基挖成 1m 深沟，上面覆盖柴草保温材料，再修一小坝积水井（观察眼），路基下放导管（直径 30cm），管的周围用保温材料包裹，防止结冰，避免冰丘的形成。

7）提高溪旁路基的高度，使其高于流冰面 60cm 以上。因受地形或纵坡限制不能提高路基时，可在临水一侧路外筑堤埂或从中部凿开一道水沟，用树枝杂草覆盖加铺土保温，使水流沿水沟流动，避免溢流上路。如地形许可，可将溪流改至远离公路处通过。

在多年冻土区，可在路上侧 10~15m 以外开挖与路线平行的深沟，以截断活动层泉流，在冬季使涎流冰聚集在公路较远处，保证公路不受涎流冰的影响。根据涎流冰的数量，在公路外侧修筑储冰池，使涎流冰不上公路。

五、泥沼及软土地带

我国东北的大小兴安岭、长白山、三江平原、松辽平原及青藏高原和西北地区的湖盆洼地和高寒山地均分布有泥沼；在湖塘、盆地、江河湖海沿岸和山河洼地，则分布有近代沉积的软土。泥沼、软土地带的路基，多因地面低洼、降水充足、地下水位高、含水饱和、透水性小、压缩性大、抗剪强度低，在填土荷载和行车荷载下，容易出现沉降、冰冻膨胀、弹簧、沉陷、滑动、基底向两侧挤出等病害。路基损坏的整治应针对病害情况，采取下列措施：

1）降低水位。当在路基两侧开挖沟渠的工程量不大时，可加深路堤两侧边沟，以降低水位，促进路基土渗透固结，达到稳固路基的效果。

2）反压护道。当路堤下沉，两侧或路堤下坡一侧隆起时，可采取在路堤两侧或一侧填筑适当高度与宽度的护道，在护道重力作用下，使路堤两侧（或单侧）有被挤出隆起的趋势得以平衡保证路堤稳定，如图 2-15 所示。

图 2-15　用反压护道加固软土路堤

3）换填。将病害处路堤下软土全部挖出，换填强度较高、渗透性较好的砂砾石、碎石，如图 2-16 所示。

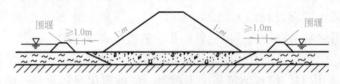

图 2-16　换填砂砾石（碎石）

4）抛石挤淤。抛石挤淤为强迫换填的一种形式，适用于软土液性指数大、层厚较薄，片石能沉达下部硬卧层者。采用较大的片（块）石，直径一般不小于30cm。先将病害路段路堤挖到软土层，抛石自路堤中部开始，逐步向两侧展开，使淤泥挤出，在片（块）石抛至一定高度后（一般要露出淹没水面），用压路机碾压，然后在其上铺设反滤层，再填土至路基设计高度，如图 2-17 所示。

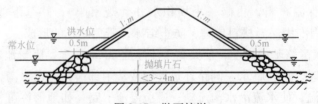

图 2-17　抛石挤淤

5）侧向压缩。在路堤坡脚砌筑纵向结构，限制软土侧向挤出，可采用板桩、木排桩、钢筋混凝土桩、片石齿墙等，如图 2-18a、b 所示。

6）挤密法。在软土路基中采取冲击或振动等方法造成一定直径的钻孔，在

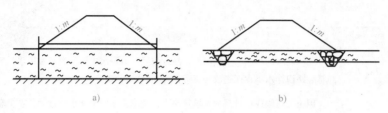

图 2-18 两种侧向压缩方法

孔中灌以砂、石、灰土或石灰等材料，捣实而成直径较大的桩体，利用横向挤紧作用，使路基土粒彼此靠紧，孔隙减小。桩体具有较高的承载能力，复合地基的桩体置换率为 10%～15% 桩和原土组成复合地基，达到加固的作用。

除上述方法外，还可采用砂石垫层、砂井（桩）、袋装砂井、塑料排水板，以及土工织物滤垫等方法，以改善排水条件，稳定路基。路堤两侧边坡，宜栽植柳、枫、杨等亲水性好、根系发达的树木，以增强路基抵抗冲刷和侵蚀的能力。

任务六 几种路基病害的处理

一、路基翻浆

潮湿地段的路基在冰冻过程中，土中的水分不断地向上移动聚集，引起路基冻胀。春融时，路基湿软，强度急剧降低，加上行车的作用，路面发生弹簧、鼓包、冒浆、车辙等现象，称为翻浆。

1. 造成路基冻胀与翻浆的条件

1）土质。采用粉性土做路基，便构成了冻胀与翻浆的内因，粉性土毛细上升速度快，作用强，为水分向上积聚创造了条件。

2）水文。地面排水困难，路基填土高度不足，边沟积水或利用边沟作农田灌溉，路基靠近坑塘或地下水位较高的路段，为水分积聚提供了充足的水源。

3）气候。多雨的秋天、暖和的冬天、骤热的晚春、春融期降雨等都是加剧湿度积聚和翻浆现象的不利气候。

4）行车。通行过大的交通量或过重的汽车会加速翻浆发生。

5）养护。不及时排除积水，弥补裂缝，会促成或加剧翻浆的出现。

2. 翻浆的分类和分级

根据导致翻浆发生的水类来源和翻浆时路面的变形破坏程度，可分为五种类型和三个等级，见表 2-2、表 2-3。

路基翻浆

路基病害处理

表 2-2 翻浆分类

序号	翻浆类型	导致翻浆的水类来源
1	地下水类	受地下水的影响，土基经常处于潮湿状态，导致翻浆。地下水包括上层滞水、潜水、层间水、裂隙水、泉水、管道漏水等。潜水多见于平原区，层间水、裂隙水、泉水多见于山区

（续）

序号	翻浆类型	导致翻浆的水类来源
2	地表水类	受地表水的影响，土基潮湿，导致翻浆。地表水主要指季节性积水，也包括路基、路面排水不良而造成的路旁积水和路面积水
3	土体水类	因施工遇雨或用过湿的土填筑路堤，造成土基原始含水量过大，在负温度作用下上部含水量显著增加导致翻浆
4	气态水类	在冬季强烈的温差作用下，土中水主要以气态形式向上运动，聚积于土基顶部和路面结构层内，导致翻浆
5	混合水类	受地下水、地表水、土体水或气态水等两种以上水类综合作用产生和翻浆。此类翻浆需根据水源主次定名

表 2-3　翻浆分级

翻浆等级	路面变形破坏程度
轻	路面龟裂、潮湿、车辆行驶时有轻微弹簧
中	大片裂纹、路面松散、局部鼓包、车辙较浅
重	严重变形、翻浆冒泥、车辙很深

3. 路基翻浆的预防

在日常养护中，应经常使路基表面平整坚实，无坑槽辙沟，路拱及路肩横坡坡度符合规定标准，路肩上无坑洼，无堆积物及边沟通畅不存水；及时扫除积雪，使路基顶面不存雪，防止雪水渗入路基。

当路面出现潮湿斑点，发生龟裂、鼓包、车辙等现象，表明路基已发软，翻浆已开始，此时应对其长度、起讫时间及气温变化、表面特征等进行详细的调查分析，做出记录，确定其治理方案，常采用以下养护措施防止翻浆加重。

1）在路肩上开挖横沟，及时排除表面积水。横沟间距一般为 3~5m，沟宽 30~40cm，沟深至路面基层以下，高于边沟沟底。横沟底面要作向外倾斜的坡，坡度 4%~5%。两边路肩的横沟要错开挖。

当开始出现翻浆的路段不太长时，也可在路面的边缘挖出两道纵沟，宽 25cm，深度随路面厚度而定，然后再每隔 300~400m 挖一道横沟。

2）及时修补路面坑槽和路肩坑洼，保持路面和路肩平整，以利尽快排除表面积水。

3）如条件许可，应控制重型车辆通过或令车辆绕道行驶。

4）在交通量较小、重车通过不多的公路上，可用木料、树枝等做成柴排，铺于翻浆路段，再铺上碎石、砂土，维持通车，当翻浆停止，路基渐趋稳定，应及时拆除临时设施，恢复路基原状。

5）砂桩防治。当路基出现翻浆迹象时，可在行车带部位开挖渗水井，随时将渗水井内的水掏出，边淘水、边加深，直至冰冻层以下；当渗水基本停止，即可填入粗砂或碎（砾）石，形成砂桩。砂桩可做成圆形或矩形，其大小以施工方便和施工时维持行车为度。一般其直径（或边长）为 30~50cm，桩距和根数可根据翻浆的严重程度而定，一般一个砂桩的影响面积为 $5 \sim 10\mathrm{m}^2$。

4. 路基翻浆的处治

当因各种原因造成了路基翻浆，应根据不同情况采取下列治理措施：

1）因路基偏低、排水不良而引起的翻浆，若地形条件许可，可采用挖深边沟，降低水位的方法进行处理，或用透水性良好的土提高路基。

2）路基土透水性不良、提高路基又困难时，可将路基上层 $40 \sim 60\mathrm{cm}$ 的土挖除，换填砂性土、碎（砾）石，压实后重铺路面。在翻浆严重路段应将翻浆部分软土全部挖除，填入水稳定性良好的砂砾材料并压实，然后重铺路面。

3）设置透水性隔离层，其位置应在地下水位以上，一般在土基 $50 \sim 80\mathrm{cm}$ 深度处（在盐渍土地区的翻浆路段，其深度应同时考虑防止盐胀和次生盐渍化等要求），用粗集料（碎石、砾石或粗砂）铺筑，厚度约 $10 \sim 20\mathrm{cm}$，分别自路基中心向两侧做成3%的横坡。为避免泥土堵塞，隔离层的上下两面各铺 $1 \sim 2\mathrm{cm}$ 厚的苔藓、泥炭、草皮或土工布等其他透水性材料防淤层。连接路基边坡的部位，应铺大块片石防止碎落，隔离层上部与路基边缘之高差 h 不小于 $50\mathrm{cm}$，底部高出边沟底 $20 \sim 30\mathrm{cm}$，如图 2-19 所示。

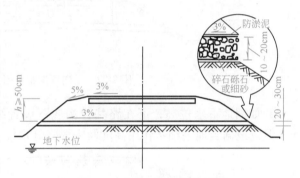

图 2-19　粗粒料透水性隔离层

4）设置不透水隔离层。在路面不透水的路基中，可设置不透水隔离层。设置深度与透水隔离层相同。当路基宽度较窄，隔离层可横跨全部路基，称为贯通式，如图 2-20a 所示；当路基较宽时，隔离层可铺至延出路面边缘外 $50 \sim 80\mathrm{cm}$，称为不贯通式，如图 2-20b 所示。

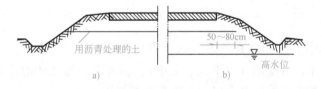

图 2-20　不透水隔离层

a）贯通式　b）不贯通式

5）为防止水的冻结和土的膨胀，可在路基中设置隔温层（一般为北方严重冰冻地区），以减少冰冻深度。厚度一般不小于 $15\mathrm{cm}$，隔温材料可用泥炭、炉渣、碎砖等，直接铺在路面下。宽度每边宽出路面边缘 $30 \sim 50\mathrm{cm}$，如图 2-21 所示。

6）设置盲沟以降低地下水位，截断地下水潜流，使路基保持干燥。

① 在路肩上设置横向盲沟，其位置应与路中心线垂直。当路基纵坡大于1%时，则与路中心线构成 $60° \sim 75°$ 的斜度（顺下坡方向）。两侧相互交错排列，间

距为 5~10m，深度 20~40cm，宽 40cm 左右，填以透水性良好的砂砾等材料。横向盲沟出口按一般盲沟处理。盲沟往往容易淤塞，应经常观察其使用情况。

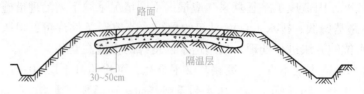

图 2-21　隔温层的式样

② 当地下水潜流顺路基方向从路基外侧向路基流动，可在路基内设横向截水盲沟或在路基外设纵向沟，使其不侵入路基。盲沟的设置应与地下水含水层的流向成正交，并深入该层底部，以截断整个含水层，如图 2-22 所示。

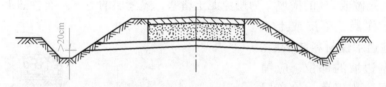

图 2-22　横向盲沟布置图

③ 如因地下水位高，可在路基边沟底下设置纵向盲沟，其深度一般为 1~2m，但应根据当地毛细水作用高度及需要降低水位多少而定，如图 2-23 所示。

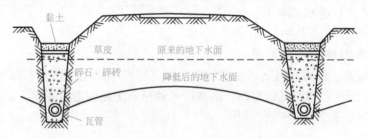

图 2-23　纵向盲沟（有管渗沟）的修法

④ 盲沟应选择渗水良好的碎（砾）石填充。对较深的截水盲沟，则应按填充料颗粒的大小，分层填入（下大、上小）；也可埋设带孔的泄水管。沟面用草皮反铺掩盖，覆以密实的结合料，以防止地面水渗入。

7）改善路面结构。

① 铺设砂（砾）垫层以隔断毛细水上升，增进融冰期蓄水、排水作用，减小冻结或融化时水的体积变化，减轻路面冻胀和融沉作用。

② 铺设水泥稳定类、石灰稳定类、石灰工业废渣类等路面基层结构层以增强路面的板体性、水稳定性和冻稳定性，提高路面的力学强度。

综上所述，针对不同地区或条件，应选择不同的防治翻浆的措施。

路基滑坡、崩塌

二、滑坡

路基山坡土体或岩层，由于长期受地面水和地下水的影响，其结构破坏，逐渐失去支撑力，在自重作用下，整体地沿着一个滑坡面向下滑动。这种滑动是缓慢的，但坡度较陡时也会突然下滑，每次滑动后，滑坡体并不完全稳定，会继续出现裂缝。这种现象即为滑坡，如图2-24a、b所示。

我国西南地区（云、贵、川、藏）是滑坡分布的主要地区，东南、中南的山岭、丘陵地区滑坡也比较多，西北黄土高原及青藏高原和兴安岭的多年冻土地区也都有滑坡分布。

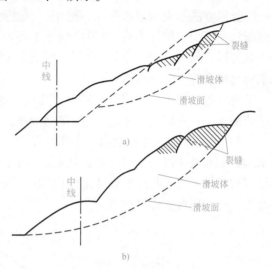

图 2-24　滑坡形状示意图

（一）滑坡产生的原因

1. 地质因素

地质因素包括具备蓄水构造、聚水条件、软弱面（或带）以及向路基倾斜的岩层地质等情况，遇有以下情况就可能发生滑坡。

1）山坡表面土壤或岩层为透水的，下面为不透水土壤或岩层，且其层理倾向路基。如遇地下水活动，会使表层沿着不透水的隔水层滑动而造成滑坡。

2）山坡岩层软硬交错，且其软弱面向路基倾斜，由于风化程度不同或地下水侵蚀等关系，岩层可能沿着软弱面向下滑动。

3）当边坡上部为松散岩层或堆积层，下面的主要岩层较陡而又伸向路基时，则其上部松散岩层或堆积层易于滑坡。

4）路线穿过岩层软硬不均的岩石断开地带，又为地下水集中活动的地区时，开挖的路堑容易引起滑坡。

2. 水文影响

水文影响主要表现在以下几个方面：

1）大量雨水渗入滑坡体内，使土体湿软，增加重量，降低强度，加速滑坡活动。

2）地下水量增加，浸湿滑坡面。

3）不合理的排水措施，例如在渗水性强的边坡顶上设置无防水层的截水沟，当地面水流入截水沟内，大量渗入土中而促使滑坡发生。

4）河溪水位涨落，渗入滑坡体内，引起边坡下滑。

5）边坡上方有灌溉渠道或水田，没有进行适当处理，渗漏严重，造成滑坡。

（二）滑坡的防治

由于滑坡的类型很多，且成因复杂。因此，在防治和处理滑坡时，要针对各种不同情况采取不同的防治措施。公路上滑坡多发生于路基上边坡，这是因为修筑公路破坏了地貌自然的平衡，因此防治滑坡的措施应以排水疏导为主，再配合抗滑支撑措施，或上部减重，以维持边坡平衡。其主要方法有以下几种：

33

1. 排除地面水

1）对路基上边坡的裂缝或截水沟漏水形成的大裂缝，必须及时予以夯实，以防止地面水向下渗透。

夯填方法是先沿裂缝挖深、挖宽。一般要求挖到看不见裂缝隙为止，如果裂缝很深，至少要挖深 1m，裂缝两侧松土要挖掉，再用黏土分层夯实，顶部应填成鱼背形，如图 2-25 所示。填好后要经常观察，特别在雨后几天要细致检查，如再出现裂缝，应再行填补。

南方各省的山区公路，路堑上方往往有灌渠或水田，应把灌渠用石块浆砌，防止漏水；有水田的，加造一道不渗水的截水沟，把路堑上边坡与水田隔开。

2）设置截水沟与排水沟。在容易发生滑坡或已发生滑坡的边缘上方修建截水沟，把滑坡体以外的地面水，从截水沟引向桥涵或排水沟排出。还要在坡面上设树枝状排水沟来排除滑坡体范围内的地面水（图 2-26）。截水沟的断面尺寸及布置，可参照排水设计进行。

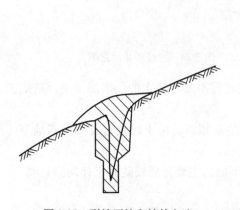

图 2-25 裂缝开挖和填筑方法

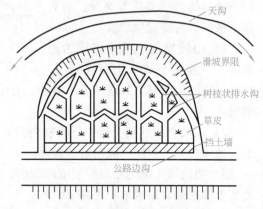

图 2-26 截水沟与排水沟布置

2. 排除地下水

对地下水一般以疏导为主，不应采取堵塞的方法，通常以设置各式渗沟来排除。

1）支撑渗沟，用以支撑不稳定的滑坡体，兼起排除和疏干滑坡体内地下水的作用，适用于深度（高度）为 2~10m。

支撑渗沟有主干和分支两种。主干平行于滑动方向，布置在地下水露头处或由土中水形成坍塌的地方，支沟应根据坡面汇水情况合理布置，可与滑坡移动方向成 30°~45° 的交角，并可伸展到滑坡范围以外，以起挡截地下水的作用，如图 2-27、图 2-28 所示。

2）边坡渗沟。当滑坡体

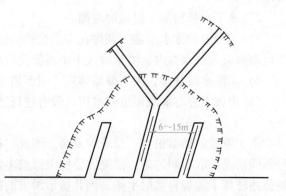

图 2-27 支撑渗沟平面布置图

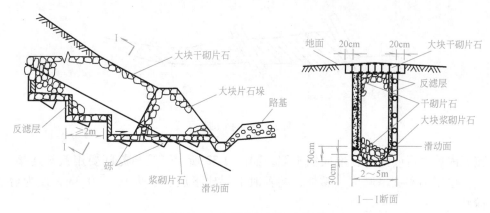

图 2-28 支撑渗沟结构示意图

前缘的路基边坡有地下水均匀分布或坡面大片潮湿时，可修建边坡渗沟，以疏干和支撑边坡；同时，也能起到截阻坡面径流和减轻坡面冲刷的作用。

边坡渗沟的平面形状有垂直的、分支的及拱形的。分支渗沟的主沟主要起支撑作用，而支沟则起疏干作用。分支渗沟可以互相连接成网状布置，如图 2-29 所示。

3）截水渗沟。当有丰富的深层地下水进入滑坡体时，可在垂直于地下水流的方向上设置截水渗沟，以拦截地下水，并排出滑坡体外，如图 2-30 所示。

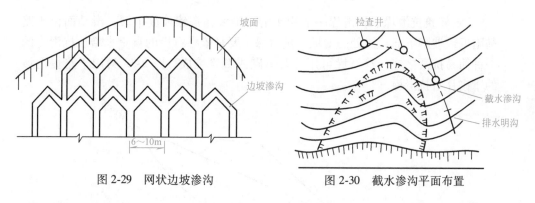

图 2-29 网状边坡渗沟   图 2-30 截水渗沟平面布置

4）养路部门常用毛竹管埋入滑坡体，管内再套一根比毛竹管略长的小竹杆，经常拉动，把地下水引出，这是产竹地区一种经济可行的排除地下水的方法。

3. 修筑抗滑支挡结构

1）修筑挡土墙。干砌挡土墙因其透水性和通风性好，对防治中型滑坡比较适宜。干砌块石、片石挡土墙本身透水，一般可不设泄水孔，有地下水大量聚积时，墙后要有排水设施，以便排除地下水，以免降低挡土墙的稳定性。

设置木挡土墙时，每隔 0.8~1.0m 打一根木桩，桩入土深度不小于 2m，桩后密钉木板或半圆木。垂直于滑坡方向，布置成阶梯形状，必要时分为 2~3 层。木挡土墙运用于滑坡数量不大，土壤可以打桩的情况，如图 2-31 所示。

设置石笼挡土墙时，石笼可就地取材，利用当地毛竹、荆条、藤条编成笼

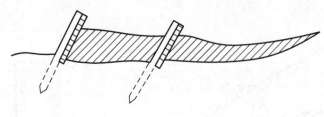

图 2-31　木挡土墙

筐，内填片石或卵石，堆成挡土墙，如图 2-32 所示。笼与笼间要用铁丝连接，上下层用小木桩串联成一整体，叠置时上层比下层收进去 0.2~0.3m，成为台阶状。

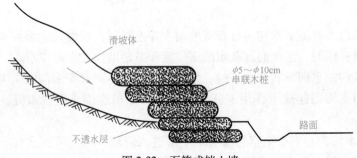

图 2-32　石笼式挡土墙

2）修筑抗滑垛。抗滑垛一般用于滑体不大，自然坡度平缓，滑动面位于路基附近或坡脚下部较浅处的滑坡。抗滑垛主要是依靠石垛的自重来增加抗滑力的一种简易抗滑措施。片石垛可用片石干砌或石笼堆成。图 2-33 为用于路堤滑坡的干砌片石抗滑垛。

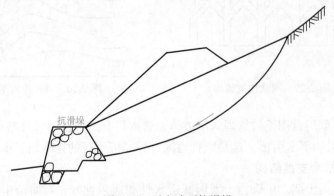

图 2-33　干砌片石抗滑垛

3）修筑抗滑桩。抗滑桩是一种用桩的支撑作用稳定滑坡的有效抗滑措施，一般适用于非塑性体层和中厚度滑坡前缘，以及使用重力式支撑建筑物圬工量过大，施工困难的工点。

抗滑桩按制作材料分有混凝土桩、钢筋混凝土桩；按施工方法分有打入桩、钻孔桩、挖孔桩等。

图 2-34 为浅路堑边坡滑坡用混凝土桩使滑坡体稳定的示意图。

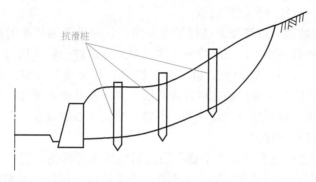

图 2-34 抗滑桩示意图

4. 减重与改线

减重的目的是减少滑坡体上部土石方重量，以减少下滑力。在地下水情况严重，排除困难时，常在滑坡范围将滑坡体修刷平缓，达到减少下滑力的目的；当滑坡范围很大，用上述办法处治难以奏效或不经济时，可考虑局部改线，避开危险地段。

此外，所有滑坡地区都应种植草皮或灌木林，因为植物能吸收土壤中大量水分，使其干燥，且根系深入土中，能起固结土壤、防止水土流失、稳定边坡的作用。

三、崩塌

崩塌是路基边坡土体或岩层在自重作用下，突然从边坡上崩塌下来，速度很快，冲击力很大，是较为常见且危害较大的路基病害之一。崩塌在雨季山区公路经常发生。

1. 崩塌的原因

1）土质边坡坡度过陡且较高，不符合规范规定或边坡植被差。

2）不良的地质条件。如山坡为堆积的砂黏土加碎石、块石、大孤石的土壤；山坡岩层软硬交错，风化程度不同，尤其下部软岩剥蚀，最易引起上部硬岩崩塌，公路穿过岩层断裂地带，地面水渗入裂缝，或地下水汇集到裂缝地带活动；土质及岩石在反复冻融作用下，土体稳定性降低，岩石裂缝加速发展。上述情况均是造成崩塌的不良地质条件。人为的破坏，如在边坡上任意取土撬石、挖空坡脚、不适当的大爆破振松了岩层，在水的侵蚀下都会造成崩塌。

2. 崩塌的防治

1）整修边坡。在路堑斜坡上发现有裂缝、滑动现象或因地下水影响而引起边坡变形，可能造成崩塌时，应自上而下进行修坡，使边坡顺适，达到稳定的边坡度。坡顶以上 3m 内，如有大树也要砍掉，以防暴风雨刮倒大树，横卧公路，造成阻车。

当公路发生崩塌阻车时，可先在崩塌体坡脚抢挖出一条单车道通车，然后再进行彻底清除与修改。

2）做好排水设施。排除地面水可修建截水沟、排水沟；排除地下水，可修建纵、横盲沟，与处理滑坡相类似。

3）加固边坡。对边坡表面进行加固与防护，可以增加坡面的稳定性，防止风化、剥蚀与冲刷，减少地面水渗入土体。对土方边坡一般采用密铺草皮，石料方便的地方也可以做石砌护坡。边坡如为软硬岩石交错组成时，可采用灰浆抹面，在抹面前，应先清除松动岩屑及风化层，并嵌补坡面的坑洼。对于易风化的软质岩层的边坡，特别是节理发达的，可修建浆砌片石护墙或干砌块石护墙（应加水泥砂浆勾缝）来保护。

4）修筑挡土墙或石垛。挡土墙是防治崩塌的重要措施，它可增加边坡支撑力量。个别危石不能用清除办法，又不必修挡土墙时，可以做浆砌块石石垛、立柱等支撑加固。

5）禁止在边坡上任意取土挖石，必要时应经由养路部门同意，指定料场，有计划、有步骤地自上而下挖取，以不妨碍边坡稳定为原则。

6）加强经常养护。在雨季前，要仔细检查易于发生崩塌的地段。对新公路，在初期 2、3 年内，更应加强检查。发现有崩塌危险地段，应首先将危险部分土石方清除，以免突然下塌，阻断交通。

对碎落、剥落到路基上的小塌方体，要随时清除，以免妨碍边沟正常排水。对较大堆的塌方，在全部清除之前，要沿塌方底部挖出临时排水沟，以免水漫过路面，集中冲刷下边坡造成缺口。

四、泥石流

泥石流是一种突然爆发的含大量泥砂石块的洪流。其对路基的危害主要是通过堵塞、冲刷、撞击等造成的，也可通过压缩、堵塞河路使水位壅升，淹没上游沿河路基，或者迫使主河槽改道，引起对岸冲刷，造成间接水毁。我国泥石流主要分布在西南、西北及华北的山区，华南、台湾及海南岛等地区也有零星分布。

（一）泥石流的形成类型

1）水流冲刷山坡滑落物质而形成的泥石流。山坡或沟岸泥沙由于重力作用而不断的坍塌、碎落或滑坡而落入沟道，在暴雨的冲击下而形成泥石流。这种形式中最严重的是大型滑坡堵断沟道，水流直接由滑坡体上流过或形成溃决，也有的在暴雨时滑坡体中的饱和水与滑坡体一涌而下，形成强大的泥石流。

2）由水流冲刷河床物质而形成的泥石流。水流直接冲动沟底泥沙而形成泥石流的现象越来越被重视，最危险的是河床表面有粗化层，当沟谷中发生的洪水将粗化层冲走，下部细粒泥沙将发生溃决性冲刷，形成大规模的泥石流。

3）由滑坡直接演变为泥石流。滑坡在高速滑动过程中，土体被液化而形成泥石流。

4）融冻泥石流。融冻泥石流原来是指高山地区山坡由于融冻作用而产生向下滑动的液化土体。但近年来发现，在低山的季节性冻土地区的一些黄土或类黄土覆盖的沟谷内，在黄土下部基岩表面的地下水渗出带、冬季出露点一带，由于地表地下水冻结而不往外流，地下水积蓄而液化土体，在化冻季节形成泥石流，在沟道内聚积而向下流动，并形成沟岸滑塌。

5）矿山废渣由于水流冲刷或滑塌而形成泥石流。

（二）泥石流的防治方法

对泥石流病害应进行调查，通过访问、测绘、观测等获得第一手资料，掌握其活动规律，有针对性地采取以预防为主、综合治理的方法来减轻泥石流的危害。泥石流严重地区，养护部门应加强巡视检查，观察其变化动态，尽力采取防治措施。对泥石流可以采取以下措施进行防治。

1）植树造林，封山育林。对流泥、流石的山坡，在春秋两季，应大量植树造林，铺植草皮，特别是在分水岭、山坡、洪积扇上及沟谷内。树木以生长快、根系多的柳树等为宜。铺草皮要先修整边坡，铺后要用木锤拍紧、拍平、使接缝紧密。但因草皮只能预防坡面冲刷、剥蚀，因此，对滑动没有停止的边坡，不宜种植。同时并应控制放牧，不允许在同一坡面上伐树、采挖草皮，以防造成新的泥石流。

2）平整山坡，填充沟缝，修筑梯阶、土埂，以控制水土流失，防止滑坡发展。

3）修筑排水及支挡工程：修筑截水沟、边坡渗沟等排水工程，设置支撑挡墙，加固沟头、沟底、沟坡，稳定山坡。

4）在地质条件好的上游，分级修建砌石或混凝土拦渣坝，以起到沉积、拦阻泥石流的作用。坝址宜选在能充分停淤的沟谷狭窄处，基础要设置在可靠的地基上，沉积在坝后的泥石，要随时清除。

5）小量的泥石流应在路肩外缘设置碎落台或修建拦渣挡墙，并随时清除冲积的泥石。

6）采用桥梁或涵洞跨越泥石流，但要考虑淤积的问题。

7）采用明洞及隧道，一般用于路基通过堆积区、泥石流规模大、常发生危害严重且采取其他措施有困难时的情况下。

8）采用排洪道、急流槽、导流堤、渡槽等设施使泥石流顺利排走，以防止淹埋道路、堵塞桥涵。

课堂延伸

分组搜集在抢险救灾中公路养护队伍的先进事迹，并讨论汇报具体内容和感想（按组制作 PPT 进行展示）。

课后训练

1. 试述路基养护工作的内容。
2. 路基养护工作应符合哪些基本要求？

3. 试述陡坡路基路肩的防护措施。

4. 试述排水设施养护要求。

5. 挡土墙的加固措施有哪些?

6. 什么叫翻浆?

7. 试述翻浆发生的过程及处治方法。

项目三
路面养护

03

知识目标

1. 叙述路面养护的目的和要求；
2. 了解路面养护质量标准；
3. 了解路面调查与使用性能评定；
4. 叙述沥青路面维修养护对策；
5. 叙述沥青路面常见病害的处治方法；
6. 了解沥青路面罩面、改善、再生等的基本要求和施工方法；
7. 了解水泥混凝土路面养护的基本要求和养护对策；
8. 了解砂石路面与砌块路面的养护方法；
9. 了解路面基层改善的要求和施工方法。

技能目标

1. 掌握水泥混凝土路面破损的处理方法；
2. 能独立进行沥青混凝土路面养护维修工作；
3. 能独立进行水泥混凝土路面养护维修工作。

素养目标

重温"千里之堤毁于蚁穴"的历史典故，联系工作中路面破坏的影响以及及时养护的重要性，树立尽职尽责的工作态度，激发职业责任感。

工作任务

1. 路面养护的基本知识；
2. 路面调查与使用性能评定；
3. 沥青混凝土路面养护；
4. 水泥混凝土路面养护；
5. 砂石路面与砌块路面的养护；
6. 路面基层改善；
7. 沥青混凝土路面养护维修工程实例；
8. 水泥混凝土路面养护维修工程实例。

任务一　路面养护的基本知识

路面养护是公路养护工作的中心环节，是养护质量考核的首要对象。路面是在路基上用各种筑路材料铺筑的供汽车行驶、直接承受行车作用和自然因素作用的结构层，其作用是满足行车的安全、迅速、经济、舒适的要求。因此，必须采取预防性养护和经常性的养护、修理措施，以保证公路正常使用。

一、路面养护的目的

汽车在路面上行驶，除了克服各种阻力外，还会通过车轮把垂直力和水平力（水平力又分为纵向力和横向力）传给路面。另外，路面还会受到车辆的振动力和冲击力作用；在车身后面还会产生真空吸力作用。在上述各种外力的综合作用下，路面结构层内会产生大小不同的压应力、拉应力和切应力。如果这些应力超过了路面结构整体或某一组成部分的强度，路面就会出现断裂、沉陷、波浪、松散和磨损等破坏。因此路面结构整体及其各部分必须通过养护，保持足够的强度，以抵抗在行车作用下所产生的各种应力。同时，路面还应有一定抵抗变形的能力，即所谓路面的刚度。如果路面结构整体或某一部分刚度不够，即使强度足够，在车轮荷载作用下也会产生过量的变形，而造成车辙、沉陷或者波浪等破坏。

二、路面养护的要求

1）及时、经常地对路面进行保养和修理，防止路面松散、裂缝和拥包等各种病害的产生和发展。

2）通过对路面的保养和修理，保持和提高路面的平整度和抗滑能力，确保路面安全、舒适的行驶性能。

3）通过对路面的修理和改善，保持和提高路面的强度，确保路面的耐久性。

4）防止因路面损坏和养护操作污染沿线环境。

三、路面养护质量标准

1. 沥青路面养护质量标准

1）沥青路面平整度、抗滑性能及路面状况的养护质量标准应符合表 3-1 的规定。

2）沥青路面强度的养护质量标准应符合表 3-2 的规定。

3）沥青路面车辙养护质量标准应符合表 3-3 的规定。

4）沥青路面应保持横坡适度，以利排水，各种路面类型的路拱坡度应符合表 3-4 的规定。

2. 水泥混凝土路面养护质量标准

水泥混凝土路面的养护质量标准应符合表 3-5 的规定。

表 3-1 平整度、抗滑性能及路面状况的养护质量标准

序号	项 目		高速公路、一级公路	其他等级公路
1	平整度 /mm	平整度仪 (σ)	≤3.5	≤4.5 (≤5.5 或 ≤7.0)[①]
		3m 直尺 (h)	≤7	≤10 (≤12 或 ≤15)[②]
		国际平整度指数 IRI (m/km)	≤6	≤8
2	抗滑性能	横向力系数 SFC	≥40	≥30
		摆式仪摆值 BPN	—	≥32
3	路面状况指数 PCI		≥70	≥55

① 对于其他等级公路的平整度方差 σ：沥青碎石、贯入式应取低值 4.5，沥青表面处治取中值 5.5，碎砾石及其他粒料类路面取高值 7.0。

② 对于其他等级公路的平整度 3m 直尺指标：沥青碎石、贯入式应取低值 10，沥青表面处治取中值 12，碎砾石及其他粒料类路面取高值 15。

表 3-2 沥青路面强度的养护质量标准

评 价 指 标	高速公路、一级公路	其他等级公路
路面强度指数 SSI	≥0.8	≥0.6

表 3-3 沥青路面车辙养护质量标准

评 价 指 标	高速公路、一级公路	其他等级公路
路面车辙深度/mm	≤15	—

注：对于其他等级公路不对车辙深度作要求。

表 3-4 沥青路面路拱坡度

评 价 指 标	高速公路、一级公路	其他等级公路
路拱坡度	1.0~2.0	—

注：对于高速公路、一级公路路拱横坡的养护标准，路面结构排水良好的可比表列值低 0.5%，其他等级公路的路拱横坡可视公路等级的情况比《公路工程技术标准》中相应的设计值低 0.5% 作为养护标准。

表 3-5 水泥混凝土路面的养护质量标准

项 目		高速公路、一级公路	其他等级公路
平整度/mm	平整度仪 (σ)	2.5	3.5
	3m 直尺 (h)	5	8
	国际平整度指数 IRI (m/km)	4.2	5.8
抗滑性能	构造深度 TD/mm	0.4	0.3
	抗滑值 SRV (BPN)	45	35
	横向力系数 SFC	0.38	0.3
相邻板高差/mm		3	5
接缝填缝料凹凸/mm		3	5
路面状况指数 PCI		≥70	≥55

任务二 路面调查与使用性能评定

要养护好路面，就必须了解和掌握在行车作用和自然因素作用下不断发生变化的路面技术状况，以确定养护工程的类别和工程量的大小，为进行养护工程设计、制定养护生产计划和养护生产提供依据，也为今后改造工作积累数据。由于养护的路面既有根据路面设计和施工规范铺筑的各种路面，也有未按设计、施工规范修建的原有路面，还有用各种不同种类粗细粒料或结合料进行稳定或改善的土路，路面的种类很多，情况也很复杂，加上四季气候的变化，对路面也有很大的影响等，所以路面调查工作就尤为重要。

一、路面调查

（一）路面调查目的和形式

1. 目的

路面质量调查应选择在最不利季节进行。其目的是运用各种仪器设备对路面状况各种指标进行检测，据此评定路面的使用功能，作为制定养护处治方案的依据，并为建立路面管理系统积累数据，以便进行科学的管理。

2. 形式

1）定期检查：每年一次，在调查前除掌握路况检查资料外，应结合参考路面技术档案以及设计、施工时的资料作综合判断。对于自然条件、路面结构、交通条件相类同的路段，可选定其中有代表性的一段进行调查。

2）随时调查：当路面发生异常现象时，应随时进行调查。调查的内容和方法，视其现状而定，以便采取相应措施。

（二）路面调查的内容和频率要求

路面调查的内容和最低调查频率应遵照表 3-6 的规定。

表 3-6　调查内容与最低调查频率

调 查 内 容			最低调查频率				
			路面损坏（PCI）	路面平整度（RQI）	抗滑性能（SRI）	路面车辙（RDI）	结构强度（PSSI）
路面使用性能指数（PQI）	沥青	高速、一级公路	1年1次	1年1次	2年1次	1年1次	抽样检测
		二、三、四级公路	1年1次	1年1次	—	—	—
	水泥混凝土	高速、一级公路	1年1次	1年1次	2年1次	—	—
		二、三、四级公路	1年1次	1年1次	—	—	—
	砂石		1年1次	—	—	—	—

（三）路面破损的分类及其性状描述

路面破损可分为裂缝类、松散类、变形类、接缝类及其他类共五大类。各种路面破损所包含的内容及其性状描述见表 3-7。

表 3-7　路面破损分类及其性状描述

分　类	沥青路面	水泥混凝土路面	砂石路面
裂缝类	龟裂、块状裂缝、纵裂、横裂	破碎板、裂缝、板角断裂	—
松散类	坑槽（含啃边）、松散（含脱皮、麻面）	露骨、边角剥落、坑洞	露骨、坑槽
变形类	沉陷、车辙、波浪拥包	唧泥、错台、拱起	路拱不适、沉陷、车辙、波浪搓板
接缝类	—	接缝料损坏、接缝破碎	—
其他类	泛油、修补损坏	修补损坏	—

1. 沥青路面

（1）龟裂

轻：初期裂缝，裂区无变形、无散落，缝细，主要裂缝宽度在 2mm 以下，主要裂缝块度为 0.2~0.5m，损坏按面积计算。

中：龟裂的发展期，龟裂状态明显，裂缝区有轻度散落或轻度变形，主要裂缝宽度为 2~5mm，部分裂缝块度小于 0.2m，损坏按面积计算。

重：龟裂特征显著，裂块较小，裂缝区变形明显、散落严重，主要裂缝宽度大于 5mm，大部分裂缝块度小于 0.2m，损坏按面积计算。

沥青路面
部分病害

（2）块状裂缝

轻：缝细、裂缝区无散落，裂缝宽度在 3mm 以内，大部分裂缝块度大于 1.0m，损坏按面积计算。

重：缝宽、裂缝区有散落，裂缝宽度在 3mm 以上，主要裂缝块度为 0.5~1.0m，损坏按面积计算。

（3）纵向裂缝

纵向裂缝指与行车方向基本平行的裂缝。

轻：缝细、裂缝壁无散落或有轻微散落，无支缝或有少量支缝，裂缝宽度在 3mm 以内，损坏按长度（m）计算，检测结果要用影响宽度（0.2m）换算成面积。

重：缝宽、裂缝壁有散落、有支缝，主要裂缝宽度大于 3mm，损坏按长度（m）计算，检测结果要用影响宽度（0.2m）换算成面积。

（4）横向裂缝

横向裂缝指与行车方向基本垂直的裂缝。

轻：缝细、裂缝壁无散落或有轻微散落，裂缝宽度在 3mm 以内，损坏按长度（m）计算，检测结果要用影响宽度（0.2m）换算成面积。

重：缝宽、裂缝贯通整个路面、裂缝壁有散落并伴有少量支缝，主要裂缝宽度大于 3mm，损坏按长度（m）计算，检测结果要用影响宽度（0.2m）换算成面积。

（5）坑槽

轻：坑浅，有效坑槽面积在 $0.1m^2$ 以内（约 0.3m×0.3m），损坏按面积计算。

重：坑深，有效坑槽面积大于 $0.1m^2$（约 0.3m×0.3m），损坏按面积计算。

（6）松散

轻：路面细集料散失、脱皮、麻面等表面损坏，损坏按面积计算。

重：路面粗集料散失、脱皮、麻面、露骨，表面剥落、有小坑洞，损坏按面积计算。

（7）沉陷

沉陷指大于 10mm 的路面局部下沉。

轻：深度为 10~25mm，正常行车无明显感觉，损坏按面积计算。

重：深度大于 25mm，正常行车有明显感觉，损坏按面积计算。

（8）车辙

车辙指轮迹处深度大于 10mm 的纵向带状凹槽（辙槽）。

轻：辙槽浅，深度为 10~15mm，损坏按长度计算，检测结果要用影响宽度（0.4m）换算成面积。

重：辙槽深，深度在 15mm 以上，损坏按长度计算，检测结果要用影响宽度（0.4m）换算成面积。

（9）波浪拥包

轻：波峰波谷高差小，高差为 10~25mm，损坏按面积计算。

重：波峰波谷高差大，高差大于 25mm，损坏按面积计算。

（10）泛油

泛油指路面沥青被挤出或表面被沥青膜覆盖形成发亮的薄油层，损坏按面积计算。

（11）修补损坏

修补指龟裂、坑槽、松散、沉陷、车辙等的修补面积或修补影响面积（裂缝修补按长度计算，影响宽度为 0.2m）。

2. 水泥混凝土路面

（1）破碎板

轻：板块被裂缝分为 3 块以下，破碎板未发生松动和沉陷，损坏按板块面积计算。

重：板块被裂缝分为 3 块以上，破碎板有松动、沉陷和唧泥等现象，损坏按板块面积计算。

水泥混凝土路
面部分病害

（2）裂缝

板块上只有一条裂缝，裂缝类型包括横向、纵向和不规则的斜裂缝等。

轻：裂缝窄、裂缝处未剥落，缝宽小于 3mm，一般为未贯通裂缝，损坏按长度计算，检测结果要用影响宽度（1.0m）换算成面积。

中：边缘有碎裂，裂缝宽度为 3~10mm，损坏按长度计算，检测结果要用影响宽度（1.0m）换算成面积。

重：缝宽、边缘有碎裂并伴有错台出现，缝宽大于 10mm，损坏按长度计算，检测结果要用影响宽度（1.0m）换算成面积。

（3）板角断裂

板角断裂指裂缝与纵横接缝相交，且交点距板角小于或等于板边长度一半的损坏。

轻：裂缝宽度小于 3mm，损坏按断裂板角的面积计算。

中：裂缝宽度为 3~10mm，损坏按断裂板角的面积计算。

重：裂缝宽度大于 10mm，断角有松动，损坏按断裂板角的面积计算。

（4）错台

错台指接缝两边出现的高差大于 5mm 的损坏。

轻：高差小于 10mm，损坏按长度计算，检测结果要用影响宽度（1.0m）换算成面积。

重：高差 10mm 以上，损坏按长度计算，检测结果要用影响宽度（1.0m）换算成面积。

（5）唧泥

唧泥指板块在车辆驶过后，接缝处有基层泥浆涌出。损坏按长度计算，检测结果要用影响宽度（1.0m）换算成面积。

（6）边角剥落

边角剥落指沿接缝方向的板边碎裂和脱落，裂缝面与板面成一定角度。

轻：浅层剥落，损坏按长度计算，检测结果要用影响宽度（1.0m）换算成面积。

中：中深层剥落，接缝附近水泥混凝土有开裂，损坏按长度计算，检测结果要用影响宽度（1.0m）换算成面积。

重：深层剥落，接缝附近水泥混凝土多处开裂，深度超过接缝槽底部，损坏按长度计算，检测结果要用影响宽度（1.0m）换算成面积。

（7）接缝料损坏

接缝料损坏指由于接缝的填缝料老化、剥落等原因，接缝内已无填料，接缝被砂、石、土等填塞。

轻：填料老化，不密水，但尚未剥落脱空，未被砂、石、泥土等填塞，损坏按长度计算，检测结果要用影响宽度（1.0m）换算成面积。

重：1/3 以上接缝出现空缝或被砂、石、土填塞，损坏按长度计算，检测结果要用影响宽度（1.0m）换算成面积。

（8）坑洞

坑洞指板面出现有效直径大于 30mm、深度大于 10mm 的局部坑洞。损坏按坑洞或坑洞群所涉及的面积计算。

（9）拱起

拱起指横缝两侧的板体发生明显抬高，高度大于 10mm。损坏按拱起所涉及的板块面积计算。

（10）露骨

露骨指板块表面细集料散失、粗集料暴露或表层松疏剥落，损坏按面积计算。

（11）修补

修补指裂缝、板角断裂、边角剥落、坑洞和层状剥落的修补面积或修补影响面积（裂缝修补按长度计算，影响宽度为0.2m）。

3. 砂石路面

（1）路拱不适

路拱不适指路拱过大或过小，过大将降低行车安全性，过小将使路面雨水不能及时排出。路拱不适程度根据经验确定，按长度计算，检测结果要用影响宽度（3.0m）换算成面积。

（2）沉陷

沉陷指路面表面的局部凹陷，按面积计算。

（3）波浪搓板

波浪搓板指峰谷高差大于30mm的搓板状纵向连续起伏，按面积计算。

（4）车辙

车辙指轮迹处深度大于30mm的纵向带状凹槽（辙槽），按长度计算，检测结果要用影响宽度（0.4m）换算成面积。

（5）坑槽

坑槽指路面上深度大于30mm、直径大于0.1m的坑洞，按面积（m²）计算。

（6）露骨

露骨指黏结料和细集料散失，主骨料外露，按面积计算。

（四）路面破损的调查及计算方法

1. 路面裂缝的调查及计算方法

（1）调查方法

1）实地测量法：

① 测量路段以百米桩之间为一区间进行测量、汇总。

② 对于沥青（渣油）路面和碎（砾）石路面的裂缝，凡成块（网）状者则直接量测其面积；属于单条的裂缝，则测其实际长度，均按其计算宽度0.2m折算成面积。

③ 对于水泥混凝土路面的裂缝，实地量测其裂缝的长度，以长度计算。

④ 裂缝宽度，则在裂缝量大处测定。

2）裂缝测定车（连续摄影）法：

① 连续详细检测数十千米裂缝。

② 测定车速30~50km/h。

③ 按每条车道进行测量。

④ 摄影时间最佳选择：在雨后路面表面已干，但裂缝尚湿，未干的裂缝清晰，车辆少的时段，或在白天每条车道洒水约1000~2000kg后进行摄影最佳。

（2）检测工具

1）一般采用直尺、测绳、裂缝尺（纸片上印有0.04~2.00mm宽尺）。

2）高等级公路用测定车、裂缝测定器（千分表式或放大镜式）。

（3）裂缝的计算

1）沥青（渣油）和碎（砾）石路面以裂缝率表示为

$$裂缝率=\frac{龟裂面积之和+单条裂缝换算为面积之和}{调查路段总面积}\times100\%$$

2）水泥混凝土路面以裂缝度表示为

$$裂缝度=\frac{裂缝纵向长度的总和}{调查路段总面积}$$

式中，裂缝纵向长度以 cm 计，调查路段总面积以 m² 计。

2. 路面错台、局部沉陷、桥头跳车的调查及计算方法

（1）调查方法

1）实地测量法：

① 在桥梁的连接部位、涵管等地下埋设构造物上面感到行车冲击的部位进行测定。

② 利用水平线测定。

③ 在每车道测定 3 点以上，或在最深处测定，以最大值表示垂直错位量或沉陷量。

④ 测定垂直错位量的水平线长度 L。在三、四级公路上测定 10m，在一、二级公路和高速公路上测定 15m。

2）车辙测定车法：

① 连续检测数十千米长路段。

② 行驶速度 50~60km/h。

③ 以最小间隔 5mm 连续对车辙进行摄影。

④ 为了使用线条投影器，摄影必须选择在夜间进行。

⑤ 照片摄影结果使用电算处理。

（2）检测工具

1）一般采用工具、测绳。

2）高等级公路使用装备有摄影装置及线条投影器的车辙测定车。

（3）计算方法

1）局部车辙（剥落）面积 S_n

$$S_n = B_h L_h$$

式中 B_h——车辙或由于多链车轮、履带切剥，水泥混凝土路面因冻融作用所产生表面的剥落（起皮）实测宽度（m）；

L_h——车辙或剥落的实测长度（m）。

2）代表路段车辙（或剥落）面积 $S_代$

$$S_代 = n \bar{S}_代$$

式中 n——间隔数，1km 为 10 个间隔；

$\bar{S}_代$——车辙（或剥落）代表值（m²），按下式计算：

$$\bar{S}_代=\frac{\sum S_h}{5}$$

式中 $\sum S_h$——5个百米等间隔的车辙（或剥落）测定值之和（m²）。

3）车辙值

① 调查路段车辙值 $\overline{D}_{调}$：

$$\overline{D}_{调} = \frac{\sum D_{max}}{m}$$

式中 m——将调查路段分成100m间隔的断面数；

$\sum D_{max}$——每个断面的最大值之和（mm）。

② 代表路段车辙值 $\overline{D}_{代}$：

$$\overline{D}_{代} = \frac{\sum D_{代,max}}{5}$$

式中 $\sum D_{代,max}$——代表路段5个等间隔断面的最大值之和（mm）。

在养护维修时，根据车辙值，计算车辙部分的容积，准确地决定平整工作量。

3. 路面纵向凹凸（波浪）搓板的调查及计算方法

（1）调查方法

1）实地量测法（水平线绳量测法）：

① 将调查路段按路面全宽顺纵向分成50m间隔，在间隔段落内进行测定。

② 当多间隔存在有连续纵向凹凸（波浪）搓板时，用此类间隔的多少乘以间隔的长度和车道的宽度记录面积。

③ 量测纵向凹凸（波浪）的波峰与波谷的深度中的较大值。

④ 对于水泥混凝土，由于相邻混凝土板的折曲产生纵向凹凸，需对接缝部分进行水准测量（与构造物衔接部位产生折曲的情况也同样处理）。

2）测定车（连续摄影）法：

① 连续检测数十米的波浪、搓板。

② 测定车时速50~60km/h。

③ 按每条车道进行测量。

④ 以最小间隔5mm，连续对波浪、搓板进行摄影。

⑤ 摄影时间最佳选择：沥青路面和水泥混凝土路面宜在晴朗的晚上，此时波浪、搓板最为清晰；砂石路面最宜在晴朗的晚上，路面处于半干状态时，峰谷特别清晰。

⑥ 照片摄影结果使用电算处理。

（2）检测工具

1）一般公路采用直尺、测绳、木水准尺。

2）高等级公路用水准仪、检测车（备有摄影、线条投影器）和专用设备。

（3）计算方法

1）某间隔的局部波浪（或搓板）面积

$$S_a = L_a B_a$$

式中 L_a——波浪或搓板的实际水平线绳量测纵向长度（m）；

B_a——车道的宽度（m）。

2）连续间隔的波浪（搓板）面积

$$S_a = 50nB_a$$

式中　n——连续波浪（搓板）的间隔个数；

　　50——间隔长度（m）；

　　B_a——车道的宽度（m）。

3）波浪深度：以各断面的最大值的平均值表示。

① 调查路段的波浪深度 $\overline{D}_{a,调}$：

$$\overline{D}_{a,调} = \frac{\sum D_{a,max}}{m_a}$$

式中　m_a——将调查路段分成 50m 间隔的断面数；

　　$\sum D_{a,max}$——每个断面的最大值之和（mm）。

② 代表路段的波浪深度 $\overline{D}_{a,代}$：

$$\overline{D}_{a,代} = \frac{\sum D_{a,代max}}{10}$$

式中　$\sum D_{a,代max}$——代表路段 10 个等间隔断面的最大值之和（mm）。

4. 路面松散、坑槽、沉陷、啃边的调查及计算方法

（1）调查方式

1）实地量测法（水平线绳量测法）：

①横向划分车道的按每一个行车道纵向每 100m 长测定一次。

② 不分车道的按路面全宽每 100m 长测定一次。

③ 如 1km 内性状相似，划为一个代表区段，每隔 100m 长做一次间隔测定，以平均值作为区段的代表值。

2）检测车（摄影）法：方法与车辙、波浪、搓板相同。

（2）检测工具

检测工具与车辙、波浪、搓板量测相同。

（3）计算方法

1）按划分车道：

$$某检测对象破损率 = \frac{某检测对象破损总面积}{车道宽 \times 100} \times 100\%$$

2）按路面全宽：

$$某检测对象破损率 = \frac{某检测对象破损总面积}{路面全宽 \times 100} \times 100\%$$

3）代表路段：

$$代表路段某检测对象破损率 = \frac{某检测对象区段代表值}{车道宽或路面全宽 \times 100} \times 100\%$$

5. 路面磨光调查及计算方法

路面由于磨光作用，路面抗滑系数一般随着使用时间延长呈再降低的倾向。

考虑高速行车时的安全问题，需要对结构层进行磨光调查和检测。磨光检测以摩擦系数和构造深度 TD（mm）表示。

1）磨光调查的方法和检测的仪器、设备、方法同路面抗滑能力检测。

2）磨光（或打滑）面积 S_m：

$$S_m = B_m L_m$$

式中　B_m——实测摩擦系数小于养护摩擦系数规定值的路面宽度（m）；

　　　L_m——实测摩擦系数小于养护摩擦系数规定值的路段长度（m）。

路面养护摩擦系数规定值见表 3-8。

表 3-8　路面养护摩擦系数规定值

公路等级	路面类型	一般路段（$f_五$）	急弯、陡坡、交叉路口、危险路段（$f_五$）
高速公路、一、二级公路	高级路面	0.28~0.34	0.35~0.40
		0.27~0.33	0.34~0.39
	次高级路面	0.25~0.31	0.32~0.37
三、四级公路	其中：渣油表处	—	0.28~0.34

注：$f_五$ 是指按解放牌标准车制动前车速为 40km/h 条件下，用第五轮仪测定的。

6. 砂石路面松散保护层粗粒磨细的调查及计算方法

（1）调查方法

1）每个调查路段按每 1km 分 3 个点抽样，进行工地或室内常规试验，凡其中 0.5mm 以下的细粉含量超过 20%（体积分数）为磨细。

2）工地试验用标准砂筛筛分，用量筒或量杯量体积；室内试验用标准砂筛筛分，天平称重，用标准容重法求体积。

3）每个点取样做 3 个平行试验，取其平均值。

（2）检测工具

1）工地试验：测绳、标准砂筛、1000mL 量杯或量筒。

2）室内试验：标准砂筛、天平、有关量具。

（3）磨细面积计算方法

$$S_c = L_c B_c$$

式中　L_c——细粉超过 20%（体积分数）的保护层路段长度（m）；

　　　B_c——细粉超过 20%（体积分数）的保护层路段宽度（m）。

7. 路面麻面和露骨的调查及计算

（1）调查方法

采用水平线绳实地量测。

（2）检测工具

直尺、测绳。

（3）计算方法

1）调查段：直接求算面积并累计总数。

2）代表段：实测有代表性的 100m 路段面积数乘以 10，算出代表段路的总面积。

8. 路面泛油、油包、拥包的调查及计算方法

（1）调查方法

实地水平线绳量测。

1）将调查路段按全宽范围顺纵向每隔 100m 量测一次。

2）1km 以内性状相似的代表路段，选取其中有代表性的 200m 的泛油、油包、拥包数据，推算 1km 的面积。

3）如属油包、拥包，则应同时在每一区段中量测其高度的最大值。

（2）检测工具

直尺、测绳。

（3）计算方法

1）调查路段某性状面积 S_u：

$$S_u = 2 \sum S_间$$

式中　$\sum S_间$——调查路段每隔 100m 量测的某性状面积之和，调查路段长度取偶数百米。

2）代表路段某性状面积 $S_{u,代}$：

$$S_{u,代} = 10 \overline{S}_{u,代}$$

式中　$\overline{S}_{u,代}$——代表路段某性状平均面积数据。

3）调查路段油包（或拥包）高度最大平均值 $\overline{D}_{u,调}$：

$$\overline{D}_{u,调} = \frac{\sum D_{u,调max}}{n}$$

式中　$\sum D_{u,调max}$——调查路段 n 次间隔量测的油包（或拥包）高度最大值之和；

　　　n——调查路段间隔量测次数，一个间隔为一次。

4）代表路段油包（或拥包）平均高度 $\overline{D}_{u,代}$：

$$\overline{D}_{u,代} = \frac{D_{u1,代max} + D_{u2,代max}}{2}$$

式中　$D_{u1,代max}$——有代表性的第一个 100m 的油包（拥包）高度的最大值（mm）；

　　　$D_{u2,代max}$——有代表性的第二个 100m 的油包（拥包）高度的最大值（mm）。

9. 路面翻浆（冻胀）、拱起（翘起）的调查及计算方法

（1）调查方法

1）在翻浆拱起路段进行实地测量，计算其面积（m^2）。

2）观测冻胀时，封冻前，设置临时平台和临时水准点进行水准测定，到春季再测定板的下陷状态。

3）在调查冻胀量的同时，进行弯沉值的测定。

（2）检测工具

钢尺、直尺、测绳、水平仪、弯沉仪。

（3）计算方法

1）翻浆（或拱起）面积：

$$S_f = B_f L_f$$

式中　B_f——翻浆或拱起的横向路面宽度（m）；

　　　L_f——翻浆或拱起的纵向路面长度（m）。

2）冻胀量 ΔH：

$$\Delta H = \frac{H_1 - H_2}{H}$$

式中　H_1——封冻后，当地气温最低时，测定的最高标高记录值（mm）；

　　　H_2——春融后测定的最低标高记录值（mm）；

　　　H——装测板时路基高度（m）。

3）绝对冻胀量 ΔH_0（mm/m）：

$$\Delta H_0 = \frac{H_1 - H_0}{H}$$

式中　H、H_1——同上；

　　　H_0——封冻前测定的标高记录值。

（五）路面结构整体强度调查

1. 路面强度检测的适用范围

1）高速公路和一级公路以及铺有沥青路面的二级公路，每年必须全面实测路面现有强度。

2）其他等级的公路，符合下列条件时也应实测其强度。

① 属结构性的破损，如严重的裂缝（龟裂）、沉陷、翻浆、水泥混凝土路面下有空隙和不密实等，进行基层强度调查。

② 进行罩面工程前的路面强度调查。

③ 路面需补强、重铺、翻修时的路面强度调查。

2. 路面整体强度检测方法

（1）测定柔性路面现有强度

1）柔性路面强度的调查指标为路面弯沉值（ls）；

2）高速公路和一级公路路面弯沉值的调查，宜采用自动弯沉仪或落锤式弯沉仪进行调查，但应建立与贝克曼梁测定结果的对应关系。其他等级公路可采用贝克曼梁弯沉仪进行调查。

3）现有强度用实测代表弯沉值与现有交通量的容许回弹弯沉值作相互对比来表示。容许回弹弯沉值计算见现行《公路沥青路面设计规范》（JTG D50）。

（2）刚性路面——水泥混凝土路面的强度测定方法

1）测定挠度值，与前后板比较：

① 水泥混凝土面板挠度值测定，使用弯沉仪测定弯沉值。

② 在车轮通过频率最大的位置、横接缝处及裂缝处，距离接缝及裂缝 30cm 的位置，使用 2 台弯沉仪进行测定。

2）用水泥混凝土回弹仪实地进行回弹检测：

① 沿路线每 20m 回弹一点，每点弹 5 次，取其平均数为回弹值，并记录。

② 每块水泥混凝土板角加弹一点。

③ 用标准水泥混凝土强度回弹值算出检测强度。

3）用重型钻机采取水泥混凝土路面芯样试压方法，直接测出强度。

直接取芯样不宜过多，每 5 年抽 3 个代表段，每个代表段钻取芯样一个，取三者强度平均值，为强度变化值。

二、路面使用性能的评定

沥青路面使用性能评价包含路面破损、平整度、车辙、抗滑性能及结构强度五项技术内容。水泥混凝土路面使用性能评价包含路面损坏、平整度和抗滑性能三项技术内容；砂石路面使用性能评价只包含路面损坏一项技术内容。各项评价内容所用的指标及其关系如图 3-1 所示。

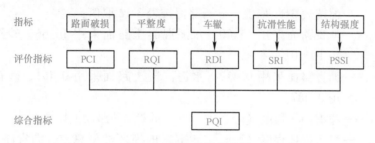

图 3-1 评价指标关系图

其中，路面结构强度为抽样评定指标，单独计算与评定，评定范围根据路面大中修养护要求、路基的地质条件等自行确定。

路面使用性能指数（PQI）按式（3-1）计算。

$$PQI = w_{PCI}PCI + w_{RQI}RQI + w_{RDI}RDI + w_{SRI}SRI \tag{3-1}$$

式中　w_{PCI}——PCI 在 PQI 中的权重，按表 3-9 取值；

　　　w_{RQI}——RQI 在 PQI 中的权重，按表 3-9 取值；

　　　w_{RDI}——RDI 在 PQI 中的权重，按表 3-9 取值；

　　　w_{SRI}——SRI 在 PQI 中的权重，按表 3-9 取值。

表 3-9　PQI 分项指标权重

路面类型	权重	高速、一级公路	二、三、四级公路
沥青路面	w_{PCI}	0.35	0.60
	w_{RQI}	0.40	0.40
	w_{RDI}	0.15	—
	w_{SRI}	0.10	—
水泥混凝土路面	w_{PCI}	0.50	0.60
	w_{RQI}	0.40	0.40
	w_{SRI}	0.10	—

（一）路面破损

路面破损用路面损坏状况指数（PCI）评价，数值范围为 0~100。其值越大，路况越好。PCI 按式（3-2）、式（3-3）计算。

$$PCI = 100 - a_0 DR^{a_1} \tag{3-2}$$

$$DR = 100 \times \frac{\sum_{i=1}^{i_0} w_i A_i}{A} \tag{3-3}$$

式中　DR——路面破损率（Pavement Distress Ratio），为各种损坏的折合损坏面积之和与路面调查面积之百分比（%）；

A_i——第 i 类路面损坏的面积（m^2）；

A——调查的路面面积（调查长度与有效路面宽度之积，m^2）；

w_i——第 i 类路面损坏的权重，沥青路面按表 3-10 取值，水泥混凝土路面按表 3-11 取值，砂石路面按表 3-12 取值；

a_0——沥青路面采用 15.00，水泥混凝土路面采用 10.66，砂石路面采用 10.10；

a_1——沥青路面采用 0.412，水泥混凝土路面采用 0.461，砂石路面采用 0.487；

i——考虑损坏程度（轻、中、重）的第 i 项路面损坏类型；

i_0——包含损坏程度（轻、中、重）的损坏类型总数，沥青路面取 21，水泥混凝土路面取 20，砂石路面取 6。

表 3-10　沥青路面损坏类型和权重

类型（i）	损 坏 名 称	损坏程度	权重（w_i）	计 量 单 位
1	龟裂	轻	0.6	面积/m^2
2		中	0.8	
3		重	1.0	
4	块状裂缝	轻	0.6	面积/m^2
5		重	0.8	
6	纵向裂缝	轻	0.6	长度/m（影响宽度：0.2m）
7		重	1.0	
8	横向裂缝	轻	0.6	长度/m（影响宽度：0.2m）
9		重	1.0	
10	坑槽	轻	0.8	面积/m^2
11		重	1.0	
12	松散	轻	0.6	面积/m^2
13		重	1.0	
14	沉陷	轻	0.6	面积/m^2
15		重	1.0	
16	车辙	轻	0.6	长度/m（影响宽度：0.4m）
17		重	1.0	

（续）

类型（i）	损坏名称	损坏程度	权重（w_i）	计量单位
18	波浪拥包	轻	0.6	面积/m²
19		重	1.0	
20	泛油	—	0.2	面积/m²
21	修补	—	0.1	面积/m²

表 3-11 水泥混凝土路面损坏类型和权重

类型（i）	损坏名称	损坏程度	权重（w_i）	计量单位
1	破碎板	轻	0.8	面积/m²
2		重	1.0	
3	裂缝	轻	0.6	长度/m（影响宽度：1.0m）
4		中	0.8	
5		重	1.0	
6	板角断裂	轻	0.6	面积/m²
7		中	0.8	
8		重	1.0	
9	错台	轻	0.6	长度/m（影响宽度：1.0m）
10		重	1.0	
11	唧泥	—	1.0	长度/m（影响宽度：1.0m）
12	边角剥落	轻	0.6	长度/m（影响宽度：1.0m）
13		中	0.8	
14		重	1.0	
15	接缝料损坏	轻	0.4	长度/m（影响宽度：1.0m）
16		重	0.6	
17	坑洞	—	1.0	面积/m²
18	拱起	—	1.0	面积/m²
19	露骨	—	0.3	面积/m²
20	修补	—	0.1	面积/m²

表 3-12 砂石路面损坏类型和权重

类型（i）	损坏名称	权重（w_i）	计量单位
1	路拱不适	0.1	长度/m（影响宽度：3.0m）
2	沉陷	0.8	面积/m²
3	波浪搓板	1.0	面积/m²
4	车辙	1.0	长度/m（影响宽度：0.4m）
5	坑槽	1.0	面积/m²
6	露骨	0.8	面积/m²

（二）路面行驶质量

路面平整度用路面行驶质量指数（RQI）评价，按式（3-4）计算。

$$RQI = \frac{100}{1 + a_0 e^{a_1 IRI}} \tag{3-4}$$

式中　IRI——国际平整度指数（International Roughness Index，m/km）；

a_0——高速公路和一级公路采用0.026，其他等级公路采用0.0185；

a_1——高速公路和一级公路采用0.65，其他等级公路采用0.58。

（三）路面车辙

路面车辙用路面车辙深度指数（RDI）评价，按式（3-5）计算。

$$RDI = \begin{cases} 100 - a_0 RD & (RD \leq RD_a) \\ 60 - a_1(RD - RD_a) & (RD_a < RD \leq RD_b) \\ 0 & (RD > RD_b) \end{cases} \tag{3-5}$$

式中　RD——车辙深度（Rutting Depth，mm）；

RD_a——车辙深度参数，采用20mm；

RD_b——车辙深度限值，采用35mm；

a_0——模型参数，采用2.0；

a_1——模型参数，采用4.0。

（四）路面抗滑性能

路面抗滑性能用路面抗滑性能指数（SRI）评价，按式（3-6）计算。

$$SRI = \frac{100 - SRI_{min}}{1 + a_0 e^{a_1 SFC}} + SRI_{min} \tag{3-6}$$

式中　SFC——横向力系数（Side-way Force Coefficient）；

SRI_{min}——标定参数，采用35.0；

a_0——模型参数，采用28.6；

a_1——模型参数，采用-0.105。

（五）路面结构强度

路面结构强度用路面结构强度指数（PSSI）评价，按式（3-7）和式（3-8）计算。

$$PSSI = \frac{100}{1 + a_0 e^{a_1 SSI}} \tag{3-7}$$

$$SSI = \frac{l_d}{l_0} \tag{3-8}$$

式中　SSI——路面结构强度系数（Structure Strength Coefficient），为路面设计弯沉与实测代表弯沉之比；

l_d——路面设计弯沉（mm）；

l_0——实测代表弯沉（mm）；

a_0——模型参数，采用15.71；

a_1——模型参数，采用-5.19。

任务三 沥青混凝土路面养护

沥青混凝土路面是以道路石油沥青、煤沥青、液体石油沥青、乳化石油沥青、各种改性沥青等为结合料，黏结各种矿料修筑的路面结构。由于其面层使用沥青结合料，因而增加了矿料间的黏结力，提高了混合料的强度和稳定性，使路面的使用质量和耐久性都得到提高。与水泥混凝土路面相比，沥青路面具有表面平整、无接缝、行车舒适、耐磨、振动小、噪声低、施工期短、养护维修简便的优点，因而在目前高等级公路中占据相当大的比重。

由于沥青路面的强度和稳定性受气温、水分、路面材料性质等客观因素影响比较大，因此在养护工作中必须随时掌握路面的使用状况，加强日常保养，及时修补各种破损，保持路面经常处于清洁、完好状态。

一、沥青路面养护要求

1）对沥青路面应进行预防性、经常性和周期性养护，加强路况巡查，掌握路面的使用状况，根据路面的实际情况制订日常小修保养和经常性、预防性、周期性养护工程计划。对于较大范围路面损坏和达到或超过设计使用年限的路面，应及时安排大中修或改建工程。

2）应及时掌握路面的使用状况，加强小修保养，及时修补各种破损，保持路面处于整洁、良好的技术状况。

3）沥青路面养护工程使用的沥青、粗集料、细集料和填料的规格、质量要求、技术指标、级配组成及大修、中修、改建工程的设计、施工、质量控制，均应符合现行《公路沥青路面设计规范》（JTG D50）和《公路沥青路面施工技术规范》（JTG F40）的有关规定。

二、维修养护对策

沥青路面养护质量的评定等级分为优、良、中、次、差5个等级，按现行《公路技术状况评定标准》（JTG H20）评定，并应按以下情况分别采取各种养护对策：

1）在满足强度要求的前提下，当高速公路及一级公路的路面损坏状况指数（PCI）评价为优、良，或者二级及二级以下公路的路面损坏状况指数评价为优、良、中时，以日常养护为主，并对局部破损进行小修；当高速公路及一级公路的路面损坏状况指数评价为中及中以下，或者二级或二级以下公路的路面损坏状况指数评价为次及次以下，应采取中修罩面措施。

2）当强度不能满足要求时，应采取大修补强措施以提高其承载能力。

3）当高速公路及一级公路的路面行驶质量指数（RQI）评价为优、良，或者二级及二级以下公路的路面行驶质量指数评价为优、良、中时，以日常养护为主；当高速公路及一级公路的路面行驶质量指数评价为中及中以下，或者二级及二级以下公路的路面行驶质量指数评价为次及次以下时，应采取罩面等措施改善路面的平整度。

4）高速公路及一级公路的抗滑能力不足（SFC<40）的路段，或二级及二级以下公路抗滑能力不足（SFC<33.5）的路段，应采取加铺罩面层等措施提高路表面的抗滑能力。

5）当路面不适应现有交通量或荷载的需要时，应通过提高现有路面的等级，或通过加宽等改建措施提高道路的通行能力和服务质量。

6）大、中修及改建工程的结构类型和厚度，可根据公路等级、交通量、当地经济条件和已有经验，通过设计确定，具体要求应符合《公路养护技术规范》（JTG H10）中公路沥青路面罩面、补强和加宽的有关规定。

三、公路沥青路面的小修保养

沥青路面应加强经常性、预防性小修保养，对局部、轻微的初始破损必须及时进行修理。通常把清扫保洁、处理、泛油、拥包、裂缝、松散等作为保养作业；修补坑槽、沉陷、处理波浪、啃边等病害作为小修作业。小修、保养是保持路面使用质量、延长路面使用周期的重要技术措施，分初期养护、日常养护和预防性季节保养修理。

1. 沥青路面初期养护要点

1）摊铺、压实后的热拌沥青混合料路面，待摊铺层自然冷却，混合料表面温度低于 50℃ 后方可开放交通。开放交通初期，应控制行驶车辆限速在 20km/h 以下，视表面成型情况，逐步恢复到设计时速。

乳化沥青路面（含稀浆封层和微表处）的初期稳定性差，应设专人管理，按实际破乳情况，封闭交通 2~6h。在未破乳的路段上，严禁一切车辆、人、畜通过。开放交通初期，应控制车速不超过 20km/h，并不得制动和掉头。

2）沥青贯入式路面及层铺法施工的沥青表面处治路面，应及时将行车驱散的面料回扫，扫匀、压实，以形成平整密实的上封层。

2. 沥青路面日常养护要求

1）加强路况巡查，及时发现病害，研究分析病害产生的原因，并有针对性地及时对病害进行维修处治。

2）路面清扫应按下列规定进行：

① 巡查过程中，发现路面上有杂物，应及时清扫，保持路面整洁。

② 路面的日常清扫，应根据实际情况，采用机械或人工的方法进行清扫。高速公路和一级公路应以机械清扫为主，其他等级公路可以采用机械和人工相结合的方式进行清扫。

③ 二级及二级以上公路路面的清扫作业频率宜不少于 1 次/d，其他等级公路可根据路面污染程度、交通量大小及其组成、气候及环境等因素而定，但不宜少于 1 次/周，中央分隔带内的杂物清理宜不少于 1 次/月。长隧道内和大型桥梁的清扫频率应适当增加。

④ 清扫时，应防止产生扬尘而污染环境，危及行车安全，并及时清除和处

理路面油类或化工类等玷污物。

3）雨后路面积水应及时排除。

4）在春融期，特别是汛期，应对排水设施进行全面检查并疏通。

5）冬季降雪天气应及时除雪除水，并采取必要的路面防滑措施。

6）加强经常性和预防性的日常养护，以保障路面及沿线设施良好的技术状况。

7）严禁履带车和铁轮车在沥青路面上直接行驶，如必须行驶，应采取相应保护措施。

3. 沥青路面季节性预防养护

沥青路面对气温比较敏感，应根据各地不同季节的气候特点、水和温度变化规律，按照"预防为主、防治结合"的原则，结合本地区成功经验，针对如下所列不同季节病害根源，因地制宜，采取有效的技术措施，做好预防性季节性养护工作。

1）春季。春季气温温暖，路基内的水分开始转移，是各种病害集中暴露的季节。养护中应抓住时机，及时防治路面病害。

① 路基含水量较大的路段，随着解冻路基强度减弱，在行车作用下面层容易出现裂缝病害；含水量已达饱和、强度和稳定性差的路段，经车辆碾压容易出现翻浆。

② 施工质量差的路面，在气温回升时容易变软，矿料经碾压产生松动，油层不稳定，容易出现油包、波浪等。

③ 秋末冬初低温施工路段，随着温度的上升，容易出现泛油。

④ 春融季节路面出现网裂后，如不及时处理，容易发展为坑槽。

2）夏季。夏季气候炎热，地面水分蒸发快，是沥青路面各种病害全面发展的季节。养护中要充分利用夏季气温高、操作方便的条件，及时消灭病害。

① 新铺的沥青路面在高温作用下容易出现泛油。

② 基层含水量较大或质量差的路段，在行车作用下容易造成路面发软产生车辙。

③ 沥青用量过多，矿料过细或沥青黏度差的沥青路面容易出现拥包、波浪、发软等病害。

3）秋季。秋季气温逐渐降低，而雨水较多。应及时处理病害，为冬季沥青路面的正常使用打下基础。

① 秋季雨水较多，容易积水的路面，如果有裂缝和基层不密实，易出现坑槽。

② 强度不够的路肩受雨水侵蚀或积水影响，在行车碾压下，易产生啃边。

③ 基层含水量较大、强度不够，或地基受水泡发软的路段，路面稳定受到影响，在行车碾压下易出现网裂。

4）冬季。冬季气候寒冷，路基路面冻结，是沥青路面比较稳定的季节，但是也要注意沥青路面的养护。

① 路面在低温下发生不同方向的收缩，容易产生横向、纵向裂缝。

② 积雪地区要做好除雪防滑。

四、沥青路面常见病害的维修

1. 裂缝的处治

1）在高温季节全部或大部分可愈合的轻微裂缝，可不加处理。在高温季节不能愈合的轻微裂缝，可采用下列方法处治：

沥青路面裂缝
和拥包的维修

① 将有裂缝的路段清扫干净并均匀喷洒少量沥青（在低温、潮湿季节宜喷洒乳化沥青），再匀撒一层 2~5mm 的干燥洁净石屑或粗砂，最后用轻型压路机将矿料碾压。

② 沿裂缝涂刷少量稠度较低的沥青。

2）由于路面基层温缩、干缩引起的纵向或横向的裂缝，缝宽在 5mm 以内的，可采用稠度较低的热沥青（缝内潮湿时应采用乳化沥青）灌缝并撒石屑或粗砂封堵、捣实。缝宽在 5mm 以上的，把缝内处理干净后，用热拌沥青混合料填入缝中，捣实。缝内潮湿时应采用乳化沥青混合料。

3）因沥青性能不好、或路面设计使用年限较长、油层老化等原因出现的大面积裂缝（包括网裂），此时如基层强度尚好时，通过技术经济比较，可选用下列维修方法：

① 乳化沥青稀浆封层，封层厚度宜为 3~6mm。

② 加铺沥青混合料上封层，或先铺设土工合成材料后，再在其上加铺沥青混合料上封层。

③ 改性沥青薄层罩面。

④ 单层沥青表处。

4）由于土基、基层强度不足或路基翻浆等引起的严重龟裂，应先处治好基层后再重作面层。

2. 拥包的维修

1）属于施工时操作不慎将沥青漏洒在路面上形成的拥包，将拥包除去即可。

2）已趋于稳定的轻微拥包，应将拥包用机械刨削或人工挖除。如果除去拥包后，路表不够平整，应予以处治。

3）因面层沥青用量过多或细料集中而产生较严重拥包，或路面连续多次出现拥包且面积较大，但路面基层仍属稳定，则应用机械或人工将拥包全部除去，并低于路表面约 10mm。扫尽碎屑、杂物及粉尘后用热沥青混合料重做面层。

4）因基层局部含水量过大，使面层与基层间结合不良而被推移变形造成的拥包，应把拥包连同面层挖除，将水分晾干，或用水稳定性好的材料更换已变形的基层，再重作面层。

5）由于基层局部强度不足或水稳性不好，使基层松软而导致的拥包，应将面层和基层完全挖除。如土基中含有淤泥，还应将淤泥彻底挖除，换填新料并夯实。在地下水位较高的潮湿路段，应采取措施引出地下水并在基层下面加铺一层水稳性好的材料，最后重作面层。

3. 沉陷的维修

1）因路基不均匀沉降而引起的局部路面沉陷，若土基和基层已经密实稳定，不再继续下沉，可只修补面层。并根据路面的破损状况分别采取下列处治措施：

① 路面略有下沉，无破损或仅有少量轻微裂缝，可在沉陷处喷洒或涂刷黏层沥青，再用沥青混合料将沉陷部分填补，并压实平整。

② 因路基沉陷导致路面破损严重，矿料已松动、脱落形成坑槽的，应按照坑槽的维修方法予以处治。

沥青路面沉陷和车辙的维修

2）因土基或基层结构遭到破坏而引起路面沉陷，应先处治好基层后再重做面层。

3）桥涵台背因填土不实出现不均匀沉降的，可视情况选择以下处理方法：

① 挖除沥青面层，在沉陷的部分加铺基层后重作面层。

② 对于台背填土密实度不够的，应重新作压实处理，台背死角处的压实宜采用夯实机械。

③ 对含水量和孔隙比均较大的软基或含有机物质的黏性土层，宜采取换土处理。换土深度应视软层厚度而定。换填材料首先应选择强度高、透水性好的材料，如碎石土、卵砾土、中粗砂及强度较高的工业废渣，且要求级配合理。

④ 采用注浆加固处理。

4. 车辙的维修

1）车道表面因车辆行驶推移而产生的车辙，应将出现车辙的面层切削或铣刨清除，然后重铺沥青面层。在高速公路及一级公路上可采用沥青玛蹄脂碎石混合料（SMA）或 SBS 改性沥青混合料或聚乙烯改性沥青混合料来修补车辙。

2）路面受横向推挤形成的横向波形车辙，如果已经稳定，可将凸出的部分削除，在波谷部分喷洒或涂刷黏结沥青并填补沥青混合料并找平、压实。

3）因面层与基层间有不稳定的夹层而形成的车辙，应将面层挖除，清除夹层后，重做面层。

4）由于基层强度不足、水稳性能不好，使基层局部下沉而造成的车辙，应先处治基层，再做面层。

5. 波浪与搓板的维修

1）属于面层原因形成的波浪或搓板可按下述方法进行维修。

① 路面仅有轻微波浪或搓板，可在波谷部分喷洒沥青，并匀撒适当粒径的矿料，找平后压实。

② 波浪（搓板）的波峰与波谷高差起伏较大时，应顺行车方向将凸出部分铣刨削平，并低于路表面约 10mm。削除部分喷洒热沥青，再匀撒一层粒径不大于 10mm 的矿料，扫匀，找平，并压实。

③ 严重的、大面积波浪或搓板，应将面层全部挖除，然后重铺面层。

2）若面层与基层之间存在不稳定的夹层，面层在行车荷载的作用下推移变形而形成波浪（搓板），应挖除面层，清除不稳定的夹层后，喷洒黏结沥青，重铺面层。

3）因基层局部强度不足，或稳定性差等原因造成的波浪（搓板），应先对基层进行处治，再重作面层。

6. 坑槽的维修

1）路面基层完好，仅面层有坑槽时的维修：

① 按照"圆洞方补，斜洞正补"的原则，划出所需修补坑槽的轮廓线。

② 沿所划轮廓线开凿至坑底稳定部分，其深度不得小于原坑槽的最大深度。

③ 清除槽底、槽壁的松动部分及粉尘、杂物，并涂刷黏层沥青。

④ 填入沥青混合料（在潮湿或低温季节，采用乳化沥青拌制的混合料）并整平、压实。如果坑槽较深（7cm以上），应将沥青混合料分两次或三次摊铺和压实。

⑤ 热补法修补。采用热修补养护车，将加热板加热坑槽处路面，翻松被加热软化的铺装层，喷洒乳化沥青，加入新的沥青混合料，然后搅拌摊铺，压路机压实成型。

2）若因基层局部强度不足等使基层破坏而形成坑槽，应先处治基层，再修复面层。

7. 冻胀和翻浆的维修

1）因路基冻胀使路面局部或大面积隆起影响行车时，应将胀起的沥青路面刨平，待春融后按翻浆处理的方法予以处治。

2）因冬季基层中的水结冰引起冻胀，春融季节化冻而引起的翻浆应根据情况采用以下方法之一予以处治：

① 换填砂粒。

② 局部发生翻浆的路段，可采用打石灰梅花桩或水泥砂砾桩的办法予以改善。

③ 加深边沟，并在翻浆路段两侧路肩上交错开挖宽为30~40cm的横沟，其间距为3~5m，沟底纵坡不小于3%，沟深应根据解冻情况，逐渐加深，直至路面基层以下。横沟的外口应高于边沟的沟底。如路面翻浆严重，除挖横沟外，还应顺路面边缘设置纵向小盲沟。交通量较小的路段也可挖成明沟。但翻浆停止后，应将明沟填平恢复原状。

3）因基层水稳定性不良或含水量过大造成的翻浆应挖去面层及基层全部松软的部分。将基层材料晾晒干，并适当增加新的硬粒料（有条件时应换填透水性良好的砂砾或工业废渣等），分层（每层不超过15cm）填补并压实，最后恢复面层。

4）低温季节施工的石灰稳定类基层，在板体强度未形成时雨水渗入，其上层发生翻浆的，应将翻浆部分挖除，重作石灰稳定基层或换用其他材料予以填补，然后重作面层。

8. 麻面与松散的维修

1）因嵌缝料散失出现轻微麻面，在沥青面层不贫油时，可在高温季节撒适当的嵌缝料，并用扫帚扫匀，使嵌缝料填充到石料的空隙中。

2）大面积麻面应喷洒稠度较高的沥青，并撒适当粒径的嵌缝料，应使麻面部分中部的嵌缝料稍厚，周围与原路面接口要稍薄，定型要整齐，并碾压成型。

坑槽维修

　　3）因沥青用量偏少或因低气温施工造成的沥青面层松散，应采用以下方法处治：

　　① 先将路面上已松动了的矿料收集起来。

　　② 待气温升至15℃以上时，按0.8~1.0kg/m² 的用量喷洒沥青，再均匀撒上3~6mm 的石屑或粗砂（5~8m³/1000m²）。

　　③ 用轻型压路机压实。

　　4）作稀浆封层处治，对松散路面的处理后，再作稀浆封层。

　　5）对于因油温过高，沥青老化失去黏结性而造成的松散，应将松散部分全部挖除后，重作面层。

　　6）因沥青与酸性石料间的黏附性不良而造成路面松散。应将松散部分全部挖除后，重作面层。重作面层的矿料不应再使用酸性石料。在缺乏碱性石料的地区，应在沥青中掺入抗剥离剂、增黏剂或使用干燥的生石灰、消石灰、水泥等表面活性物质作为填料的一部分，或采用石灰浆处理粗骨料等抗剥离措施，以提高沥青与矿料的黏附力，并增加混合料的水稳性。

　　7）由于基层或土基软化变形而造成的路面松散，应按规定处理好基层后，再重作面层。

9. 泛油的维修

　　1）只有轻微泛油的路段，可撒上3~5mm 粒径的石屑或粗砂，并用压路机或控制行车碾压。

　　2）泛油较严重的路段，可先撒5~10mm 粒径的碎石，用压路机碾压。待稳定后，再撒3~5mm 粒径的石屑或粗砂，并用压路机或控制行车碾压。

　　3）面层含油量高，且已形成软层的严重泛油路段，可视情况采用下述方法之一进行处治：

　　① 先撒一层10~15mm 粒径（或更大的）碎石，用压路机将其强行压入路面，待基本稳定后，再分次撒上5~10mm 粒径的碎石，并碾压成型。

　　② 将含油量过高的软层铣刨清除后，重做面层。

　　4）处治泛油应注意以下事项：

　　① 处治时间应选择在泛油路段已出现全面泛油的高温季节。

　　② 撒料应顺行车方向撒，先粗后细；做到少撒、薄撒、匀撒、无堆积、无空白。

　　③ 禁止使用含有粉粒的细料。

　　④ 采用压路机或引导行车碾压，使所撒石料均匀压入路面。

　　⑤如采用行车碾压，应及时将飞散的粒料扫回，待泛油稳定后，将多余浮动的石料清扫并回收。

10. 脱皮的维修

　　1）由于沥青面层与上封层之间黏结不好，或初期养护不良引起的脱皮，应清除已脱落和已松动的部分，再重新做上封层，所做封层的沥青用量及矿料粒径规格应视封层的厚度而定。

　　2）如沥青面层层间产生脱皮，应将脱落及松动部分清除，在下层沥青面上涂刷黏结沥青，并重作沥青层。

3）面层与基层之间因黏结不良而产生的脱皮，应先清除掉脱落、松动的面层，分析黏结不良的原因。若面层与基层间所含水分较多，应晾晒或烘干；若面层与基层之间夹有泥层，则应将泥砂清除干净，喷洒透层沥青后，重作面层。

11. 啃边的维修

1）因路面边缘沥青面层破损而形成啃边应将破损的沥青面层挖除，在接茬处涂刷适量的黏结沥青，用沥青混合料进行填补，再整平压实。修补啃边后的路面边缘应与原路面边缘齐顺。

2）因基层松软、沉陷而形成的啃边，应先对路面边缘基层局部加强后再恢复面层。

3）应加强路肩的养护工作，保持路肩稳定；随时注意填补路肩上的车辙、坑洼或沟槽；经常保持路肩与路面衔接平顺，并保持路肩应有的横坡，以利排水。

4）为防止路面出现啃边，宜采取以下措施：

① 用砂石、碎砖（瓦）、工业废渣等改善、加固路肩或设硬路肩，使路肩平整、坚实。

② 可在路面边缘增设路缘石，或将路面基层加宽到其面层宽度外 20 ~ 25cm 处。

③ 在平交道口或曲线半径较小的路面内侧，可适当加宽路面。

12. 磨光的维修

1）高速公路、一级公路抗滑能力降低已磨光的沥青面层，可用路面铣刨机直接恢复其表面的粗糙度。

2）路面石料棱角被磨掉，路面光滑，抗滑性能低于要求值时，应加铺抗滑层。

3）对表面过于光滑，抗滑性能特别差的路段，应作罩面处理。

① 可以采用拌和法或层铺法施工的单层表面处治，也可以采用乳化沥青稀浆封层。

② 罩面前，应先处治好原路面上的各种病害，若原路表有沥青含量过多的薄层，应将其刮除掉后洒黏层油。罩面及封层的技术要求应符合现行《公路沥青路面施工技术规范》（JTG F40）的规定。

五、公路沥青路面罩面

沥青路面罩面按其使用功能划分普通型罩面（简称罩面）、防水型罩面（简称封层）和抗滑层罩面（简称抗滑层）三种。

1. 适用范围

1）罩面主要适用于消除破损，恢复原有路面平整度，改善路面性能的修复工作。

2）封层主要适用于提高原有路面的防水性能、平整度和抗滑性能的修复工作。

沥青罩面

3）抗滑层主要适用于提高路面抗滑能力的修复工作。

2. 材料要求

1）罩面的沥青结合料宜使用性能较好的黏稠型道路石油沥青、乳化石油沥青、改性乳化沥青、改性沥青。

2）矿料应选用耐磨、强度高、水稳定性好的石料。

3）所采用的沥青结合料、矿料规格、各项技术指标应符合现行《公路沥青路面施工技术规范》（JTG F40）和其他有关规范的规定。

3. 厚度要求

（1）罩面

1）罩面厚度应根据路段的交通量、公路等级、路面状况、使用功能等综合考虑确定。

2）当路面损坏状况指数、行驶质量指数在中、良等级，路面仅有轻度网裂时，可采用较薄的罩面层（厚 10～30mm）。

3）当路面破损、平整度、抗滑三项指标都在中等以下，要求恢复到优、良等级时，应采用较厚的罩面层（厚 30～50mm）。

4）一般情况下，高速公路、一级公路罩面宜采用 40～50mm 的厚度，其他公路可采用较薄的罩面（10～40mm）。

5）各级公路的罩面厚度不得小于最小施工层厚度。

（2）封层

1）交通量较大、重型车较多的路段宜采用厚约 10mm 封层。

2）在中等交通量路段宜采用厚约 7mm 封层。

3）在交通量小、重型车少的路段宜采用厚约 3～4mm 的封层。

（3）抗滑层

1）用于高速公路、一级公路时宜采用不小于 40mm 的厚度。

2）用于二级公路时，宜采用中粒式、细粒式沥青混凝土结构，也可采用热拌沥青碎石或沥青表面处治结构，厚度不得小于最小施工层厚度。

3）用于三级、四级公路时可采用乳化沥青封层结构，厚度可为 5～10mm。

4. 施工要求

1）沥青路面罩面的施工，除应按《公路沥青路面施工技术规范》（JTG F40）有关规定，还应按下列要求进行：

① 对确定罩面的路段，在罩面前必须完成各种病害的处治修复工作，并清除路面上的泥土杂物。

② 根据施工气温、旧沥青路面状况等因素采取相应施工工艺措施，罩面前必须喷洒黏层沥青，确保新老沥青层的结合，沥青用量为 0.3～0.5kg/m²，裂缝及老化严重时为 0.5～0.7kg/m²。有条件时，洒黏层沥青前最好用机械做打毛处理。

③ 罩面不应铺在逐年加厚的软沥青层上，也不应铺在和原沥青路面结合不好、即将脱皮的沥青罩面薄层上，应将其铲除，整平后，再进行罩面。

④ 当气温低于 10℃ 或路面潮湿时，不得浇洒黏层沥青，不得摊铺沥青罩

面层。

2）采用乳化沥青稀浆封层时，必须有固定的专业人员、固定的专业乳液生产和施工（撒布、摊铺）设备、专职的检测试验人员，并按有关规定标准进行检测和质量控制。稀浆封层撒布机在使用前，应根据稀浆混合料配合比设计，对骨料、乳液、填料、加水量进行认真调试、调试稳定后，方可正式摊铺。

3）抗滑层应按《公路沥青路面施工技术规范》（JTG F40）有关规定进行施工。

六、沥青路面补强

1. 补强设计

在现有公路等级不变的情况下，沥青路面因损坏严重、路面结构强度指数（PSSI）不符合要求，应进行路面补强。补强也适用于提高公路等级而进行的改建工程。

1）补强设计应综合考虑由补强厚度导致的纵坡与横坡的调整，以及与沿线结构物的联结等的相互协调，使纵坡线形符合现行《公路工程技术标准》（JTG B01）的要求。否则应改建线形，使其符合标准后再进行补强设计。

2）补强设计中应考虑补强结构层与原路面结构的连结问题。

沥青路面补强层厚度应根据《公路沥青路面设计规范》（JTG D50）有关规定计算确定。

2. 沥青路面补强层材料的类型及结构形式的选择

1）沥青路面补强层材料类型应按现行《公路沥青路面设计规范》（JTG D50）的规定选取。

2）路面补强结构形式应注意按如下情况选择：

① 高速公路和一级、二级公路宜采用半刚性、热拌或冷拌沥青碎石混合料、沥青贯入式碎石基层加沥青混合料面层的补强结构形式。

② 三级公路在不提高公路等级的情况下，可采用单层或多层补强结构。当需提高公路等级时，宜采用半刚性基层加沥青混合料面层的补强结构形式。

③ 四级公路可采用单层或多层的补强形式。

3. 补强前，应对原有公路的技术状况进行详细调查

1）调查原有公路路况，如路面破损及病害的情况和程度、路表排水（积水）状况、积雪（砂）状况，路肩采用的加固措施等。

2）调查原有路面设计、施工、养护的技术资料，及从使用开始至改建的间隔时间、使用效果等。

3）调查年平均双向日交通量、交通组成和交通量增长率等。

4）调查路基和路面（行车道）的宽度、路线纵坡、路面横坡、平曲线半径等。

5）原有公路的分段及弯沉调查按现行《公路沥青路面设计规范》（JTG D50）的有关规定进行。

4. 补强前，应对原有公路进行适当处治

1）公路路拱不符合现行《公路工程技术标准》（JTG B01）时，应结合补强设计对路拱进行调整，使其符合规定。

2）对原路面的病害，应视其层位、严重程度和范围，按有关规定进行处治。

5. 基层需补强时，结构选择的要求

当基层需补强时，其结构的选择应根据公路等级、交通量大小、材料种类、路基干湿类型、现有路况，以及施工季节、施工机械配备和工期要求等因素综合考虑后确定。补强设计应符合现行有关设计规范的规定。

6. 路面的补强应注意与桥涵的良好衔接

1）路面补强路段内若有桥涵等构造物，在补强前应对其铺装层进行检查。若原有铺装层出现破损，应及时修复。

2）为保证路面与桥涵顶面的纵坡顺适，应综合考虑和重新设计路线纵坡。

7. 补强设计中，补强层材料设计参数按新建路面材料设计参数的选择方法进行，并应符合现行《公路沥青路面设计规范》（JTG D50）的有关规定。

七、沥青路面加宽

1. 加宽基本要求

1）路面加宽前，应对原有路面作全面的调查，调查内容与沥青路面补强前的调查相同。

2）沥青路面加宽方案应根据原有公路等级、线形及交通量等确定。当原有公路线形不需改善，且路基较宽，加宽后路肩宽度符合现行《公路工程技术标准》（JTG B01）时，可在原公路的基础上直接加宽，否则应首先改善和加宽路基；如原有公路因线形较差而需改善，设计时应尽可能利用原有的沥青路面。

3）路基、路面加宽的设计应按现行《公路路基设计规范》（JTG D30）和《公路沥青路面设计规范》（JTG D50）的规定进行。

4）加宽时应处理好新路面与原有路面的纵横向衔接。由于路基宽度不足需对路基尤其是高路堤路基加宽时，还应对加宽部分路基进行加固，避免加宽路面出现不均匀沉降。

5）当路基加宽宽度小于 1m 时，加宽的路面或基层压实质量不易控制，宜采用单侧加宽的方式。单侧加宽也包括因线形的约束只能在一侧进行加宽的情况。单侧加宽时应调整原有路面的路拱横坡。双侧加宽宜采用两侧相等的加宽方式。当不能采用两侧相等加宽的路面，如两侧加宽宽度差在 1m 以下时，不必调整横坡；当两侧加宽宽度差超过 1m 时，应调整路拱横坡。

6）若加宽路面处于路线平曲线处，则应按现行《公路工程技术标准》（JTG B01）规定设置相应的超高和加宽。

7）加宽路面的基层和面层材料应按规定进行试验和配合比设计。

8）当路基路面同时加宽时，路基应加至应有宽度。为使路面边缘坚实，基层宜比面层宽出 200~250mm，或埋设路缘石。

2. 施工要求

1）加宽接茬一般采用毛茬热接法。施工时，在基层加宽的基础上将原有沥青路面边缘刨切整齐，露出坚硬的垂直边缘，不得松动原路面面层和新铺基层的粒料，将加宽的基层表面清扫干净。在接茬处均匀涂一层黏结沥青。单层式面层接茬时，混合料摊铺时应与原路面平齐对接，压实后的高度与原路面面层平齐；双层式或多层式面层接茬时，上、下层不宜接在同一垂直面上，应错开 30cm 以上，做成台阶式，加宽后新上面层的压实高度与原路面上面平齐。

2）如原路面有路缘石，应将路缘石移栽至新加宽（或加厚）路面的外侧，并重新夯实路肩后，在路缘石里侧涂黏结沥青。

3）补强加厚路面时，原有沥青面层经检验调查并进行技术经济比较后，如需再生利用者外，一般可不铲除。但补强仅需在原有路面上加铺沥青补强层时，当原有沥青面层有不稳定软层时则应予铲除，或在夏季气温较高时撒布粗矿料（粒径一般为软层厚度的 0.9 倍），用重型压路机强行压入的方法使其稳定，并对原有路面的其他破损应先予处治，必要时可设整平层。

4）加宽加厚同时进行时，宜采用单幅施工、单幅通车的方式，一般不宜中断交通。

八、公路沥青路面翻修与再生利用

1. 基本要求

公路沥青路面翻修与再生利用应符合下列要求：

1）路面破损严重，采用罩面等养护方法不能使路面恢复良好的工作状态时，为保证必要的服务功能，应进行翻修并对旧沥青面层尽可能予以再生利用。

2）翻修前，应对需要翻修路段的路面结构、路基土特性和交通量等进行调查分析，并按路面补强设计要求或现行《公路沥青路面设计规范》（JTG D50）的规定进行结构厚度设计。

3）如因路基软弱导致路面损坏时，应对软弱路基采取有效措施处治达到质量标准后再修筑基层、面层。

4）热拌和冷拌再生沥青混合料一般运用于翻修养护工程，可用于高速公路和一级、二级、三级公路的中、下面层，以及四级公路的面层。对于一级、二级及三级公路的上面层，以及高速公路中、下面层，必须经试验、总结、评定合格后才能使用。

5）再生沥青混合料的运输、施工和质量管理等技术要求应符合现行《公路沥青路面施工技术规范》（JTG F40）的规定。

2. 旧沥青面层的再生利用

为了节约能源，减少环境污染，合理利用筑路资源，少占筑路废料堆放用地和降低路面工程造价，在沥青路面大修、改善工程中，推广采用旧沥青面层的利用技术，是当前国内外养路部门都普遍重视的问题。

旧沥青面层的利用，一般分为两种情况：一是将旧面层的结合料、旧集料进行再生，组配成合格的再生沥青混合料供重新铺筑路面使用，叫作再生利用；二是旧面层在破碎后仅需掺加少量结合料或矿料后使用，叫作重复利用。

再生沥青混合料的拌制一般分为热拌和冷拌两种。热拌再生沥青混合料是旧料、新矿料、再生剂与新沥青在热态下拌和而成。冷拌再生沥青混合料是旧料、新矿料、再生剂与乳化沥青在常温下拌和而成。热拌再生沥青混合料强度高，路用性能良好。冷拌再生沥青混合料成型期较长，强度相对较低。

热拌再生沥青混合料一般适用于翻修养护工程，可用于一、二、三级公路的中、下面层，以及四级公路的面层。对于一级、二级及三级公路的上面层，以及高速公路中、下面层，必须经试验、总结、评定合格后才能使用。冷拌再生沥青混合料一般适用于翻修养护的四级公路的路面。

（1）旧料质量要求

1）旧料必须洁净，不得混入有机垃圾。混入无沥青黏结的砂石料的比例不得大于10%，含泥量不得大于1%。

2）块状旧料可采用机械轧碎或人工敲碎。

3）破碎后的旧料最大粒径按用途确定。用于粗粒式再生沥青混合料时，最大粒径为26.5mm或31.3mm（方孔筛）；用于中粒式再生沥青混合料时，最大粒径为16mm或19mm（方孔筛）；用于细粒式再生沥青混合料时，最大粒径为9.5mm或13.2mm（方孔筛）。

4）破碎后的旧料应按质量分类堆放在平整、坚实和排水良好的场地。堆放高度以不结块为度，一般小于1.5m。

（2）再生剂要求

1）应具有较强的渗透和软化能力，以降低旧沥青黏度，达到要求的针入度。

2）能与旧沥青互溶，使之和新沥青均匀地混合成一体。

3）能调节旧沥青的成分，达到路用沥青的质量要求，有较好的抗老化性能。

适用的再生剂有：机油、润滑油、抽出油和玉米油。

（3）新材料要求

用于再生沥青混合料的新沥青和乳化沥青的类型和标号可根据公路等级、用途和当地气候条件选定；用于再生沥青混合料的粗、细集料应具有足够强度，与沥青黏附性良好，无风化和杂质，颗粒形状接近立方体，材料质量均应符合《公路沥青路面养护技术规范》（JTJ 073.2）的规定。

（4）热拌再生沥青混合料配合比设计步骤

1）旧料分析与新旧沥青掺配。将破碎后的旧料按《公路工程沥青及沥青混合料试验规程》（JTJ 052）规定的方法作抽提分析，并回收旧沥青，计算旧沥青含量和旧矿料的颗粒组成，测定旧沥青的针入度、延度和软化点。

在旧沥青中掺入再生剂，使其达到本地区要求的沥青稠度。将掺有再生剂的旧沥青掺入符合质量要求的新沥青，测定针入度、延度和软化点等质量指标，按《公路沥青路面养护技术规范》（JTJ 073.2）中的技术要求，确定新、旧沥青的掺配比例。

2）根据确定的新、旧沥青的掺配比例，选定新矿料与旧料的配合比，并根据新矿料的颗粒组成，按《公路沥青路面养护技术规范》中（JTJ 073.2）计算新矿料的用量。

3）对破碎的旧料先按确定的再生剂用量进行喷洒拌和，然后按确定的再生沥青混合料级配，并根据本地区经验初定混合料的沥青用量，扣除旧料的旧沥青含量后作为新沥青用量的中值，每次增减 0.5% 新沥青用量制备混合料试件进行马歇尔试验，根据试验结果和《公路沥青路面养护技术规范》中（JTJ 073.2）的马歇尔试验技术标准确定再生沥青混凝土的最佳沥青用量。

热拌再生沥青混合料可采用间歇式拌和机或连续式拌和机拌制。冷拌再生沥青混合料宜采用机械拌和，受条件限制时也可采用人工拌和。

任务四　水泥混凝土路面养护

水泥混凝土路面在行车荷载与自然因素作用下，会因混凝土板、接缝和基层、土基的缺陷产生各种类型的损坏，其中既有设计的原因，也有施工质量的问题，以及人为的外界因素，也有可能是各种因素相互影响造成。水泥混凝土路面在养护良好的条件下，其使用年限要比其他路面长，但一旦开始损坏，则会引起破损的迅速发展。因此，必须做好预防性、经常性的养护，通过日常的观察，及早发现缺陷，查明原因，不失时机地采取相应的处治措施，使路面保持完好的状态。

一、养护的基本要求

1）做好预防性、经常性的保养和破损修补，保持路面处于良好的技术状况与服务水平。

2）应保持路容整洁，定期进行清扫保洁，清扫频率同沥青路面日常保养一样。

二、养护对策

1）高速公路及一级公路的路面损坏状况指数评价为优和良，二级及二级以下公路的路面损坏状况指数评价为中及中以上时，可采用日常养护和局部或个别板块修补措施。各种病害的养护或修补措施可参考表 3-13。

表 3-13　各种病害的养护或修补措施

病　害	措　施									
	可暂不修	填封裂缝	填封接缝	部分深度修补	全深度修补	换板	沥青混合料修补	板底堵封	板顶研磨	刻槽	边缘排水
	程　度									
纵、横、斜裂缝和角隅断裂	L	L,M,H	—	—	—	H					
交叉裂缝和断裂板	—	L,M	—	—	—	M,H					
沉陷、胀起	L,M	—	—	—	—	—	M,H	H	M,H	—	—
唧泥、错台	L	—	L,M	—	—	—	—	H	H	—	M,H

（续）

病 害	措 施										
	可暂不修	填封裂缝	填封接缝	部分深度修补	全深度修补	换板	沥青混合料修补	板底堵封	板顶研磨	刻槽	边缘排水
	程 度										
接缝碎裂	L	—	—	M,H	H	—	M,H	—	—	—	—
拱起	L	—	—	—	M,H	H	—	—	—	—	—
纵缝张开	—	—	L,H	—	—	—	—	—	—	—	—
填缝料损坏	L	—	M,H	—	—	—	—	—	—	—	—
纹裂或网裂和起皮	L,M	—	—	—	M,H	—	M,H	—	—	—	—
磨损和露骨	磨损	—	—	—	—	—	露骨	—	—	磨光	—
活性集料反应	L	—	—	—	—	H	M	—	—	—	—
集料冻融裂纹	—	—	—	M,H	H	—	—	—	—	—	—

注：表中 L、M、H 表示病害轻重程度等级：L—轻度；M—中等；H—严重。

2）高速公路及一级公路的路面损坏状况指数评价为中及中以下，二级及二级以下公路的路面损坏状况指数评价为次及次以下时，应采取全路段修复或改善措施。

3）高速公路及一级公路的路面行驶质量指数、抗滑性能指数评价为中及中以下，二级及二级以下公路的路面行驶质量指数、抗滑性能指数评价为次及次以下时，应分别采取措施，改善路面平整度，提高路表面的抗滑能力。

4）路面结构承载能力不满足现有交通的要求时，应采取铺筑沥青混凝土或水泥混凝土加铺层措施，提高其承载能力。

三、路面的日常保养

水泥混凝土路面日常养护应做好预防性、经常性养护，通过经常的巡视检查，及早发现缺陷，查清原因，采取适当措施，清除障碍物，保持路面状况良好。

水泥混凝土路面必须经常清扫，保持路容整洁，清除路面泥土污物。如有小石块应随时扫除，以免车辆碾压而破坏路面表面。冬季应及时清除冰雪。路肩与路面衔接应保持平顺，以利排水，有条件时宜将其加固改善成硬路肩。

水泥混凝土路面保养的重点在接缝，使接缝保持完好，表面平顺，行车不致产生颠跳。当气温下降接缝扩大而有空隙，应在当地气温最低时进行灌缝填隙；当气温上升填缝料挤出缝口时，应予铲除，并防止砂土、泥土压入接缝内，影响板的正常伸缩。填缝料一般宜每隔 2~3 年更换一次。

对于宽度在 3mm 以下的非扩展性裂缝，可用低黏性沥青或环氧树脂或聚硫橡胶改性环氧树脂等材料灌注进行保养；如为扩展性裂缝，应沿裂缝凿槽后注入灌缝材料；对于因混凝土板下设有构造物或埋设硬物而产生的裂缝，也应裂缝开凿后填注灌缝料。

四、水泥混凝土路面破损处理

1. 裂缝维修

1）对宽度小于 3mm 的轻微裂缝，可采取扩缝灌浆。即顺着裂缝扩宽成 1.5～2.0cm 的沟槽，槽深可根据裂缝深度确定，最大深度不得超过 2/3 板厚。清除混凝土碎屑，吹净灰尘后，填入粒径 0.3～0.6cm 的清洁石屑。根据选用的灌缝材料，按《公路水泥混凝土路面养护技术规范》（JTJ 073.1）附录 A 规定的配比，混合均匀后，灌入扩缝内。灌缝材料固化后，达到通车强度，即可开放交通。

2）对贯穿全厚的大于 3mm 小于 15mm 的中等裂缝，可采取条带罩面进行补缝。在裂缝两侧切缝时，应平行于缩缝，且距裂缝距离不小于 15cm，如图 3-2a 所示。凿除两横缝内混凝土的深度以 7cm 为宜。每间隔 50cm 打一对钯钉孔，钯钉孔的大小应略大于钯钉直径 2～4mm。并在二钯钉孔之间打一对与钯钉孔直径相一致的钯钉槽。钯钉宜采用 φ16 螺纹钢筋，使用前应予以除锈。钯钉长度不小于 20cm，弯钩长度为 7cm。钯钉孔必须填满砂浆，方可将钯钉插入孔内安装。切割的缝内壁应凿毛，并清除松动的混凝土碎块及表面尘土、裸石。浇筑混凝土应及时振捣密实、抹平，并喷洒养护剂。修补块面板两侧，应加深缩缝，并灌注填缝料，如图 3-2b 所示。

水泥混凝土路面破损 1

水泥混凝土路面破损处理

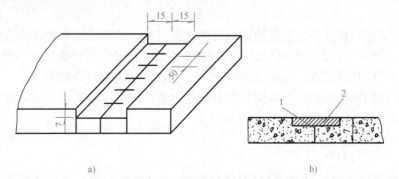

图 3-2　条带补缝（单位：cm）

1—钯钉　2—新浇混凝土

3）对宽度大于 15mm 的严重裂缝可采用全深度补块。全深度补块分集料嵌锁法、刨挖法、设置传力杆法。

① 集料嵌锁法，如图 3-3 所示。

在修补的混凝土路面位置，平行于缩缝划线，沿划线位置进行全深度切割。在保留板块边部，沿内侧 4cm 位置，锯 5cm 深的缝。

破碎、清除旧混凝土过程中不得伤及基层、相邻面板和路肩。若破除的旧混凝土面积当天完不成混凝土浇筑时，其补块位置应作临时补块。

全深锯口和半深锯口之间的 4cm 宽条混凝土垂直面应凿成毛面。

处理基层时，基层强度符合规范要求，应整平基层；基层强度低于规范要求，应予以补强，并严格整平；若基层全部损坏或松软，应按原设计基层材料重新作基层，其技术要求应符合现行《公路路面基层施工技术规范》（JTJ 034）的

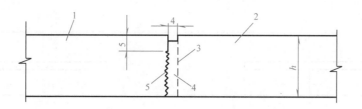

图 3-3　集料嵌锁法（单位：cm）

1—保留板　2—全深度补块　3—全深度锯缝
4—凿除混凝土　5—缩缝交错接面

规定。

混凝土的配合比应根据设计弯拉强度、耐久性、耐磨性、和易性等要求，先用原材料进行配比设计，各种材料的物理性能及化学成分应符合现行《公路水泥混凝土路面设计规范》（JTG D40）规定。

用水量应控制在混合料运到工地最佳和易性所需的最小值，最大水灰比为0.4。如采用 JK 系列的混凝土快速修补材料，水灰比以 0.3~0.4 为宜，坍落度宜控制在 2cm 内。混凝土 24h 弯拉强度应不低于 3.0MPa。

混凝土摊铺应在混凝土拌和后 30~40min 内卸到补块区内，并振捣密实。

浇筑的混凝土面层应与相邻路面的横断面吻合，其表面平整度应符合现行《公路工程质量检验评定标准》（JTG F80）规定，补块的表面纹理应与原路面吻合。

补块养生宜采用养护剂，其用量根据养护材料性能确定。

做接缝时，将板中间的各缩缝锯切到 1/4 板厚处，将接缝材料填入缩缝内。

混凝土达到通车强度后，即可开放交通。

② 刨挖法亦称倒 T 形法，如图 3-4 所示。

在相邻板块横边的下方暗挖 15cm×15cm 的一块面积用于荷载传递。

③ 设置传力杆法，如图 3-5 所示。

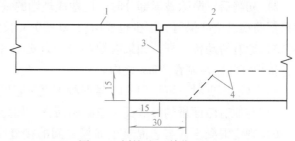

图 3-4　刨挖法（单位：cm）

1—保留板　2—补块　3—全深度锯缝　4—垫层开挖线

处理基层后，应修复、安设传力杆和拉杆。

原混凝土面板没有传力杆或拉杆折断时，应用与原规格相同的钢筋焊接或重新安设。安装时应在板厚 1/2 处钻出比传力杆直径大约 2~4mm 的孔，孔中心距 30cm，其误差不应超过 3mm。

横向施工缝传力杆直径为 25mm，长度为 45cm，嵌入相邻保留板内深22.5cm。

拉杆孔直径宜比拉杆直径大 2~4mm，并应沿相邻板块间的纵向接缝板厚 1/2处钻孔，中心距 80cm。拉杆采用 φ16 螺纹钢筋，长 80cm，40cm 嵌入相邻车道的

图 3-5　设置传力杆法（单位：cm）

1—保留板　2—全深度补块　3—缩缝　4—施工缝

板内。

传力杆和拉杆宜用环氧砂浆牢牢地固定在规定位置，摊铺混凝土前，光圆传力杆的伸出端应涂少许润滑油。

新补板块与沥青路肩相接时，应和现有路肩齐平。

传力杆若安装倾斜或松动失效，应予以更换。

2. 板边、板角修补

（1）板边修补

1）当对水泥混凝土面板边轻度剥落进行修补时，应将剥落的表面清理干净，用沥青混合料或接缝材料修补平整。

2）当板边严重剥落时，其修补方法参照条带罩面进行。

3）当板边全深度破碎，其修补方法参照全深度补块进行。

（2）板角断裂

1）板角断裂按破裂面的大小确定切割范围。

2）切缝后，凿除破损部分时，应凿成规则的垂直面。对原有钢筋不应切断，如果钢筋难以全部保留，至少也要保留 20~30cm 长的钢筋头，且应长短交错。

3）原有滑动传力杆，如果有缺陷应予以更换并在新老混凝土之间加设传力杆，传力杆间距控制在 30cm 之内。

4）基层不良时，可采用 C15 号混凝土浇筑基层。

5）与原有路面板的接缝面，应涂刷沥青。如为胀缝，应设置接缝板。

6）现浇混凝土，与老混凝土面板之间的接缝应切出宽 3mm 深 4mm 的接缝槽，并灌入填缝材料。

7）待混凝土达到强度后，开放交通。

3. 板块脱空处治

1）用弯沉测定法确定水泥混凝土面板脱空的位置，弯沉仪的测点与支座不应放在相邻两块板上，待弯沉车驶离测试板块方可读取百分表值，凡弯沉超过 0.2mm 的应确定为面板脱空。

2）灌浆孔的布设：

①灌浆孔的布设应根据路面板的尺寸、下沉量大小、裂缝状况以及灌浆机械确定。

②用凿岩机在路面上打孔，孔的大小应和灌注嘴的大小一致，一般为 50mm

左右。

③ 灌浆孔与面板边的距离不应小于 0.5mm。在一块板上，灌浆孔的数量一般为 5 个，也可根据情况确定。

其灌浆孔布置如图 3-6 所示。

3）水泥混凝土路面板和基层之间由于出现空隙而导致路面沉陷的，可采用沥青灌注、水泥浆、水泥粉煤灰浆和水泥砂浆灌注等方法进行板下封堵。

① 沥青灌注法。

灌浆孔钻好后，应采用压缩空气将孔中的混凝土碎屑、杂物清除干净，并保持干燥。

宜采用建筑沥青，沥青加热熔化温度一般为 180℃。

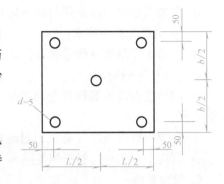

图 3-6　灌浆孔布置（单位：cm）

沥青洒布车或专用设备的压力为 200～400kPa。灌注沥青压满后约 0.5min，应拔出喷嘴，用木楔堵塞。

沥青温度下降后，应拔出木楔，填进水泥砂浆，即可开放交通。

② 水泥灌浆法。

灌注机械可用压力灌浆机或压力泵，灌注压力为 1.5～2.0MPa。

灌浆作业应先从沉陷量大的地方的灌浆孔开始，逐步由大到小。当相邻孔或接缝中冒浆，可停止泵送水泥浆，每灌完一孔应用木楔堵孔。

待砂浆抗压强度达到 3MPa 时，用水泥砂浆堵孔，即可开放交通。

4. 唧泥处理

唧泥是指车辆通过时基层细料和水一起从板接缝处挤出，逐渐使基础失去支撑能力，在荷载的重复作用下，最终产生板断裂的现象。

水泥混凝土路面唧泥病害可采用压浆处理，并对接缝及时灌缝。

为预防唧泥的产生，应采取措施防止水对路面基层的侵入。因此，应保持路面和路肩设计横坡，并铺设硬路肩。对路面裂缝、接缝以及路面与硬路肩接缝应进行密封。设置纵向积水管和横向出水管以及盲沟，将水尽快排出，减少水对路面基层的浸泡。

设置排水设施基本要求：

1）路面和路肩应保持设计横坡，宜铺设硬路肩。

2）路面裂缝、接缝以及路面与硬路肩接缝应进行密封。

3）设置纵向积水管和横向出水管。

① 在水泥路面的外侧边缘挖一条纵向沟，宽约 15～25cm，沟深挖至集料基层之下 15cm，横沟与纵沟的交角应在 45°～90°之间，横沟间的距离约 30m。

② 积水管一般采用 ϕ7.5cm 多孔塑料管，出水管为无孔塑料管。

③ 设置纵向和横向水管，并按设计的距离将积水管和出水管连接起来。

④ 纵向多孔管应包一层渗透性较强的土工织物。

⑤ 积水管和出水管放入沟槽时，其底部应平顺，横向出水管的坡度应大于或等于纵向排水坡度，出水管的管端应延伸到排水沟内，并设端墙。

⑥ 管的外围应填放粗砂等渗滤集料，并振动压实。

⑦ 回填沟槽时，应采用与原路肩相同的材料恢复原状。

4) 盲沟设置基本要求：

① 在沿水泥路面外侧挖纵向沟时，沟底应低于面板以下 10cm，在水泥混凝土路面接缝处挖横向沟。

② 沟槽底面及外侧铺油毡隔离层，沿水泥路面交界处及盲沟顶部铺设土工布过滤层。

③ 盲沟内宜填筑碎（砾）石过滤材料。

④ 盲沟上应用相同材料恢复路面（路肩）。

5. 错台处治

错台是指接缝处相邻面板的垂直高差。

错台的处治方法有磨平法和填补法两种，可根据错台的轻重程度选定。

1) 高差小于或等于 10mm 的错台，可采用机械磨平或人工凿平。应从错台最高点开始向四周扩展，边磨边用三米直尺找平，直至相邻两块板齐平为止。磨平后，接缝内应将杂物清除干净，并吹净灰尘，及时将嵌缝料填入。

2) 高差大于 10mm 的严重错台，可采用沥青砂或水泥混凝土进行处治。

① 沥青砂填补基本要求：

在沥青砂填补前应清除路面杂物和灰尘，并喷洒一层热沥青或乳化沥青，沥青用量为 0.4~0.6kg/m^2。

修补面纵坡变化应控制在 $i \leqslant 1\%$。

沥青砂填补后，宜用轮胎压路机碾压。

初期应控制车辆慢速通过。

② 水泥混凝土修补基本要求：

应将错台下沉板凿除 2~3cm 深，修补长度按错台高度除以坡度（1%）计算。

凿除面应清除杂物灰尘。

浇筑聚合物细石混凝土，材料配比参照《公路水泥混凝土路面养护技术规范》（JTJ 073.1）附录 A。

混凝土达到通车强度后，即可开放交通。

6. 沉陷的处理

1) 沉陷处理应设置排水设施，其方法按唧泥中排水设施设置要求实施。

2) 面板顶升基本要求：

① 面板在顶升前，应用水准仪测量下沉板的下沉量，测站距下沉处应大于 50m，并绘出纵断面，求出升起值。

② 在混凝土面板上钻孔，孔深应略大于板厚 2cm。

③ 板块顶升宜采用起重设备或千斤顶。

④ 灌注材料可采用水泥砂浆。

水泥混凝土
路面破损 2

⑤ 灌注材料压入后，每灌一孔应用木楔堵塞，压浆全部完毕，应拔出木楔，宜用高强水泥砂浆堵孔。

⑥ 压浆材料的抗压强度达到 6MPa 时，方可开放交通。

3）当水泥混凝土整板沉陷并产生破碎时，应整板翻修。

7. 拱起的处理

1）板端拱起但路面完好时，应根据板块拱起高低程度，计算要切除部分板块的长度。先将拱起板块两侧附近 1~2 条横缝切宽，待应力充分释放后切除拱起端，逐渐将板块恢复原位，在缝隙和其他接缝内应清缝，并灌接缝材料。

2）拱起板端发生断裂或破损时，按全深度补块处理。

3）拱起板两端间因硬物夹入发生拱起，应将硬物清除干净，使板块恢复原位，应清理接缝内杂物和灰尘，灌填缝料。

4）胀缝间因传力杆部分或全部在施工时设置不当，使板受热时不能自由伸长而发生拱起，应重新设置胀缝。按水泥混凝土路面有关施工规范执行，使面板恢复原状。

5）混凝土路面板的胀起与拱起的处理方法一致。

8. 坑洞的修补

路面表面呈现孔洞状的破损现象，直径一般为 2.5~10cm，深为 1~5cm。

坑洞修补应根据不同情况采取相应措施。

1）对个别的坑洞，应清除洞内杂物，用水泥砂浆等材料填充，达到平整密实。

2）对较多坑洞且连成一片的，应采取薄层修补方法进行修补。

① 切割面积的图形边线，应与路中心线平等或垂直。

② 切割的深度，应在 6cm 以上，并将切割面内的光滑面凿毛。

③ 清除槽内的混凝土碎屑。

④ 混凝土拌和物填入槽内，振捣密实，并保持与原混凝土面板齐平。

⑤ 喷洒养护剂养生。待混凝土达到通车强度后，方可开放交通。

3）低等级公路对面积较大，深度在 3cm 以内，成片的坑洞，可用沥青混凝土进行修补。

①用风镐凿除一个处治区，其图形边线应与路中心线平等或垂直。

② 凿除深度以 2~3cm 为宜，并清除混凝土碎屑。

③ 将凿除的槽底面和槽壁洒黏层沥青，其用量为 $0.4~0.6kg/m^2$。

④ 铺筑沥青混凝土并碾压密实平整。

⑤ 沥青混凝土冷却后，控制车速通车。

9. 接缝的维修

（1）接缝填缝料损坏维修

1）清除接缝中的旧填缝料和杂物，并将缝内灰尘吹净。

2）在胀缝修理时，应先将热沥青涂刷缝壁，再将接缝板压入缝内。对接缝板接头及接缝板与传力杆之间的间隙，必须用沥青或其他填缝料填实抹平。上部用嵌缝条的应及时嵌入嵌缝条。

3）用加热式填缝料修补时，必须将填缝料加热至灌入温度。用嵌缝机填灌，填缝料应与缝壁黏结良好和填灌泡满。在气温较低季节施工时，应先用喷灯将接缝预热。

4）用常温式填缝料修补时，除无须加热外其施工方法与加热式填缝料相同。

（2）纵向接缝张开维修

1）当相邻车道面板横向位移，纵向接缝张开宽度在 10mm 以下时，采取聚氯乙烯胶泥、焦油类填缝料和橡胶沥青等加热施工式填缝料维修。

2）当相邻车道板横向位移，纵向接缝张口宽度在 10mm 以上时，宜采取聚氨酯类常温施工式填缝料维修。

维修前应清除缝内杂物和灰尘。

应按材料配比配制填缝料。

宜采用挤压枪注入填缝料。

填缝料固化后，方可开放交通。

3）当纵向接缝张口宽度在 15mm 以上时，采用沥青砂填缝。

（3）接缝出现碎裂时，在破碎部位外缘，切割成规则图形，其周围切割面垂直于面板，底面为平面。清除干净并保持干燥状态，用高模量补强材料填充维修。修补材料达到通车强度后，方可开放交通。

10. 表面起皮（剥落、露骨）的处治

露骨的处治，根据公路等级和表面破损程度，采取不同的材料和施工方法进行，对局部板块的表面起皮应进行罩面。

1）一般公路水泥混凝土板露骨可采用稀浆封层加以处治。

2）高速公路水泥混凝土板露骨，采用改性沥青稀浆封层或沥青混凝土加以处治。

3）对于较大面积的水泥混凝土面板露骨采取稀浆封层及沥青混凝土罩面措施。

11. 水泥混凝土路面表面功能恢复

采用机械刻槽法恢复水泥混凝土路面表面功能，应符合下列要求：

1）刻槽深度 3~5mm，槽宽 3~5mm，槽距 10~20mm。

2）纵向刻槽时，应平行于纵缝；横向刻槽时，应平行于横缝。

3）刻槽深度应逐步推进，不求一蹴而就，以免刻槽边缘碎裂。

12. 在旧水泥混凝土路面上直接加铺，应符合下列要求

1）旧水泥混凝土路面上直接加铺的路面种类主要有：素混凝土、钢筋混凝土、钢纤维混凝土、沥青混凝土等，应根据检查、检测结果，针对外部环境和交通量发展状况，按照经济、合理的原则，选择相应的路面加铺层类型。

2）高速公路及一级公路的路面损坏状况指数和行驶质量指数应在良及良以上；二级及二级以下公路的路面损坏状况指数和行驶质量指数应在中及中以上。

3）无论采用何种路面类型，均应对旧路面的病害进行修复处治。

4）新旧路面之间应设置隔离层，一般用沥青混凝土、土工布、油毡等。

5）加铺层的路面厚度应通过计算确定，普通水泥混凝土不小于 180mm，钢

纤维混凝土不小于 120mm，钢筋混凝土不小于 140mm，沥青混凝土不小于 70mm。

6）路面加铺层的纵、横缝位置应与旧水泥混凝土面板一致。

7）路面加铺层的设计与施工，按照相关路面的设计、施工规范规定执行。

13. 在旧水泥混凝土路面上分离加铺，应符合下列要求

1）旧水泥混凝土路面的损坏状况指数和行驶质量指数在中或中以下。

2）旧水泥混凝土板块应充分破碎，或压裂，并稳定无脱空，必要时可采用乳化沥青、水泥浆压注稳定。

3）在旧水泥混凝土板破碎或压裂时，应做好涵洞、地下管道、电缆、排水管等设施的保护。

4）基层的厚度应通过结构设计确定，且不小于最小结构厚度。

5）加铺的基层与面层的设计与施工，按照相关设计、施工规范规定执行。

14. 旧水泥混凝土再生利用时，应符合下列要求

1）旧水泥混凝土被破碎以后，作为再生混凝土集料使用，其强度应达到二级标准及以上，且最大粒径应为 40mm，小于 20mm 的粒料不能再作为混凝土集料，应筛除。

2）作为基层集料使用，其强度应达到三级标准且集料含量以 80%～85% 为宜。

3）用做底基层时，应将混凝土板块充分破碎或压裂，并做到稳定无松动碎块。

15. 水泥混凝土路面的加宽，应符合下列要求

1）路基加宽应符合公路路基设计、施工规范的有关规定。

2）基层加宽时，新加宽的基层强度不得低于原有水泥混凝土路面的基层强度，并宜采用台阶法搭接。

3）两侧新加宽的水泥混凝土路面宽度差大于 1m 和单侧加宽时，应调整路拱。如条件许可，应尽可能采取双侧相等加宽方式。

4）在平曲线处，应按现行《公路工程技术标准》（JTG B01）规定设置超高、加宽，原来漏设的，应予补设。

5）路面板加宽处的纵缝应设置拉杆。

6）加宽水泥混凝土面板的强度、厚度、路拱、横缝均应与原设计相同。

7）加宽水泥混凝土路面的施工，应符合相关施工规范规定。

任务五　砂石路面及砌块路面的养护

砂石路面是一种中级路面，常见的有水结、泥结、泥灰结碎（砾）石路面。级配碎（砾）石路面、粒料路面为低级路面，主要是粒料加固土类，如天然砂砾、粗砂、碎（砾）石、煤渣、矿渣、碎砖瓦砾等加固土。砂石路面养护应符合下列要求。

1）保持路面平整坚实，防止和修复路面的破损和变形，保持排水良好。

2）养护材料应尽可能就地取材以降低养护成本。

3）路面磨耗层和保护层应保持良好，发现波浪、坑槽、车辙等病害应及时维修。

4）路面与路肩连接处，应保持平整坚实，高差（错台）不得大于 20mm。路面与桥涵衔接应平顺，防止跳车。

5）当原有路面磨耗过甚，强度或宽度不足，不能满足交通量增长的需要时，应对路面采取加宽、加厚或翻修措施，提高通行能力。

一、砂石路面的保养

砂石路面的日常养护工作，主要是保护层的养护（铺砂、扫砂、匀砂），磨耗层的小面积修补，排除路面积水，保持路面清洁。冬季扫雪、除冰时，应注意防止损坏路面结构。粒料路面保养工作的要求是：

1）加强雨季不利季节的日常保养工作。做到雨前抓扫砂匀砂，保持路面平整；雨中抓排水，使路面、路肩不积水；雨后抓刮（铲）补，及时刮（铲）波浪和修补坑洞。

2）松散保护层的保养应做到勤添砂、勤扫砂、勤匀砂、勤除细粉。

3）稳定保护层应视具体情况采用以下方法保养：

① 洒水法。在干旱季节，为防止稳定保护层松散，应洒水保养，洒水要均匀，洒水后经行车碾压可形成硬层。有条件的可就地取材，浇洒吸湿盐类的溶液或利用咸水（海水）养护。

② 加浆法。稳定保护层使用较长时间后，表面易磨损，应采用加浆法使其表面稳定、平整、密实。其方法是在保护层上先撒一薄层过 5mm 筛的黏土，然后均匀洒水，再用扫浆器或竹扫帚扫匀拖平，加砂后引导车辆压实，或把黏土搅拌成泥浆，泼洒在保护层上，扫匀、拖平、加砂引导车辆碾压。

4）砂石路面出现磨耗层破损、坑槽、车辙、松散、波浪等病害时，应及时修复。

5）保持路面一定的路拱横坡度。在雨量较多及干湿分明的半干旱地区，路拱控制在 3%~4%；在干旱、少雨地区，路拱控制在 2%~3%。路肩横坡度相应增加 1%，与路面连接处应保持平顺坚实。弯道上加宽和超高的横坡度应符合规定。

6）及时清除冬、春季节的路面积雪，尤其在陡坡急弯、窄路、高填土桥头路堤等处以及容易发生翻浆路段的积雪。

7）路面与桥梁、明涵衔接应平顺，不得产生跳车。

8）在进行扫砂、匀砂和扫雪除冰等保养工作时，必须注意防止损坏路面结构。

9）应储备一定数量的保养维修材料，并整齐堆放在沿线规定地点或路边堆料台上，不得乱堆。

二、磨耗层、保护层的铺筑

当砂石路面保护层（含松散保护层和稳定保护层）出现大面积损坏或飞散、

减薄，磨耗层损坏、松散时，应及时加铺磨耗层和保护层。铺筑磨耗层、保护层属中修工程范围，是砂石路面养护的一项主要工作。

1. 磨耗层的铺筑

磨耗层的厚度根据所用粒料的大小、硬度、原有路面的结构组合形式、路面强度和地区干湿条件确定。磨耗层的厚度及级配组成应符合表 3-14 的规定。

磨耗层的铺筑应严格执行操作规程，按下列步骤进行。

表 3-14 磨耗层厚度及级配组成

编号	通过下列筛孔（mm）质量百分比（%）						<0.5mm 塑性指数	厚度/cm	适用地区
	30	20	10	5	2	0.5			
1	100	80~100	55~75	40~60	25~50	18~30	15~21	3~4	南方潮湿地区
2	—	100	75~90	50~70	38~56	18~35	15~21	2~3	南方潮湿地区
3	—	100	75~90	50~70	38~56	25~40	15~21	2~3	北方半干旱地区
4	—	100	75~85	55~70	45~55	30~45	>12	3~4	西北干旱地区
5	—	—	100	75~100	45~75	25~45	15~21	1~2	南方潮湿地区
6	—	—	100	80~95	60~80	35~50	15~21	2~3	北方半干旱地区
7	—	—	—	90~100	60~80	35~55	15~18	1~2	北方半干旱地区

（1）放样清底

根据设计铺筑宽度划出边线，把原路面上的浮土及松散材料清扫干净，修补好坑槽，校正路面横坡。

（2）扫浆

在路面铺料宽度以内洒水，并用扫帚或扫浆器扫起一薄层泥浆。若路面扫不起泥浆，可撒一薄层细黏土，然后适量洒水，进行扫浆。

（3）配料拌和

根据材料性质及地区气候等因素，通过试验确定材料的配合比。

拌和可用机械拌和或人工拌和，一般干拌两遍，湿拌两遍，边拌和边洒水，达到均匀为止。拌和砖屑、炉渣等粒料时，应先在砖屑等料堆上洒水润湿，然后才与黏土拌和。

（4）铺料

扫浆之后，摊铺拌和料，松铺系数为 1.3~1.4，用木刮板或轻巧耙耙平，防止大颗粒集中。每隔 20m 用直尺和路拱板校正平整度和路拱。

（5）培肩和碾压

碾压前应先做好路肩的培筑和整平工作，使路肩与磨耗层同时被压实，以保护磨耗层的边缘。

碾压工作应在混合料最佳含水量时进行，并要求和铺料工序紧密衔接，先用轻型压路机碾压 2~3 遍。初步压实后，开放交通，利用行车控制碾压。碾压时，先两边，后中间，交错碾压，并随时注意校验平整度和路面横坡。

（6）加铺保护层

在磨耗层全面压实后，加铺松散保护层。

（7）初期养护

磨耗层的初期养护，一般应在铺筑后第一周内每天洒水一次，第二周内隔天洒水一次。洒水的同时还应引导车辆碾压，并适当加以修理，等磨耗层达到全面坚实后，转入正常养护阶段。

2. 保护层的铺筑

按使用材料和铺设方法的不同，保护层分为稳定保护层和松散保护层两种。前者系使用含有黏土的混合料，借行车碾压形成稳固的硬壳，与磨耗层结合为整体；后者是只用粗砂或小砾石而不用黏土，在磨耗层上成松散状态。

松散保护层一般采用 2~8mm 的粗砂、砾砂、石屑等材料，厚度一般为 5~10mm。材料应坚硬耐磨，粒径均匀，粒径小于 0.5mm 的颗粒含量不应超过 15%。松散保护层粒径规格应符合表 3-15 的规定。

表 3-15　松散保护层粒径规格

编号	粒径规格 /mm	0.5mm 以下颗粒允许含量（%）	适宜厚度 /mm	适 用 范 围
1	2~5	<15	5~8	铺有坚实平整的磨耗层，又出产合适的材料时
2	2~8	<15	5~10	磨耗层平整度差或不够坚实，又出产合适的材料时
3	6~10	<15	8~12	磨耗层平整度差，合格材料采集困难地区

稳定保护层分以下几种：

1）砂土稳定保护层级配。材料级配应符合表 3-16 的规定，压实厚度 8~10mm。

表 3-16　砂土稳定保护层级配

通过下列筛孔（mm）质量百分比（%）				<0.5mm 的混合料塑性指数	适 用 条 件
10	5	2	0.5		
100	90~100	60~80	35~55	12~18	在不过分潮湿和不过分干燥且有坚实平整层的路段

2）泥浆砂封面稳定保护层。用黏土和砂铺筑。土和砂用量按体积比，一般采用 1:1，压实厚度为 4~5mm。

3）在缺乏砂料的半干旱地区，可采用"黏土封面"或"泥浆封面"。封面的压实厚度雨季 2~4mm，旱季 4~6mm，不得撒铺太厚，以能覆盖露骨的石料为宜。

稳定保护层铺设方法有下列两种：

1）拌和法：将粗砂、砂砾与黏土拌和均匀，铺撒在路面上压实。在干旱期应经常洒水，雨季则应适当撒砂，以保持稳定。

2）层铺扫浆法：清扫原路面，洒水至路面均匀湿润，铺撒黏土，再洒一遍水，然后用扫帚或扫浆器拖扫至泥浆达到无泥块、稠度适宜为止。在泥浆表面未干之前进行铺料，利用行车碾压，在初期养护第一周内，每天洒水 1~2 次，保持路面湿度。

三、砂石路面的小修与中修

1. 露骨的修理

1）当磨耗层出现高低不平时，可铲去凸出部分，并用同样的湿润混合料补平低凹部分，碾压密实，使之与原磨耗层保持一致。

2）局部路段磨耗层全部被磨损，应清除残存部分，划出整齐的修补范围，整平洒水润湿，然后按新铺磨耗层的方法用同样的混合料重铺。

3）磨耗层经行车碾压而减薄时，用同样材料加铺一层封面。为使上、下层结合良好，须先将旧磨耗层上的浮砂、泥土等扫净，然后撒铺一层黏土、洒水扫浆，或浇洒一薄层黏土浆，再铺上拌和好的混合料，整平、洒水、压实。

2. 路面坑槽和车辙的修理

路面发生坑槽或车辙后，为避免积水，进一步恶化而扩大其损坏范围，应按其破坏面积的大小及其深度采取不同方法及时修补，修补时尽量采用与原路面相同的材料。

对于面积较小、深度小于 3cm 的较浅的坑槽和车辙，可先将坑槽和车辙内及其周围的尘土杂物清除，洒水润湿，再用与原路面相同的材料拌和后填补压实。

对面积较大、深度大于 3cm 的较深的坑槽或车澈，应按以下方法进行挖槽修理：

1）将坑槽或车辙按规则形状划出修补的轮廓范围，所划轮廓要比损坏边缘扩大 5~10cm，并清除尘土杂物。

2）沿轮廓挖槽，槽壁应垂直整齐，深度应大于坑槽或车辙的最大深度，做到浅洞深补。

3）把挖出的槽内材料筛选出可利用部分。

4）清理挖槽时，尽量避免挖动槽底下面的材料，如有松动应予挖除，并整平槽底。

5）坑槽较多，坑槽之间距离很近，为便于修补并使修补部分更加平整，可将邻近的坑槽划为一片，按片挖槽进行修补。

6）新铺部分压实系数采用 1.3，以便碾压密实后与原路面齐平。如坑槽、车辙深度较大时，应按路面结构层次分层修补。

对深达路基的坑槽或车辙，应先清理路基土层。遇有稀泥应挖除干净，并在整平后重新填筑最佳含水量的土，压实。挖除路基深度超过 30cm 时，应分层填筑压实，使其稳定后再修补路面。

3. 路面波浪搓板的修理

1）轻微波浪而且已经稳定，应予铲高补凹，保持平整。

2）波浪严重，其波峰与波谷高差达 5cm 以上时，可作大修。必要时还须处理路基土，或改善排水设施。

3）经过测定如系强度不足而造成，采取在原路面上补强或翻修补强重铺。

4. 路面翻浆的处理

1）当路面发现有潮斑，可在路肩上每隔5m开挖横沟，深达路面以下，用以排除水分。

2）采用加深边沟等办法，降低地下水位。

3）挖出翻浆土，重铺路面。

4）若路面发软、翻浆，主要原因是路基翻浆造成的，应先处理路基翻浆，其方法详见本书项目二路基养护相关内容。

四、砂石路面的大修

1. 砂石路面大修

当砂石路面强度不足，出现坑槽、车辙既深且多，或破坏面积大，且深达基层，或路面沉陷过剧、路基翻浆严重等时，应进行局部或整段大修。在大修前应分析破坏原因，调查路基稳定程度，确定大修方案。

砂石路面大修施工步骤：

1）挖槽：

① 如局部大修可先按破坏范围划定大修轮廓（比破坏部分每边扩大5～10cm），挖成方形或长方形，槽壁要垂直，槽的深度视破坏程度而定。

② 全部挖除翻浆或稀湿土。

③ 整段大修，应把整段损坏部分全部挖除。

2）清底。清出挖松的材料，将槽底整平压实，并校验纵横断面，使其符合规定坡度。

3）充分利用旧路面挖出的材料，将其筛选后与新的材料掺配使用。

4）在槽底夯压密实以后，再按修补坑槽或加铺路面的方法铺设路面。

2. 砂石路面的加宽与加厚

当公路的交通量增大或重型车辆增多，原有路面宽度、厚度已不能满足行车要求时，可加宽、加厚原路面。加宽、加厚路面，应根据原有路况及所用材料，做好综合调查，通过设计确定方案。

砂石路面加宽应按原路面厚度、材料和操作方法铺筑。根据路基情况，因地制宜，视路肩宽窄确定双边或单边加宽。如路基过窄，则在加宽路基后，再加宽路面。新加宽的路基达到要求的压实度后才能加铺路面。

砂石路面加厚，应按设计要求加厚。加厚层的压实厚度最小不得小于80mm，否则应将旧路表面挖松后与加厚部分一并拌和压实。超过120mm时，应分层铺筑，其上层厚度宜为全部加厚层的40%。加厚部分与原路面的接头处，宜采用5～10m长的缓坡搭接。

当砂石路面既要加宽又需加厚时，应先进行综合调查，并做好设计。先加宽，后加厚。新加厚的路面，可采用同样结构类型。要求做到路面横坡适宜，并做好新旧部分的结合。加宽、加厚的路段稳定后，及时铺筑磨耗层和保护层。加强初期养护，使其早日达到稳定、密实、平整，保证工程质量，特别应注意加宽部分与路肩接合处保持平整，排水顺畅。

3. 在有足够强度和平整度的砂石路面上，为改善路面技术状况，可加铺一层厚度为 **10~15mm** 的沥青磨耗层。

五、砌块路面的养护

1. 养护的基本要求

砌块路面分为水泥混凝土预制块路面及块石路面两大类，其养护应符合下列要求：

1）砌块路面的填缝料应无散失、损坏。

2）砌块路面应保持平整，无严重破碎块。

3）砌块路面应排水良好，无积水。

4）砌块路面应定期清扫保洁。

2. 砌块路面的维修保养

（1）填缝料修复

1）用水泥砂浆做填缝料的，可采用快硬早强砂浆，砂浆强度未达到设计强度的不得开放交通。

2）用砂做填缝料的，应填筑密实，并及时添补。

（2）局部损坏维修

1）破碎砌块应按原材料和原尺寸补换。

2）基层和垫层应压实处治。

3）重铺的砌块宜高出原路面 5mm。

4）缝隙内的填料应保持密实、饱满。

（3）翻修

砌块路面的破损率大于 15% 时，应予以翻修。应对路基土、路面结构、排水、地下水以及交通量等进行详细调查，并据此进行设计。

1）水泥混凝土预制块和石块强度指标应达到设计要求。

2）原有的各种病害应彻底处治。

3）砂垫层厚度以 30mm 为宜，砂的含泥量不应大于 3%。

4）砌块路面两侧应预先设置坚固的边缘约束。

5）应按设计形式铺好第一排砌块，随后的铺砌应与前一排砌块稳固、紧密相靠。

6）约束边缘与砌块间的空隙，应按设计要求镶嵌。不得采用小而薄的切割块填塞。

7）边缘内孔隙镶嵌完毕，应采用平板振动器全面振压砌块表面。振动板的面积宜为 0.35~0.5m²；振动频率以 75~100Hz 为宜。振压后应在铺砌面上撒砂，用砂填充缝隙，并继续振压 2~3 遍，即可开放交通。

8）当用水泥砂浆做填缝料时，砌块周边应干净无浮尘，坐浆饱满、密实。水泥砂浆强度未达到设计强度的不得开放交通。

任务六　路面基层的改善

路面基层在使用过程中，由于交通量的急剧增长和自然因素的作用，或原先施工中遗留的缺陷，或因自然条件的变化造成路基失稳、干湿类型变化、强度降低、破坏严重，或路面的几何尺寸不能适应交通量增长的需要时，必须改善基层的技术状况，以提高其适应能力。

路面基层的改善包括基层的加宽、补强加厚以及翻修与重铺。在进行路面基层改善时，必须按就地取材的原则，结合原有路面基层材料的利用，合理地应用旧结构，进行设计。

一、基层的加宽与补强

1. 设计要求

在进行基层加宽与补强设计前，应对原有路面进行详细调查和检测，其内容包括：

1）调查该路段不利季节的交通量、交通组成和年平均增长率。

2）调查原有公路的路况，如路基宽度、纵坡、平曲线半径、路面宽度、厚度、结构和材料、路面横坡、平整度、摩擦系数、路表面排水（积水）状况、积雪（沙）状况等；路面坑槽、搓板、翻浆等破损程度以及路肩采取的加固措施等。

3）调查原有路面设计、施工、养护技术资料以及使用开始至改建的年限、使用效果等。

4）测定路基的干湿类型，规定每 500m 取一断面，每个断面如路基宽度大于或等于 7m 选两个测点，不足 7m 取一个测点。

5）测定加宽部分的土基湿度和压实度。

6）测定原有路面的整体强度。

基层加宽一般应采用两侧加宽，如原有路基宽度不足，则应先加宽路基后再铺筑加宽的基层，必要时可设护肩石（带）。加宽部分的基层应按新土基新建路面设计其厚度，采用的结构与材料宜与原路面的基层相同；基层加厚按旧路补强公式进行设计，基层结构的选择应根据路面等级、交通量、地带类型、现有路况以及材料供应与施工条件等确定。必要时，应增设排水设施，并事先处理好涵洞接长、倒虹吸的防漏以及沿溪路段的护岸挡土墙等工程。

在基层需要同时加宽加厚时，应先将加宽部分按新土基设计后，再作全幅补强设计。将原路面分段实测的计算弯沉值作为加宽部分的设计弯沉值，并由实际调查检测的路基土质、干湿类型及其平均稠度确定土基回弹模量，然后根据不同材料的模量按新路设计方法设计加宽部分的基层厚度；使之与原有路面强度保持一致；最后，根据原路面确定的计算弯沉值和补强要求的允许弯沉值。按旧路补强厚度计算方法，进行全幅的基层补强设计。

在季节性冰冻区，基层的补强还应验算防冻层厚度的要求。

2. 施工要点

加宽基层时应做好新旧基层的衔接。对于半刚性基层一般宜用平头搭接；对于粒料基层一般宜用斜接法；当基层厚度超过 25cm，也可在原有基层半厚处挖成宽约 30cm 的台阶做成错台搭接。加宽沥青路面基层时，应将紧挨加宽部位 15cm 宽的原有沥青面层切凿除去，清扫干净原基层上的松散粒料、浮土后再铺筑加宽基层。如原基层已损坏，则应将其材料重新翻修利用，根据试验掺配新的材料后与加宽混合料一并拌和、铺装、碾压。

基层加宽后需调整路拱而涉及原有路面的部分，应将旧面层铲掉，按路拱要求一次调整铺装。为使调拱部分的新旧基层结合良好，可把原基层拉毛或使调拱铺装的最小厚度大于 8cm，不足时可开挖原基层。

原基层有局部坑槽、搓板、松散的路段，在补强前应先进行修补找平，平整度超过规定的应加铺整平层。对于发生过翻浆、弹簧、变形等病害的路段，应根据其产生的原因，采取有效的处治措施，严重者可采取综合处治后再加铺基层。

原有砂石路面，尤其是泥结碎石及级配砾石路面，因含泥量过多或土的塑性指数过大，一般不宜用作沥青路面的基层，应将其过量的土筛除或用其他方法改善，并铲除其上的磨耗层和稳定保护层后再作补强层处理。

基层加宽或补强应符合施工压实度的规定要求。

二、基层的翻修与重铺

当路面具有下列情况时，则基层需要进行翻修。

1）原有路面整体强度不足。

2）根据路面使用质量的评定已经达到翻修条件。

3）原有路面的材料已不能满足结构强度要求，造成全面损坏，需彻底更换路面结构。

基层具有下列情况时，则需进行基层重铺。

1）原有路面基层材料没有利用价值，翻修在经济上不合理。

2）当地盛产路面基层材料，原基层材料虽然可以利用，但因机械施工困难，技术上暂时难以解决。

3）原有路面因路基干湿类型发生变化，需改善其水稳性。

基层的翻修与重铺，应分别按现行《公路沥青路面设计规范》（JTG D50）与《公路路面基层施工技术规范》（JTJ 034）的有关规定要求进行设计和施工。

翻修基层时，对原有基层的材料应尽可能地充分利用。为此，应对原基层取样检测其材料性质，一般每 500m 检测一处，如路基干湿类型有变化应增加测点。检测项目包括干密度、级配组成以及小于 0.5mm 细料的含量与塑性指数等，以确定其可利用的骨料含量和需要掺配的材料用量。对于无机结合料稳定基层，还应测定其水泥、石灰剂量及其剩余活性，以确定再生利用时需要掺添的水泥或石灰剂量。

基层翻修应结合原材料的利用价值与加铺方案进行技术经济比较后，以确定最后的采用方案。

在中湿、潮湿地带的粒料基层，翻修时宜掺加适量的石灰，以提高其水稳性，有条件时也可掺加水泥予以稳定。

任务七　沥青混凝土路面养护维修工程实例

一、项目概况

245省道是贯穿整个东海县的一条纵向干道，连接310国道、323省道、236省道及连徐高速公路，是区域内一条重要的省道，路线总体呈南北走向。245省道（K21+650～K27+485、K28+216～K36+320）段位于东海县的房山镇，路线全长为13.939km。

245省道（K21+650～K27+485、K28+216～K36+320）段道路现为二级公路，路基宽17m，路面宽14m，土路肩2×1.5m。全线行车道路面均为沥青路面。该线始建于80年代，于2001年进行拓宽改建，近年来不断进行小修养护。

目前随着310国道、323省道的拓宽改建，使得大量交通转向245省道，交通量迅速增加，且通行的车辆多为重载货车致使路面大面积破坏，路面频繁出现纵向裂缝、横向裂缝、龟裂等病害。通过对老路面的使用状况的综合评定，本路段已不能满足当前交通运输要求，已不能保证干线公路经常处于良好的运营状态，对该路段进行中修是十分必要的。

二、编制依据

1）市公路管理处关于"245省道（K21+650～K27+485、K28+216～K36+320）段中修工程设计委托函"。

2）《江苏省公路养护改善工程前期工作管理实施细则（试行）》交公计（99）第197号。

3）《江苏省公路养护改善工程设计要点（试行）》交公程（2000）第204号。

4）《江苏省公路养护大中修专项工程设计要点（试行）》（交公养［2005］248号）。

5）《公路养护技术规范》（JTG H10）。

6）《公路路线设计规范》（JTG D20）。

7）《公路沥青路面设计规范》（JTG D050）。

8）《公路沥青路面施工技术规范》（JTJF 40）。

9）《公路沥青路面养护技术规范》（JTJ 073.2）。

10）路面弯沉资料。

11）路面取芯资料。

12）原项目竣工资料。

三、交通量调查

根据连云港公路管理处提供的 245 省道历年来交通量观测数据，对交通量现状做出评价，据此对未来交通量的变化进行预测，见表 3-17。

表 3-17 245 省道近年来平均日交通量（辆/天）

年度	小货	中货	大货	小客	大客	拖挂	汽车合计	折算成小客车
2000	762	540	649	1325	493	569	4338	6888
2001	826	582	702	1433	533	614	4690	7445
2002	894	628	762	1548	576	666	5074	8058
2003	968	686	828	1674	622	721	5499	8729
2004	1068	800	1037	1825	64	862	5656	8880
2005	1154	864	1121	1972	68	930	6109	9590
2006	1242	928	1203	2110	73	997	6553	10250
2007	1325	993	1292	2261	79	1065	7015	10973

从前面所列的交通量资料可以看出，2003~2007 年平均日交通量是随着经济的发展呈现逐年递增的趋势，平均增长率为 7%左右。

四、老路调查

1. 2001 年改建状况

该段道路于 2001 年进行拓宽改建，改建前道路为 9m 宽的沥青路面，2001 年改建标准为二级公路，路基宽 17m，路面宽 14m，土路肩为 2×1.5m。

行车道路面结构设计如下：

原有老沥青路部分：4cm 中粒式沥青混凝土+5cm 粗粒式沥青混凝土+1cm 沥青下封层+20cm 二灰碎石+12%石灰土补强层；拓宽部分：4cm 中粒式沥青混凝土+5cm 粗粒式沥青混凝土+1cm 沥青下封层+20cm 二灰碎石+20cm12%石灰土。

原有设计年限为 15 年，标准轴载 100kN，设计年限内累计当量轴次：2.84×106 次，设计弯沉值为 33.8（0.01mm）。路面横坡为 2%，路肩横坡为 3%。

2. 主要养护情况

全线在 2002 年改造完成后，近年来不断进行中小修养护。

3. 路面弯沉状况调查

现状路面为沥青混凝土路面，2008 年 2 月对全线进行了弯沉测量。测量采用黄河标准车，每 50m 测一个点，分道路左右侧进行。各段的弯沉值统计分析结果见表 3-18。

4. 路面取芯情况

采用取芯观察老路的面层厚度、完整性，层间连续状况、成型情况，以期更好地了解老路下部基层状况。根据弯沉值分段情况，每段取芯 1 处，共取芯 8 处。

表 3-18 弯沉值统计分析表

序号	起止桩号	长度/km	平均实测弯沉值（0.01mm）	代表弯沉值（0.01mm）
1	K21+650~K23+450	1.8	28	43.7
2	K23+450~K25+300	1.85	28	43.9
3	K25+300~K27+485	2.185	29	44.5
4	K28+216~K30+020	1.804	30	45.0
5	K30+020~K31+870	1.85	29	43.5
6	K31+870~K33+720	1.85	29	44.0
7	K33+720~K35+570	1.85	27	43.0
8	K35+570~K36+320	0.75	29	43.8

本次路面取芯芯样具有一定的代表性，分析芯样情况，可初步得出以下结论。

1）沥青面层芯样基本完整，一般成型厚度在 8cm 左右，整体情况较差，如图 3-7 所示。

2）局部二灰碎石补强层芯样基本完整，一般成型厚度在 20cm 左右，石子粒径较小，整体情况较好，如图 3-8 所示。

图 3-7 面层成型好

图 3-8 二灰碎石基层成型好

3）石灰土基层芯样均未成型，呈片状，表明石灰土底基层状况较差，如图 3-9 所示。

5. 路基、路面状况调查

通过全线的路况调查发现，全线路面的病害主要有：横向裂缝、纵向裂缝、网裂、龟裂、沉陷等严重破坏现象。具体性状如图 3-10~图 3-15 所示（见文前彩图）。全线一般路段普遍破坏现象如图 3-16 所示（见文前彩图）。

图 3-9 石灰土底基层不成型

6. 排水状况调查

老路纵断面起伏不大，一般路基两侧有排水边沟，排水较好。

7. 沿线设施及绿化情况等调查

为保证行车安全，全线按国标要求设置了必要的交通安全设施和交通管理设施，各种禁令标志、警示标志、指路标志等交通标志齐全。标线在全线路面大修后需重新设置。

245省道（K21+650~K27+485、K28+216~K36+320）段，道路两侧的土路肩上栽植了适应当地气候、土壤等自然条件的植物，绿化率达90%，绿化情况良好。

五、老路路面状况评定

决定路面加铺方案和对策前应对现状路面综合性能评价。路面状况综合评价内容包括路面破损、强度、平整度及抗滑系数。本设计只对路面破损和强度进行分析评价。

1. 路面破损评价

路面破损状况采用路面损坏状况指数（PCI）进行评价。路面损坏状况指数由沥青路面综合破损率（DR）计算得出。

1）路面破损分裂缝类、变形类、松散类及其他类四种类型，具体描述见表3-19。

表3-19　沥青路面破损分类分级表

破损类型		分级	外观描述	分级指标
裂缝类	龟裂	轻	初期龟裂，缝细、无散落、裂区无变形	块度：20~50cm
		中	裂块明显，缝较宽，无或轻散落或轻度变形	块度：<20cm
		重	裂块破碎，缝宽，散落重，变形明显，急待修理	块度：<20cm
	不规则裂缝	轻	缝细，不散落或轻微散落，块度大	块度：>100cm
		重	缝宽，散落，裂块小	块度：50~100cm
	纵裂	轻	缝壁无散落或轻微散落，无或少支缝	缝宽：≤5mm
		重	缝壁散落，支缝多	缝宽：>5mm
	横裂	轻	缝壁无散落或轻微散落，无或少支缝	缝宽：≤5mm
		重	缝壁散落，支缝多	缝宽：>5mm
松散类	坑槽	轻	坑浅，面积小（<1m²）	坑深：≤25mm
		重	坑浅，面积较大（>1m²）	坑深：>25mm
	麻面	—	细小嵌缝料散失，出现粗麻表面	—
	脱皮	—	路面面层层状脱落	—
	啃边	—	路面边缘破碎脱落，宽度10cm以上	—
	松散	轻	细集料散失，路面磨损，路表粗麻	—
		重	细集料散失，多量微坑，表面剥落	—
变形类	沉陷	轻	深度浅，行车无明显不适合	深度：≤25mm
		重	深度深，行车明显颠簸不适	深度：>25mm
	车辙	轻	变形较浅	深度：≤25mm
		重	变形较深	深度：>25mm
	搓板	—	路面产生纵向起伏，似搓板状的变形	—
	波浪拥包	轻	波峰波谷高差小	高差：≤25mm
		重	波峰波谷高差大	高差：>25mm

（续）

破 损 类 型		分级	外 观 描 述	分级指标
其他类	泛油	—	路面呈现沥青膜，发亮，镜面，有轮印	—
	修补	—	因破损或病害而采取修复措施进行处治，路表外观	—
	翻浆	—	因路基湿软，路面出现弹簧、破裂、冒浆的现象	—

2）路面破损换算系数（K）见表3-20。

表 3-20　路面破损换算系数（K）

破损类型	严重程度	换算系数（K）	破损类型	严重程度	换算系数（K）
龟裂	轻 中 重	0.6 0.8 1.0	松散	轻 重	0.2 0.4
不规则裂缝	轻 重	0.2 0.4	沉陷	轻 重	0.4 1.0
纵裂	轻 重	0.4 0.6	车辙	轻 重	0.4 1.0
横裂	轻 重	0.2 0.4	波浪	轻 重	0.4 1.0
坑槽	轻 重	0.8 1.0	拥包	轻 重	0.4 0.8
修补损坏	轻 重	0.1	泛油	轻 重	0.1

3）路面综合破损率（DR）。

路面综合破损率 DR 按下式计算：

$$DR = D/A \times 100 = \sum\sum D_{ij}K_{ij}/A \times 100$$

式中　D——路段内的折合破损面积（m^2）；

　　　A——路段的路面总面积（m^2）；

　　　D_{ij}——第 i 类破坏、j 类严重程度的实际破损面积（m^2），如为纵、横裂缝，
　　　　　　其破损面积为：裂缝长度（m）×0.4m；

　　　K_{ij}——第 i 类破坏、j 类严重程度换算系数。

4）路面损坏状况指数（PCI）。

路面损坏状况指数 PCI 的数值范围为 0~100。其值越大，状况越好。PCI 的
计算公式为

$$PCI = 100 - 15DR^{0.412}$$

5）路面破损状况的评价标准。

根据路面破损情况，可将路面质量分为优、良、中、次、差五个等级，评价
标准见表3-21。

表 3-21 路面破损评价标准

评价指标	优	良	中	次	差
PCI	≥85	≥70~<85	≥55~<70	≥40~<55	<40

2008 年 2 月上旬到省道 245 现场仔细查看路面上存在的破坏状况，正确区分病害类型和严重程度，发现该段路面连续出现各种破坏现象，以网裂、横向裂缝及纵向裂缝为主。结合上述计算公式，路面综合破损率为 14.4%，路面损坏状况指数 PCI=54.9，总体评价为"次"。

2. 路面强度系数（PSSI）

沥青路面强度采用强度系数作为评价指标。路面强度评价标准见表 3-22。各路段强度评价结果见表 3-23。

表 3-22 路面强度评价标准

评价指标	优		良		中		次		差	
公路等级	高速一级	其他等级	高速一级	其他等级	高速一级	其他等级	高速一级	其他等级	高速一级	其他等级
强度系数 PSSI	>1.0	≥0.83	≥0.83~<1.0	≥0.66~<0.83	≥0.66~<0.83	≥0.5~<0.66	≥0.5~<0.66	≥0.3~<0.5	<0.5	<0.3

表 3-23 各路段强度评价

序号	起止桩号	长度/km	路段代表弯沉（0.01mm）	路面强度指数 PSSI	路面强度评价
1	K21+650~K23+450	1.8	43.7	0.77	良
2	K23+450~K25+300	1.85	43.9	0.77	良
3	K25+300~K27+485	2.185	44.5	0.76	良
4	K28+216~K30+020	1.804	45.0	0.75	良
5	K30+020~K31+870	1.85	43.5	0.78	良
6	K31+870~K33+720	1.85	44.0	0.77	良
7	K33+720~K35+570	1.85	43.0	0.79	良
8	K35+570~K36+320	0.75	43.8	0.77	良
总体评价		13.939	43.9	0.77	良

1）路面允许弯沉值采用设计弯沉指标。

2）路面强度系数 PSSI=路面设计弯沉值/路段代表弯沉值

3. 维修养护对策

该工程的总体强度评价为"良"，路面破损状况总体评价为"次"，根据《公路沥青路面养护技术规范》可知，该工程应采取中修罩面措施。本工程中修的设计年限为 3 年。

为了使路面经常保持良好的运营状态，建议在中修补强完成后仍要加强路面的养护工作，特别应加强日常的巡视与检查以及日常保养与小修，发现病害及时修补。

六、病害产生的原因分析及处理措施

1. 泛油

大多数由于混合料中沥青用量偏多，沥青稠度太低等原因引起。但有时也可能由于低温季节施工，表面嵌缝料散失过多，待气温变暖之后，在行车作用下矿料下挤，沥青上泛，表面形成油层而引起泛油。

采用铣刨或凿除一层沥青混凝土，喷洒黏层油后再回填 5cm AC-16。

2. 龟裂、网裂的处理

龟裂、网裂通常是由于路面整体强度不足，基层软化，稳定性不良等原因引起的，沥青老化变脆，也会发展成网状裂缝。一般多发生在行车道轮迹下。

对轻度龟裂、网裂，可直接喷洒黏层油后铺筑 4cm AC-13。

对较严重的龟裂、网裂有如下三个方案。

方案一：采用铣刨或凿除整个沥青面层，若基层完好，喷洒黏层油后再回填 5cm AC-20 和 4cm AC-16。

方案二：采用铣刨或凿除整个沥青面层后，若其下二灰碎石基层出现松散等整体强度破坏现象，将原有二灰碎石冷再生利用 20cm 后回填 5cm AC-20 和 4cm AC-16。

方案三：采用铣刨或凿除整个沥青面层后，若其下二灰碎石基层出现松散等整体强度破坏现象，应将其下二灰碎石挖除，重新铺筑二灰碎石（二灰碎石基层完好的不做处理）及 5cm AC-20 和 4cm AC-16。为了提高二灰碎石早期强度，可在二灰碎石中加 4%水泥。

鉴于该段道路出现的龟裂、网裂破损程度，多为轻度破损，破损较为严重的推荐采用方案三。

3. 纵横向裂缝处理

纵向裂缝可分为两种情况：一种情况是由于路基拓宽压实度不均匀或路基压缩沉降而引起的。另一种情况是沥青面层分幅摊铺时，两幅接茬处未处理好，在行车荷载作用下，易形成纵缝。有时，车辙边缘也会有纵向裂缝。本段道路为老路拓宽改建而成，因而纵向裂缝多为拓宽路基沉降造成。

横向裂缝多为温缩裂缝，冬季气温下降，沥青路面或基层收缩而形成的裂缝，一般为与道路中线垂直的横缝。土基干缩或冻缩产生的裂缝也多为横向裂缝。

对轻度纵横向裂缝路段，铣刨或凿除一层沥青面层（4cm AC-16），沥青灌缝，喷洒黏层油后再回填 4cm AC-16。

对较严重的纵横向裂缝采用将整个老沥青面层铣刨（纵缝两侧各 75cm），沥青灌缝，铺玻纤格栅，涂黏层油后回填 5cm AC-20 和 4cm AC-16（方便施工可直接回填 9cm AC-20）。

4. 坑槽处理

坑槽一般是由于面层的网裂、龟裂未及时养护而逐渐形成的。基层强度不足

时在行车荷载作用下也容易形成坑槽。

修补时应遵循"圆洞方补、斜洞正补"的原则。对于一般性坑槽需将坑槽范围挖成矩形，槽壁应垂直，在四周涂洒热沥青后，回填 5cm AC-20 和 4cm AC-16 沥青混凝土。对于严重性坑槽需要连同原有道路的二灰碎石一起处理。

5. 麻面松散处理

麻面松散一般是由于采用的沥青稠度偏低，黏结性差，用量偏少引起的。矿料过湿、铺洒不均匀或所用嵌缝料不合规格而未能被沥青黏牢也将引起麻面松散。

处理方法为：采用铣刨或凿除一层沥青混凝土，喷洒黏层油后再回填 4cm AC-16。

6. 车辙处理

车道表面因车辆行驶推移而产生车辙，路面受横向推挤会形成横向波形车辙，另外因面层与基层间有不稳定的夹层，基层强度不足、水稳性能不好，使基层局部下沉都会形成车辙。

修补时应将出现车辙的面层切削或铣刨清除，然后重铺沥青面层，由于基层强度不足形成的车辙，应处理二灰碎石基层。

七、改造方案

1. 筑路材料及运输条件

1）石料。工程所在地周围地区石料资源丰富且石质较好，为花岗片麻岩，主要从房山等地购买，平均运距约 25km。但沥青混凝土路面面层所用碱性石料可从安峰山采购玄武岩做碱化处理后使用，运距约 80km。

2）沥青。采用 AH-70 标号 B 级。

3）运输条件。沿线公路路网发达，交通极为便利，所用材料主要靠汽车装载运输。

2. 路面中修方案

根据路面破损评价和强度评价，确定该工程总的原则为"中修罩面处理"。

（1）设计方案

方案一：将原有老路出现的泛油、纵横向裂缝先按上述病害措施处理完毕后，喷洒黏层油然后再加铺一层 4cm AC-13 细粒式沥青混凝土。

本方案优缺点如下：

优点：①施工比较简单；②病害处理比较彻底。

缺点：①施工要分两步进行，工期较长；②对病害处理的费用较高，工程总造价为 962 万元，投资较大。

方案二：在老沥青面层上喷洒黏层油后再加铺一层 4cm AC-13 细粒式沥青混凝土。

优点：①工程造价低，工程总造价为 845 万元，投资较小；②工期较短。

缺点：未对病害单独处理，效果不太好。

结论：考虑到工程质量和工程造价，再结合工程自身的特点，推荐采用方案一。

（2）路面结构层材料技术要求

1）沥青混凝土面层。沥青混凝土有细粒式（AC-13C）、中粒式（AC-16C）、粗粒式（AC-20C）沥青混凝土。需强调的是沥青混凝土中集料应采用石灰岩碱性石料。沥青混合料拌和前应进行详细的级配设计及马歇尔试验，以确定沥青混合料的最佳沥青用量及强度。建议对沥青混合料进行蠕变试验及低温抗裂试验，以保证沥青路面结构耐久性。每批沥青运至现场均应严格按规定进行有关试验沥青混凝土面层材料级配，见表 3-24。

表 3-24　沥青混凝土面层材料级配

级配类型	通过下列筛孔（方孔筛 mm）的质量百分率（%）												
	31.5	26.5	19.0	16.0	13.2	9.5	4.75	2.36	1.18	0.6	0.3	0.15	0.075
AC-13C	—	—	—	100	90~100	68~85	38~68	24~50	15~38	10~28	7~20	5~15	4~8
AC-16C	—	—	100	90~100	76~92	60~80	34~62	20~48	13~36	9~26	7~18	5~14	4~8
AC-20C	—	100	90~100	78~92	62~80	50~72	26~56	16~44	12~33	8~24	5~17	4~13	3~7

2）黏层。沥青面层间应设置黏层，黏层油选用乳化沥青 PC-3，其基质沥青标号与面层用沥青标号相同。

（3）具体实施

具体实施时主要从以下几方面着手。

1）施工前应根据《公路沥青路面养护技术规范》对全线的路面破损状况进行详细调查，要正确区分病害的类型和严重程度。

2）按病害类型和严重程度将工程划分为若干段落，每个段落的最小长度不小 100m。段落划分不宜过于琐碎，能合并的段落尽量合并，以便于施工。

3）实施时既要考虑工程质量，又要考虑该工程自身的特点（该工程为中修工程，设计年限为 3 年）和工程造价等方面的因素，不可片面的追求工程质量而忽略其他方面的因素。

4）在中修完成后仍要加强路面的养护工作，特别应加强日常的巡视与检查以及日常保养与小修，发现病害及时修补，以防止病害发展和破损面积的扩大。

3. 桥涵

1）桥梁。经现场调查，全线有中小桥梁 4 座，均满足设计要求，本次设计予以利用。

2）涵洞。对满足设计要求的老路上的涵洞均考虑利用。

4. 排水

经现场调查，全线路基两侧均有较宽的排水沟，道路排水比较顺畅，本次不作处理。

5. 路线交叉

全线共有 11 处交叉，被交道路宽度均为 6m，交叉范围内沥青路面与主线一起加铺处理。

6. 沿线配套设施

为了保证道路安全、舒适，老路设置了完善的交通安全设施和管理设施，符合《道路交通标志和标线》和"公路安全保障工程"的要求，并进行了必要的绿化。

7. 绿化

沿线的绿化良好，可以利用。

8. 主要工程量

主要工程量见表3-25。

表3-25 主要工程量

序号	名 称	单位	数量	序号	名 称	单位	数量
1	路线长度	km	13.939		封层	m²	7479.8
2	病害处理	—	—		铺筑 4cm AC-16	m²	7479.8
2.1	局部轻微病害	—	—		铺筑 5cm AC-20	m²	7479.8
	铣铇 4.0cm 沥青上面层	m²	2542.8	3	路面加铺	—	—
	喷洒黏层油	m²	2542.8		喷洒黏层油	m²	1951416
	铺筑 4.0cm AC-16	m²	2542.8		铺筑 4.0cm AC-13	m²	1951416
2.2	局部中等病害	—	—	4	标线恢复	m²	6273
	沥青灌缝	m³	53.1	5	施工期间交通维护设施	项	1
	铣铇 9cm 沥青面层	m²	7479.8				

注：以上处理二灰的碎石量未计入。

八、投资概算及资金筹措

1. 工程造价

本工程推荐方案（方案一）投资为962万元，每公里造价69万元；其中建安费894万元，每公里64万元。

比较方案（方案二）投资为845万元，每公里造价60.6万元；其中建安费785万元，每公里56万元。

2. 资金筹措

本项目的实施资金由省交通厅公路局全额补助。

实施方案、环境保护等略。

任务八　水泥混凝土路面养护维修工程实例

一、项目概况

省道236路线总体为东西走向，起自东海县与山东交界处，在连云港经过东海县、灌云县、灌南县，向南到淮安市。

省道236（K28+450～K35+700）段位于连云港市东海县温泉镇、牛山镇境内，起点位于湖西桥（桩号K28+450），终点在牛山镇与省道245交叉口处（桩号 K35+700），路线全长 7.1km。该路段既为省道干线公路又为东海县城北环线，交通量大，过境车、重载车多，加之 2008 年 1 月一场百年一遇的雪灾期间路段交通量剧增且大量积压，致使现状水泥混凝土路面严重损坏，出现断板、裂缝、错台、脱空、唧泥、龟裂、坑洞等损坏，已严重影响路容、路貌和交通安全。为促进区域经济发展，改善交通条件和运输环境，根据 2008 年度公路养护大中修工程项目养护计划，省道 236（K28+450~K35+700 段）养护工程已列入 2008 年度计划，进行大中修改造。

二、设计标准和编制依据

1. 技术标准

1) 道路等级：按原路技术标准。

2) 设计荷载：道路标准轴载 100kN。

3) 养护路幅宽度：路面 12m。

4) 路面类型：老路为水泥混凝土路面，要求更换板块。

5) 地震烈度：按 7 度设防，基本加速度值为 0.15g。

2. 编制依据

1)《江苏省公路养护改善工程设计要点（试行）》交工程（2000）第 204 号。

2)《公路水泥混凝土路面养护技术规范》（JTJ 073.1）。

3)《公路工程技术标准》（JTG B01）。

4)《公路路线设计规范》（JTG D20）。

5)《公路路基设计规范》（JTG D30）。

6)《公路工程质量检验评定标准》（土建工程）（JTG F801）。

7)《公路水泥混凝土路面设计规范》（JTJ D40）。

8)《关于 S236（K28+450~K35+700 段）养护大修工程设计委托函》。

9)《公路工程基本建设项目概算预算编制办法》（JTG B06）。

10) 苏交质［2007］65 号《江苏省普通公路养护工程预算定额》。

11) 苏交公［2003］3 号《江苏省公路小修保养预算编制方法》。

12) 苏交公［2003］4 号《江苏省公路养护改善工程概算、预算编制方法》。

13) 路面实测弯沉资料、取芯资料、现场调查的路面状况及其他资料等。

三、交通量调查

交通量调查结果见表 3-26。

表 3-26　交通量调查

温泉镇观测站	省道 236 近年来平均日交通量（辆/天）									
年份	小货	中货	大货	特大货	拖挂车	集装箱	小客	大客	汽车合计	折算成小客车
2002	328	193	165	0	110	0	411	25	1232	1726
2003	410	241	207	0	137	0	514	31	1540	2158
2004	513	302	258	0	171	0	642	39	1925	2697

（续）

温泉镇观测站	省道236近年来平均日交通量（辆/天）									
年份	小货	中货	大货	特大货	拖挂车	集装箱	小客	大客	汽车合计	折算成小客车
2005	641	377	323	0	214	0	803	49	2407	3372
2006	679	408	358	0	245	0	827	59	2576	3609
2007	1144	908	656	227	846	30	1320	42	5173	7247

四、老路调查

1. 原设计情况

K28+450~K32+360 段设计标准为公路—Ⅱ级，路基宽度 15m，水泥混凝土路面宽 12m，4 块板，板尺寸中间两块为 4.5m×5.0m，边上两块为 1.5m×5.0m。K32+360~K35+700 段设计标准为城市主干道，水泥混凝土路面双幅宽 2×12m，本次维修左幅，路面宽 12m，板尺寸中间两块为 4.5m×5.0m，边上两块为 1.5m×5.0m。其中边上两块 1.5m×5.0m 为后来拓宽的路面。上面行车较少，板块大部分都比较完好。

路面结构设计为 24cm 水泥混凝土+沥青下封层+15cm 二灰碎石。

2. 主要养护情况

现有路面宽度 12m，随着近年交通量的日益增长，路面损坏严重，近年只对此路段进行过断板，空板的修补及灌缝等日常维修保养，并未进行过大修改造。

3. 弯沉情况调查

对该段道路进行了弯沉值测量，弯沉值统计分析结果见表 3-27。

表 3-27 弯沉值统计分析表

桩 号	平均弯沉值（0.01mm）	标准差（0.01mm）	代表弯沉值（0.01mm）
K28+600~K29+000	5.4	5.0	12.9
K29+000~K30+000	8.9	7.1	19.5
K30+000~K31+000	12.2	12	30.2
K31+000~K32+000	9.3	7.5	20.6
K32+000~K33+000	6.8	5.5	15.0
K33+000~K34+000	5.8	7.3	16.7
K34+000~K35+000	12.9	12.5	31.6
K35+000~K35+700	13.6	12.2	31.9

4. 路面取芯调查

采用取芯观察老路的面层厚度，完整性，基层整体性状况、层间连续状况、成型情况，以更好地了解老路下部基层状况。沿该段按照路面病害情况分别对现有水泥混凝土路面取芯 6 处，分别处于路面状况较好、路面状况一般、路面状况较差位置。每处地取芯情况详见表 3-28 和图 3-17、图 3-18。

表 3-28　路面取芯状况一览表

序号	桩　　号	水泥混凝土面层			二灰碎石		
		总厚度/cm	成型厚度/cm	状况描述	总厚度/cm	成型厚度/cm	状况描述
1	K30+000（右）	24	24	成型、断裂	15	—	不成型
2	K31+420（右）	24	25	成型、断裂	15	—	不成型
3	K32+240（左）	24	24	成型较好	15	—	不成型
4	K33+160（右）	24	—	不成型	15	—	不成型
5	K34+280（右）	24	23	成型、断裂	15	—	不成型
6	K35+080（左）	24	24	成型较好	15	—	不成型

a)

b)

图 3-17　面层完好（基层不成型）

a)

b)

图 3-18　面层断裂（基层不成型）

5. 路基、路面状况调查

现有板块出现了断板（板角断裂，交叉裂缝和纵、横向裂缝）、边角剥落、板块破碎、接缝材料破损、坑洞以及修补损坏等现象，如图 3-19～图 3-21 所示（见文前彩图）。道路外观较差，实测弯沉较大，板底脱空较多。

6. 排水状况调查

老路纵断面起伏不大，一般路基两侧有排水河沟，排水较好。

7. 桥涵状况调查

沿线有湖西桥、望东桥。

8. 沿线设施及绿化情况等调查

为保证行车安全，全线按国标要求设置了必要的交通安全设施和交通管理设施，各种禁令标志、警示标志、指路标志等交通标志齐全。

道路的中间分隔带、侧分隔带和两侧的土路肩上栽植了适应当地气候、土壤等自然条件的植物，绿化率达90%，绿化情况良好。

五、老路路面状况评定

1. 水泥混凝土路面状况评定

采用路面损坏状况指数（PCI）和断板率（DBL）来评定路面破损状况。路面破损状况分为优、良、中、次、差五个等级，见表3-29。

表3-29　水泥混凝土路面破损状况评定标准

评价指标	优	良	中	次	差
路面损坏状况指数（PCI）	≥85	84~70	69~55	54~40	<40
断板率（DBL）	≤1	2~5	6~10	11~20	>20

1）水泥混凝土路面损坏分为断裂类、竖向位移类、接缝类、表层类。断裂类主要指纵、横、斜向裂缝，角隅断裂、交叉裂缝、断裂板；竖向位移类主要指沉陷、胀起；接缝类主要指接缝填料缝损坏、纵缝张开、唧泥和板底脱落、错台、接缝碎裂、拱起；表层类主要指磨损和露骨、纹裂、网裂和起皮、活性集料反应引起的网裂、粗集料冻融裂纹、坑洞。其损坏的分类分级见表3-30。

表3-30　水泥混凝土路面损坏分类分级

损坏类型	损坏特征	分 级 标 准		计量单位
纵、横、斜向裂缝，角隅断裂	面板断裂成两块	轻	缝隙边缘无碎裂和错台的细裂缝，缝隙宽小于3mm；填缝良好、边缘无碎裂或错台的裂缝	m 和块
		中	缝隙边缘有中等破碎或高度小于10mm错台的裂缝，且缝隙宽小于15mm	
		重	缝隙边缘严重碎裂或10mm以上错台且裂缝宽大于15mm的裂缝	
破碎板和交叉裂缝	面板破碎分为多块	轻	板被轻微裂缝分割为2~3块	
		中	板被中等裂缝分割为3~4块，或被轻微裂缝分割为5块以上	
		重	板被严重裂缝分割为4~5块，或被中等裂缝分为5块以上	
沉陷、胀起	引起行车不适	轻	行车引起无不适感的轻微跳动	处
		中	行车引起不适感的较大跳动	
		重	行车引起严重不适感或不安全的过大跳动	

（续）

损坏类型	损坏特征	分级标准		计量单位
接缝材料损坏	填缝料剥落、挤出、老化和缝内无填缝料	轻	整个路段仅有少量接缝出现老化、挤出、缺损	m
		中	整个路段 1/3 以下的接缝出现老化、挤出、缺损，水和硬质材料易渗入或挤入	
		重	接缝填料缝情况很差，1/3 以上的接缝出现老化、挤出、缺损，水和硬质材料易渗入或挤入，填料缝需立即更换	
纵缝张开	纵缝张开	轻	接缝张开 10mm 以下	m
		重	接缝张开 10mm 以上	
唧泥、板底脱落	残留唧出材料的沉淀物	轻	车辆驶过，有水从板缝或边缘唧出，或者残留少量唧出材料的沉淀物	条和处
		重	板缝或边缘残留大量唧出材料的沉淀物，车辆驶过时，板有明显的颤动和脱空感	
错台	相邻板边缘有高差	轻	错台量小于 5mm	处
		中	错台量小于 5~10mm	
		重	错台量大于 10mm	
接缝碎裂	板块碎裂	轻	碎裂仅出现在接缝或裂缝两侧 8cm 范围内，未采取临时修补措施	条
		中	碎裂范围大于 8cm，部分碎块松动或散失，但不影响安全或危害轮胎	
		重	影响安全或危害轮胎	
磨损、露骨	—	轻	磨损、露骨深度小于等于 3mm	处
		重	磨损、露骨深度大于 3mm	
纹裂、网裂、起皮	出现纹裂或网裂	轻	板的大部分面积出现纹裂或网裂，但表面状况良好，无起皮	处
		中	板出现起皮，面积小于或等于混凝土板面积的 10%	
		重	板出现起皮，面积大于混凝土板面积的 10%	
活性集料反应	出现网裂、面层变色或接缝碎裂	轻	板出现网裂、面层变色，但未出现起皮和接缝碎裂	块
		中	出现起皮和接缝碎裂、沿裂缝和接缝有白色细屑	
		重	出现起皮和接缝碎裂的范围发展到影响行车安全或危害轮胎，路表面有大量白色细屑	

（续）

损坏类型	损坏特征	分级标准		计量单位
集料冻融裂纹	出现裂纹、碎裂	轻	裂纹出现在缝或自由边附近 0.3m 范围内，缝未发生碎裂	m
		中	裂纹出现在缝或自由边附近，范围大于 0.3m，受影响区内缝出现轻微或中等碎裂	
		重	受影响区内缝出现严重碎裂，不少材料散失	
坑洞	—	不分等级		处
修补损坏	出现裂缝或错台	轻	轻微破损，或边缘处有轻微碎裂	处
		中	轻微裂缝或车辙、推移，边缘处有中等碎裂和 10mm 以下错台	
		重	出现严重裂缝或车辙、推移或错台，需重新进行修补	

2）路面损坏状况指数（PCI）。

3）计算断板率权系数，见表 3-31。

表 3-31　计算断板率的权系数

类型	交叉裂缝			角隅断裂			纵、横、斜向裂缝		
程度	轻	中	重	轻	中	重	轻	中	重
权系数	0.6	1.0	1.5	0.2	0.7	1.0	0.2	0.6	1.0

4）数据的采集和处理。

路面宽度 12m，宽度划分为四块板，其中边上两块 1.5m×5.0m 为后来拓宽的路面，上面行车较少，板块大部分都比较完好，此次不参与评定，只评定中间 4.5m×5m 的两块板。

K28+500～K31+500 段共有板块 1200 块，其中断板 1087 块（含板角断裂，交叉断裂和纵、横向断裂）、纵缝张开 34 条、表面裂纹与层状剥落 593 块、填缝破损 1200 块、坑洞 11 块等，按照《公路养护技术规范》的计算方法，路面损坏状况指数 PCI 为 43.4，属"差"，断板率 DBL 为 81.1%，属"差"。K31+505～K35+700 段共有板块 1678 块，其中断板 283 块（含板角断裂，交叉断裂和纵、横向断裂）、纵缝张开 30 条、表面裂纹与层状剥落 123 块、填缝破损 1480 块、坑洞 13 块等，按照《公路养护技术规范》的计算方法，路面损坏状况指数 PCI 为 60.16，属"中"，断板率 DBL 为 9.3%，属"中"。

2. 养护大中修方案

本工程 K28+500～K31+500 路段、K31+505～K35+700 路段路面断板率分别为 81.1%、9.3%，根据《公路水泥混凝土路面养护技术规范》，断板率在 15%～50%，必须安排大中修进行处治。K28+505～K31+500 路段老水泥混凝土路面破坏严重，可碎石化后作为底基层，上面加铺二灰碎石基层和两层沥青混凝土面层；K31+505～K35+700 路段老水泥混凝土路面大部分完整，局部修整即可。本工程大修的设计年限为 5 年。

六、病害产生的原因

水泥混凝土路面损坏可分为断裂类、竖向位移类、接缝类、表层类。断裂类主要指纵、横、斜向裂缝，角隅断裂，交叉裂缝，断裂板；竖向位移类主要指沉陷、胀起；接缝类主要指接缝填料缝损坏、纵缝张开、唧泥和板底脱落、错台、接缝碎裂、拱起；表层类主要指磨损和露骨、纹裂、网裂和起皮、活性集料反应引起的网裂、粗集料冻融裂纹、坑洞。

1. 裂缝

裂缝包括纵向、横向、斜向和交叉裂缝。纵、横、斜向裂缝的损坏特征是指通底的裂缝，将板块分割为两块或三块，初期可能未贯通板面；交叉裂缝是裂缝相互交叉，将板分割为三块以上（又称破碎板）。产生裂缝的原因是：

1）重复荷载应力、翘曲应力及收缩应力等综合作用。

2）水的侵入及过大的竖向位移的重复作用，使基层受到侵蚀产生脱空。

3）土基和基层强度不够。

4）接缝拉开后，丧失传荷能力，在板的周边产生过大的荷载应力。

5）水泥质量差、不稳定，粗细集料质量差。

6）施工操作不当，养生不好。

2. 角隅断裂

角隅断裂是一条垂直通底且与板角两边接缝相交的裂缝，从板角到裂缝两端点间的距离分别等于或小于端点所在板长的一半。其损坏原因通常是由于板角处受连续荷载作用，基础支撑强度不足和翘曲应力等因素综合作用而产生。

3. 接缝材料损坏

水泥混凝土路面的接缝分为纵缝和横缝。横缝又分为胀缝（真缝）和缩缝（假缝）两种。胀缝在使用中随气温而变化，气温上升时填缝料会被挤出；当气温下降填缝料不能恢复，使缝中形成空隙，泥、砂、石屑等杂物侵入，成为再次胀伸时的障碍，且雨雪水也能沿此孔隙渗入，损坏基层和垫层，造成路面板接缝处的变形和破损，缩缝的变化较小，但经过若干次收缩，能把假缝折断成真缝，填料自身的老化，也会造成像胀缝一样的后患。施工、养护不规范，切缝、清缝不及时或没有达到规定的深度，也是造成接缝破损的原因之一。

4. 边、角剥落

边、角剥落是指接缝两侧各 60cm 宽度内或板角 15cm 范围内的破碎。其原因是：

1）接缝落入坚硬的杂物，板在膨胀时产生了超应力，边缘被硬物挤碎。

2）重交通荷载的重复作用。

3）传力杆设计或施工不当。

4）接缝处混凝土强度低。

5. 错台

错台是指接缝处相邻面板的垂直高差。其产生的原因是：

1）路面板在车辆荷载的作用下，造成接缝处板块不均匀沉降。

2）在温度和湿度梯度作用下，板在接缝处产生翘曲。

3）横缝处未设置传力杆。

4）施工操作不当。

6. 唧泥

唧泥是指车辆通过时基层细料和水一起从板接缝处挤出，逐渐使基础失去支撑能力，在荷载的重复作用下，最终将产生板断裂。

七、改造方案

结合本段老路路面结构层以及目前的使用状况，分别对老路的路面设计分段考虑，具体如下。

现有的路基宽度、路面宽度已满足要求，通过对该段水泥混凝土路面的路况以及对路面的结构承载力的调查分析来确定此路段的大修改造设计。

通过对此段水泥混凝土路面板块的调查，路面存在断板（板角断裂，交叉裂缝和纵、横向裂缝）、整板沉陷、板块唧泥、边角剥落、板角断裂、板块破碎、表面裂纹、接缝材料破损、坑洞以及修补损坏等现象，道路损坏较为严重。

对实测弯沉进行了统计分析，从实测的单点数据看，有不少弯沉值过大，说明该板底已脱空。

修补措施根据板角弯沉值来控制设计：

$ls = 0 \sim 20$（0.01mm），不做处理；

$ls = 20 \sim 40$（0.01mm），做压浆处理；

$ls > 40$（0.01mm），做换板处理。

1. 压浆处理

压浆孔布置在板的四个角上，且距板边各大于 50cm，板中心设一个，不得布置在行车方向 1/3 处（因在此布孔易造成板块断裂），浆孔的粗细应与灌注嘴大小一致，一般为 5cm，浆孔钻好后用压缩空气将孔中杂物清除干净，并保持干燥。压浆孔的深度视脱空层的位置而定，若板与基层之间出现脱空，且基层状况良好，孔深为板厚+5cm，若基层状况不好，孔深应打到基层底面以下 5cm。压浆材料选用要求：流动性优良、有足够强度、耐冲刷性良好、干缩小、早强、经济。材料包括水泥、粉煤灰、减水剂、早强剂、膨胀剂等，水泥：粉煤灰：水：膨胀剂：早强剂 = 1 : 1 : 0.7 : 0.07 : 0.04。

压浆工艺：

1）钻孔。一般每块板钻 5 个。

2）清孔。

3）压浆。从沉陷大的地方开始，依次由大到小，压浆后随即用木塞将孔塞死，以免浆液外溢和减压。

4）用百分表观测板块抬升。当局部或板块抬升量达 0.3mm 时，停止压浆。

5）补注。当一块板的 5 个孔灌注后，应重新再注一次。

6）养护。本设计采用普通硅酸盐 42.5 级水泥，养生时间不少于 7d。7d 强度不小于 5MPa，28d 强度不小于 10MPa。

2. 板面小坑洞处理

如果板面出现坑洞，而板块完好，则在坑洞四周切割成正方形或长方形包围坑洞，切缝深不小于 5cm，将中间凿除，深度 6~7cm，用水冲洗，用刷子将四周壁上粉尘洗刷干净，清除坑中水，在坑的四周壁上和坑底涂水泥浆，随即用混凝土补齐。

3. 板角断裂处理

板角断裂不大于 1.5m 时，将板角按正方形或长方形切割凿除，若基层有松散，将松散的部分清除后，将切割面板中央打洞，洞深 10cm，直径 3cm，间距按切割面长均分，约 30cm，到自由边的距离不小于 10cm，然后清洗干净切割面，将洞内填满环氧树脂砂浆，插入 Φ20 钢筋 10cm，外露 10cm，用水泥浆涂满切割面，随即浇注混凝土补齐。

4. 损坏胀缝处理

将胀缝两侧的板块凿除，重新做胀缝，并埋设补强支架钢筋、传力杆及套帽填缝板。新混凝土浇筑前应先检查基层的完整情况，如果基层松散且松散厚度超过 10cm，先清除浮料后，再用 C15 的素混凝土找平至原板底标高再施工板块；如果基层松散厚度小于 10cm，则清除浮料后，与板块一起浇混凝土，并保湿养生。

5. 换板处理

凡断板或弯沉值大于 40 的板块，往往是由于基层强度不足所致，因此应更换的板块中央设钢筋网，钢筋采用 Φ8，纵向筋间距 15cm，横向筋间距 30cm。

6. 纵向裂缝连续的路段

路基产生不均匀沉降或侧向位移，致使混凝土板块多处产生纵向裂缝，有的纵缝连续贯通数块板，按以下两种方法处理：

1）纵向裂缝连续的长度小于 50m 的路段，换板时将坏板块全部挖除，新混凝土浇筑前应先检查基层的完整情况，如果基层松散厚度超过 10cm，先清除浮料后，再用 C15 的素混凝土找平至原板底标高再施工板块；如果基层松散厚度小于 10cm，则清除浮料后，与板块一起浇混凝土，并保湿养生。

2）纵向裂缝连续的长度大于 50m 的路段，按刨除老水泥混凝土路面及二灰碎石基层处理，重新铺筑 20cm 二灰碎石+24cm 水泥混凝土，按重交通标准布设钢筋；两端与老水泥混凝土板块相接段高差，按不小于 2 块板 10m 长度过渡。

7. 板块错台处理

错台高差小于 1cm 的不予处理，错台高差大于或等于 1cm 的，采用切削法处理，将高出的一侧板块边缘 30~50mm 按斜坡凿至与下沉板块齐平。

8. 接缝料损坏

本工程板块接缝破损的要求进行清缝，用压缩空气吹干净，重新灌缝，灌缝料采用聚氨酯焦油类或氯丁橡胶类。对桥头以及沉陷严重的路段，应对路基进行压浆处理。

9. 局部路段碎石化

K28+460～K31+500 路段老水泥混凝土路面破坏严重,可碎石化后作为底基层,上面加铺 20cm 二灰碎石基层,沥青下封层及 9cm 沥青混凝土面层。上面层为 4cm 细粒式沥青混凝土 AC-13,下面层为 5cm 中粒式沥青混凝土 AC-16。

破碎方法采用冲击压实法,根据破碎程度本次采用冲击压实法中的碎石化法。

(1)碎石化法

将水泥混凝土路面重度冲击到碎石化程度,重新增加上基层,再铺筑路面。破碎所有的水泥混凝土板,其颗粒直径最大需小于 30cm。由视觉判定,75%的颗粒直径必须小于或等于以下值:

1)面板的表面:5cm。

2)顶部 1/2 的面板:7.5cm。

3)底部 1/2 的面板:23cm。

这种工艺完全利用了原有水泥混凝土路面,并作为再生基层使用,构成(柔性)嵌锁基层。

(2)碎石化法施工工序

1)破碎前,锯开所有缝,清除缝内填充物和杂质。

2)用多头破碎机破碎原路面。

3)用钢轮压路机和轮胎式压路机压实破碎路面。

4)破碎后,对破碎的路面逐块全面检测。用挖孔法检测,每个孔 1m²,每 1km 布置 1 个检测孔。

5)加铺沥青混凝土面层。

(3)碎石化法主要特点

1)这种工艺是延缓反射裂缝的最有效的工艺。

2)具有相当于新建路面的使用性能。

3)破碎功效高,速度接近 2m/s,而且是单程破碎,不需要反复进行。

4)原水泥混凝土破碎到碎石和拳石粒径,不能利用原有路面的强度,需要更厚的加铺层。

5)表面破碎尺寸不大于 3cm(碎块板底尺寸小于 23cm,板顶尺寸小于 7.5cm,板表面尺寸小于 5cm)。

6)可以用于各种混凝土路面。

10. 主要工程量概述

本工程 K28+460～K31+500 板块破碎后碾压加铺沥青混凝土 36480m²,K31+500～K35+574 处理板角断裂 189 块共 394m²,局部换板 180 块共 4050m²,大于 50m 路段连续换板 200 块共 4500m²,处理胀缝 2 道,标线 3355m²。

八、水泥混凝土路面材料

1. 水泥混凝土面层(板块平面尺寸:长×宽=5m×4.5m,厚度为 24cm)

(1)材料组成及技术要求

1)水泥。面板宜采用旋窑道路硅酸盐水泥,也可采用旋窑硅酸盐水泥或普通硅酸盐水泥，水泥强度 42.5 级，水泥的抗压强度、抗折强度、安定性和凝结时间必须检验合格。

2）粗集料（碎石）。应使用质地坚硬、耐久、洁净的 II 级粗集料，符合规定级配，最大公称粒径不超过 31.5mm，压碎值小于 15%，针片状含量小于 15%。

3）细集料。应质地坚硬、耐久、洁净，细度模数不小于 2.5。

4）水。采用沿线沟河池塘里的水，所用水不应含有影响混凝土质量的油、酸、碱、盐类，有机物等。饮用水一般均适用于混凝土；非饮用水，经化验应符合下列要求：

① 硫酸盐含量（按 SO_4^{2-} 计）小于 2.7mg/cm^3。

② 含盐量不得超过 5mg/cm^3。

③ pH 值不得小于 4。

5）外加剂和混凝土配合比设计。所用外加剂的质量应符合国标《混凝土外加剂》（GB 8076）的规定。混凝土配合比应根据设计弯拉强度，耐久性、耐磨性、和易性等要求和经济合理的原则，选用原材料，通过计算、试验和必要的调整后确定。

（2）混凝土路面接缝设计

连续 50m 混凝土路面：板块平面尺寸　长×宽 = 5m×4.5m。

1）纵缝。纵缝必须与路中线平行，纵缝采用平口缝加拉杆，路中心线纵缝拉杆直径 40mm，长度 700mm，间距 600mm，拉杆设在板厚中央，拉杆中间 10cm 涂沥青两遍，拉杆距横缝或自由边不小于 10cm，两幅板块间应在先浇筑的板块侧面上半部涂热沥青两遍，要切缝，并灌缝，支模时应严格掌握纵缝的顺直度。

2）缩缝。缩缝采用假缝式。机切假缝宽 4~6mm，缝深 6cm，用塑性沥青填缝料灌注缝口。有传力杆缩缝深不小于 7cm，切缝时间不超过 24h。缩缝一般应为无传力杆式，但在胀缝两侧相邻三条缩缝内及端缝一侧相邻三条缩缝内需设无套筒传力杆。传力杆设在板厚中央，采用 φ30 钢筋，长度 L = 50cm，间距 30cm，传力杆一半以上涂上沥青。

3）更换胀缝。胀缝采用滑动传力杆，设置补强钢筋支架，将传力杆未涂沥青一端焊接在钢筋支架上，支架下设置砂浆垫块，确保保护层厚度，并用钢纤固定，以确保传力杆准确定位。胀缝缝宽 2cm。在板厚中央设有带套筒传力杆，传力杆采用 φ30 钢筋，长度 L = 50cm，间距 30cm，传力杆一半以上涂上沥青，并在涂沥青端加塑料套筒，塑料套筒长 10cm，端头要密封，内留 3cm 空隙，填以纱头，套筒内径较传力杆直径大 1~1.5mm；最外边的传力杆距纵缝或自由边距离为 15~25cm。传力杆必须保证相互平行并平行于路中心线，并使其保持在同一中性面内，有套筒端与无套筒端应相间放置，拆模时严禁用力敲打、扳弯传力杆钢筋。胀缝下部为白松填缝板（浸透沥青），上部为塑性填缝料。胀缝、纵缝及工作缝两侧，路面不允许出现高差不均及错台现象。角隅筋，横向、纵向边筋位置应得当。

4）端缝。水泥混凝土路面在起点与终点处设置端缝。

5）横向工作缝。每日施工结束或浇筑过程中因故中断浇筑时，必须设置横向工作缝。其位置宜设在胀缝或缩缝处，设在胀缝处的工作缝，其构造与胀缝相同；设在缩缝处的工作缝，应采用平缝加传力杆型。

6）填缝材料。填缝材料应具有与混凝土板壁黏结牢固、回弹性好，不溶于水，不渗水；高温时不挤出、不流淌、抗嵌入能力强、耐老化龟裂；负温拉伸量大；低温时不脆裂、耐久性好等性能，设计时考虑采用加热施工式填缝料沥青马蹄脂类，填缝料及填缝板要求见表3-32。

表3-32 填缝料和填缝板要求

填 缝 板		填 缝 料	
压缩应力/MPa	5.0~20.0	灌入稠度/s	<20
复原率（%）	>55（吸水后不应小于不吸水的90%）	失黏时间/h	6~24
挤出量/mm	<5.5	弹性（复原率%）	>75
弯曲荷载/N	100~400	流动度/mm	0
—	—	拉伸量/mm	>15

2. 下封层

下封层为单层式沥青表面处治，沥青采用110号B级道路石油沥青，用量为1.2kg/m²，石料可采用酸性石料，规格为S12，用量为5~8m³/1000m²。

3. 二灰碎石基层

1）二灰碎石混合料由石灰、粉煤灰、级配集料组成。

2）二灰碎石中的石灰应采用Ⅲ级以上的石灰，并注意存放时间不宜过长，否则应进行有效CaO、MgO含量的试验，达到Ⅲ级要求时才允许使用。

3）二灰碎石中的粉煤灰的各项指标应符合《公路沥青路面施工技术规范》（JTG F40）中的各项要求，$Al_2O_3+SiO_2+Fe_2O_3$的含量应大于或等于70%，烧失量应小于或等于20%，比表面积大于2500cm²/g。

4）二灰碎石中的集料建议采用地产花岗岩机轧碎石，应质地坚硬、其压碎值应不大于30%，级配良好，符合二灰碎石混合料组成要求。二灰碎石混合料推荐组成设计配合比为：石灰：粉煤灰：级配集料＝8：12：80。二灰碎石7d（20℃条件下湿养6d，浸水1d）龄期的无侧限抗压强度不小于0.8MPa，压实度不小于98%。其级配范围应符合表3-33要求。

表3-33 二灰碎石混合料中碎石的级配范围

通过下列方筛孔的质量百分率（%）								
31.5	26.5	19.0	9.5	4.75	2.36	1.18	0.6	0.075
100	95~100	48~68	24~34	11~21	6~16	2~12	0~6	0~3

九、水泥路面结构施工要点

1. 回弹弯沉值

混凝土路面换板地段基层顶面回弹弯沉值检测见表3-34。

表 3-34　基层顶面回弹弯沉值检测

层　位	基　层
回弹弯沉值/0.01mm	60

2. 水泥混凝土路面结构层施工注意事项

（1）水泥混凝土路面施工

1）施工中应严格按照现行的《公路水泥混凝土路面施工技术细则》（JTG F30）中所规定的施工工艺及质量检查验收标准进行施工。

2）进行水泥混凝土路面施工时，应对基层进行全面检查验收，达到要求后方可施工。

3）水泥混凝土施工前应做好配合比试验、各种原材料试验，确保达到设计及规范要求。

4）水泥混凝土混合料从拌和运输到振捣完成后不得超过初凝时间，混凝土混合料的坍落度、水灰比、和易性均应符合要求。

5）水泥混凝土路面坍落度应控制在 0~2cm。

6）水泥混凝土板块表面应平整、耐磨、抗滑，最后抹平宜用木抹，如用钢抹则需拉毛处理。混凝土板顶面进行机械压纹处理。

7）水泥混凝土路面要求切缝时间一般不大于 24h。

8）雨季施工应注意天气预报，加强施工现场与混合料拌和场地联系，下雨应停止施工。

9）混凝土一般在混凝土成型 60h 后进行拆模，拆模时要防止损坏板的边角。养生先采用塑料薄膜保湿隔离覆盖，再采用草帘保温覆盖初凝后的混凝土路面。在中午气温较高时洒水养生，以确保混凝土水化反应充分进行，防止混凝土失水过多过快以及温度过低，避免混凝土面板产生不规则或严重的开裂。若低温天施工，路面覆盖保温保湿养生时间一般应不少于 28d。

10）模板高度与板厚一致。模板要求用水准仪抄平，高差不大于 2mm，模板之间不得有缝隙；模板与基层接触处不得漏浆，内侧应涂刷隔离剂。

（2）下封层施工

施工中应严格按照现行的《公路沥青路面施工技术规范》（JTG F40）等有关规程规范中所规定的施工工艺及质量检查验收标准进行施工。

（3）基层施工

1）施工中应严格按照现行的《公路路面基层施工技术规范》（JTJ 034）中规定的施工工艺及质量检查验收标准进行施工。

2）基层中所采用的石灰，其存放时间不宜过长，如果存放时间较长时，应采取覆盖封存措施，妥善保管。每存放 10d 应对石灰活性氧化物 CaO+MgO 含量进行检测，当其含量低于规范要求时，应进行当量换算而增加石灰剂量。

3）二灰碎石基层应采用集中厂拌，一次摊铺碾压，摊铺要求采用摊铺机摊铺。严格控制压实厚度，其路拱横坡应与面层一致，压实度要求达到重型标准 98%以上。二灰碎石 7d 无侧限抗压强度应大于或等于 0.8MPa，180d 劈裂强度大于或等于 0.6MPa。二灰碎石铺筑完成后，必须进行养生和交通管制。二灰碎石基层施工结束后应立即洒水养护，养护期不小于 7d。二灰碎石基层在施工期及养护期内应禁止各种车辆通行。基层养护完毕后应立即进行乳化沥青封层的施工，防止基层干缩开裂。

4）压实前要控制混合料处于最佳含水量±1%，拌成混合料的堆放时间不大于 24h。压实时的机械种类、压实顺序、压实遍数按设计要求的施工方法参照《公路路面基层施工技术规范》（JTJ 034）的规定执行。压实后及时检查各项指标，不得在压实后用薄层贴补法找平，以防形成夹层、剥皮等现象发生。

十、沥青混凝土路面材料

1. 结构类型选用

K28+450 之前路段为沥青混凝土路面，K28+450～K31+500 路段老水泥混凝土路面破坏严重，可碎石化后作为底基层，上面加铺二灰碎石基层，做成沥青混凝土路面。

2. 路面设计参数

沥青混凝土路面材料设计参数见表 3-35。

表 3-35　沥青混凝土路面材料设计参数

设计层位	材料名称	抗压模量（20℃）/MPa	抗压模量（15℃）/MPa	劈裂强度（15℃）/MPa
①	细粒式沥青混凝土	1400	2000	1.2
②	中粒式沥青混凝土	1200	1800	1.0
③	二灰碎石	1400		0.6

（1）路面结构形式

面　层：4cm 细粒式沥青混凝土（AC-13C）；
　　　　 5cm 中粒式沥青混凝土（AC-16C）。

下封层：沥青下封层。

基　层：20cm 二灰碎石。

在二灰碎石基层顶面洒一层透层油，在两层沥青面层间洒一层黏层油。

（2）路面结构层材料技术要求

1）沥青混凝土面层。沥青混凝土采用公称最大粒径为 13.2mm 的细粒式沥青混凝土（AC-13C）及公称最大粒径为 16mm 的中粒式沥青混凝土（AC-16C）。沥青混凝土中集料应采用石灰岩碱性石料。沥青混合料拌和前应进行详细的级配设计及马歇尔试验，以确定沥青混合料的最佳沥青用量及强度。建议对沥青混合料进行蠕变试验及低温抗裂试验，以保证沥青路面结构耐久性。每批沥青运至现场均应严格按规定进行有关试验。

细粒式沥青混凝土（AC-13C）筛孔 2.36mm 通过率大于 40%，中粒式沥青混凝土（AC-16C）筛孔 2.36mm 通过率大于 38%。沥青混凝土面层材料级配及沥青用量见表 3-36。

表 3-36 沥青混凝土面层材料级配及沥青用量

级配类型	通过下列筛孔（方孔筛 mm）的质量百分率（%）													沥青用量（%）
	31.5	26.5	19.0	16.0	13.2	9.5	4.75	2.36	1.18	0.6	0.3	0.15	0.075	
AC-13	—	—	—	100	90~100	68~85	38~68	24~50	15~38	10~28	7~20	5~15	4~8	4.5~6.5
AC-16	—	—	100	90~100	76~92	60~80	34~62	20~48	13~36	9~26	7~18	5~14	4~8	4.0~6.0

2）透层、黏层：

① 透层：二灰碎石基层顶面必须喷洒透层油，宜紧接在基层碾压成型后表面稍变干燥，但尚未硬化的情况下喷洒，透层材料选用规格 PC-2 型乳化沥青，用量 0.7~1.5L/m²。喷洒前应清扫路面，遮挡防护路缘石及人工构造物避免污染；撒布时应均匀，花白遗漏应人工补洒，过量应立即撒石屑或砂吸油；喷洒后通过钻孔或挖掘确认透层油透入基层深度不小于 5mm，并能与基层连接为一体，然后才能铺筑下封层。

② 黏层：黏层油主要喷洒于沥青混凝土面层间及路缘石、雨水口、检查井等构造物与新铺沥青混合料接触侧面。黏层材料选用规格 PC-3 型乳化沥青，其基质沥青为 70 号 B 级道路石油沥青，用量 0.3~0.6L/m²，喷洒应均匀，并且保证接触面干燥。

课 堂 延 伸

分组搜集路面破损及时养护和后续使用情况的案例，按组以报告形式上交。

课 后 训 练

1. 试述路面养护的目的。
2. 路面养护有哪些要求？
3. 评价路面养护质量的标准有哪些？
4. 试述路面使用质量的评价方法及其养护对策。
5. 试述沥青路面初期养护要点。
6. 试述沥青路面日常养护要求。
7. 试述沥青路面各种病害的维修措施。
8. 试述沥青路面罩面的分类及适用范围。
9. 试述沥青路面加宽、补强的基本要求。
10. 试述水泥混凝土路面损坏类型及其产生的原因。
11. 试述水泥混凝土路面破损处理措施。
12. 试述砂石路面与砌块路面养护的基本要求。
13. 简述路面基层改善的基本要求。

🔵 知识目标

1. 了解桥梁检查、评定与检验内容；
2. 叙述桥面系的养护与维修；
3. 了解拱桥的养护与加固方法；
4. 了解钢桥的养护与加固方法；
5. 了解涵洞的维修及改建措施。

🔵 技能目标

1. 掌握钢筋混凝土桥梁养护与加固方法；
2. 掌握预应力混凝土梁桥的养护与加固方法；
3. 掌握墩台基础的养护与加固方法；
4. 掌握墩台的养护与加固方法；
5. 掌握涵洞养护要求、检查内容及日常养护方法。

🔵 素养目标

了解"福建省武夷山公路大桥因养护不到位而发生垮塌事故"的案例，总结案例对我们工作中的启示，树立认真负责的工作态度，并在平凡的工作中坚守，从而做出不平凡的贡献的价值观。

🔵 工作任务

1. 桥梁检查、评定与检验；
2. 桥梁上部构造的养护；
3. 桥梁下部构造的养护；
4. 涵洞的养护。

为了保证公路畅通无阻，应尽量保证桥涵构造物经常处于完好的技术状态，延长其使用年限，满足承载力和通行能力要求。因此，对桥涵构造物进行经常性的养护维修是十分必要的。如果桥涵构造物不能满足实际承载能力及通行能力要求时，还需对其进行必要的加固、拓宽等技术改造。

桥涵构造物的养护维修主要是对危害桥涵正常运营的部分进行经常性的修缮工作，如保持桥面清洁，伸缩缝完好并能伸缩自由，疏通泄水孔，铺砌加固涵洞进出口等。

公路桥涵养护应符合下列要求：

1）桥涵外观整洁。

2）桥面铺装坚实平整、横坡适度。

3）桥头顺适。

4）排水、伸缩缝、支座、护墙、栏杆、标志、标线等设施齐全良好。

5）结构无损坏。

6）基础无冲刷、淘空。

7）与路基不同宽度的小桥，应逐步改建成与路基同宽。

公路桥涵养护应遵循下列技术政策：

1）公路桥涵养护工作按"预防为主，防治结合"的原则，以桥面养护为中心，以承重部件为重点，加强全面养护。

2）推广应用先进的养护技术和科学的管理方法，改善养护生产手段，提高养护技术水平，大力推广和发展公路桥涵养护机械。

3）公路桥涵的养护按其工程性质、规模大小、技术难易程度划分为小修保养、中修、大修、改建和专项工程五类。

专项抢修工程是指采用临时性措施在最短的时间内恢复交通的工程措施。专项修复工程是指采用永久性措施恢复桥涵原有功能的工程措施。对于阻断交通的桥涵修复工程，应优先安排。

4）桥涵养护工程应重视经济技术方案的比选，并充分利用原有工程材料和原有工程设施，以降低成本。

5）重视环境保护和环境综合治理。

任务一　桥梁检查、评价与检验

桥梁部分病害

桥梁的检查与检验是桥梁养护工作的两个重要环节，也是桥梁养护的基础性工作。对桥梁进行检验与检查，目的在于系统地掌握桥梁的技术状况，较早地发现桥梁的缺陷和异常，进而合理地提出养护措施。

一、桥梁检查

桥梁检查分为经常检查、定期检查和特殊检查。

1. 经常检查

经常检查，主要是对桥面设施、上下部结构及其附属设施进行一般性检查。

桥梁的经常检查每季度不少于一次，并填写经常性检查记录表（《公路桥涵养护规范》JTG H11 附录 B），汛期应加强不定期检查。特大型桥梁宜采用信息技术与人工作业相结合的手段进行经常性检查。

2. 定期检查

定期检查，是桥梁养护管理系统中，采集结构技术状况动态数据的工作。通过定期检查可以对结构的损坏做出评估，评定结构构件和整体结构的技术状况，从而确定特别检查的需求与结构维修、加固或更换的优先排序。

定期检查周期视桥梁技术状况而定，最长不得超过 3 年。新建桥梁缺陷责任期满时，进行第一次全面检查，临时性桥梁每年检查不少于 1 次。定期检查应填写桥梁定期检查记录表，并校核桥梁基本状况卡片（《公路桥涵养护规范》JTG H11 附录 A）。

在经常性检查中发现重要部（构）件的缺损明显达到三、四、五类技术状况时，应安排一次定期检查。

定期检查以目测观察结合仪器进行，必须接近各部件仔细检查其缺损情况。主要工作有：

1）现场校核桥梁基本数据（桥梁基本状况卡片）。

2）当场填写"桥梁定期检查记录表"（《公路桥涵养护规范》JTG H11 附录 C），记录各部件缺损状况并做出技术状况评分。

3）实地判断缺损原因，确定维修范围及方式。

4）对难以判断损坏原因和程度的部件，提出特殊检查（专门检查）的要求。

5）对损坏严重、危及安全运行的危桥，提出限制交通或改建的建议。

6）根据桥梁的技术状况，确定下次检查时间。

定期检查工作应按规范程序进行。定期检查工作流程如图 4-1 所示。

桥梁定期检查后应整理提出检查文件，并符合下列要求：

1）桥梁定期检查数据表。当天检查的桥梁现场记录，应在次日内整理成每座桥梁定期检查数据表。

2）典型缺损和病害的照片及说明。缺损状况的描述应采用专业标准术语，说明缺损的部位、类型、性质、范围、数量和程度等。

3）两张总体照片。一张桥面正面照片，一张桥梁上游侧立面照片。桥梁改建后应重新拍照一次。如果桥梁拓宽改造后，上下游桥梁结构不一致，还要有下游侧立面照片，并标注清楚。

4）桥梁清单。

5）桥梁基本状况卡片。定期检查完成后，应将本次检查的桥梁各部件技术状况评定结果登记在桥梁基本状况卡片内。

6）定期检查报告。该报告应包括下列内容：

① 辖区内所有桥梁的保养小修情况；

② 需要大中修或改善的桥梁计划，说明修理的项目，拟用修理方案，估计费用和实施时间；

③ 需要进行特殊检查桥梁的报告，说明检验的项目及理由；

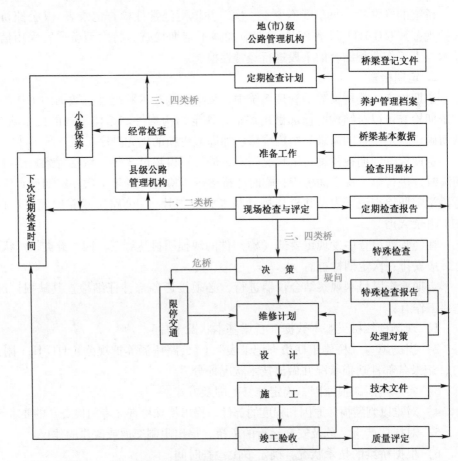

图 4-1 公路桥梁定期检查工作流程

④ 需限制桥梁交通的建议报告。

3. 特殊检查

特殊检查是查清桥梁病害原因、破损程度、承载能力、抗灾能力，确定桥梁技术状况的工作。

特殊检查分为专门检查和应急检查，在下列情况下应作特殊检查（专门检查）：

1）定期检查中难以判明损坏原因及程度的桥梁。

2）桥梁技术状况为四、五类者。

3）拟通过加固手段提高荷载等级的桥梁。

4）条件许可时，特殊重要的桥梁在正常使用期间可周期性进行荷载试验。

桥梁遭受洪水、流冰、滑坡、地震、风灾、漂流物或船舶撞击，因超重车辆通过或其他异常情况影响造成损害时，应进行应急检查。

桥梁殊检查应根据需要对以下三个方面问题作出鉴定。

1）桥梁结构缺损状况。

2）桥梁结构承载能力，包括对结构强度、稳定性和刚度的验算、试验和鉴定。

3）桥梁防灾能力，包括抵抗洪水、流冰、风、地震及其他地质灾害等能力的检测鉴定。

二、桥梁技术状况的评定

桥梁评定分为一般评定和适应性评定。

一般评定是依据桥梁定期检查资料，通过对桥梁各部件技术状况的综合评定，确定桥梁的技术状况等级，提出各类桥梁的养护措施。

桥梁适应性评定包括以下内容：依据桥梁定期及特殊检查资料，结合试验与结构受力分析，评定桥梁的实际承载能力、通行能力、抗洪能力，提出桥梁养护、改造方案。

一般评定由负责定期检查者进行，适应性评定应委托有相应资质及能力的单位进行。

1. 一般评定

全桥总体技术状况等级评定，宜采用考虑桥梁各部件权重的综合评定方法。亦可按重要部件最差的缺损状况评定，或对照桥梁技术状况评定标准（表 4-3）进行评定。

1）桥梁各部件技术状况的评定方法如下：

① 根据缺损程度（大小、多少或轻重）、缺损对结构使用功能的影响程度（无、小、大）和缺损发展变化状况（趋向稳定、发展缓慢、发展较快）等三个方面，以累加评分方法对各部件缺损状况做出等级评定。评定方法见表 4-1。

表 4-1　桥梁部件缺损状况评定方法

缺损状况及标度		组合评定标度				
缺损程度及标度	程度	小 → 大 少 → 多 轻度 → 严重				
	标度	0	1	2		
缺损对结构使用功能的影响程度	无、不重要　0			0	1	2
	小、次要　+1			1	2	3
	大、重要　+2			2	3	4
以上两项评定组合标度		0	1	2	3	4
缺损发展变化状况的修正	趋向稳定　-1		0	1	2	3
	发展缓慢　0		1	2	3	4
	发展较快　+1	1	2	3	4	5
最终评定结果		0	1	2	3	4	5
桥梁技术状况及分类		完好 一类	良好 二类	较好 三类	较差 四类	差的 五类	危险

注："0"表示完好状态，或表示没有设置的构造部件。当缺损程度标度为"0"时，不再进行叠加；

"5"表示危险状态，或表示原无设置，而调查表明需要补设的部件。

② 重要部件（如墩台与基础、上部承重构件、支座）以其中缺损最严重的构件评分；其他部件，根据多数构件缺损状况评分。

③ 推荐的各部件权重见表 4-2。各地区也可根据本地区的环境条件和养护要求，采用专家评估法修订各部件的权重。

表 4-2　推荐的桥梁各部件权重及综合评定方法

部件	部件名称	权重 W_i	桥梁技术状况评定办法
1	翼墙、耳墙	1	（1）综合评定采用下列算式 $$D_r = 100 - \sum_{i=1}^{n} R_i W_i / 5$$ 式中　R_i——按表 4-1 方法对各部件确定的评定标度（0~5）；　　　　W_i——各部件权重，$\sum W_i = 100$；　　　　D_r——全桥结构技术状况评分（0~100）；评分高表示结构状况好，缺损少。（2）评分分类采用下列界限 $D_r \geqslant 88$　　一类 $88 > D_r \geqslant 60$　　二类 $60 > D_r \geqslant 40$　　三类 $40 > D_r$　　四类 $D_r \geqslant 60$ 的桥梁，并不排除其中有评定标度 $R_i \geqslant 3$ 的部件，仍有维修的需求。
2	锥坡、护坡	1	
3	桥台及基础	23	
4	桥墩及基础	24	
5	地基冲刷	8	
6	支座	3	
7	上部主要承重构件	20	
8	上部一般承重构件	5	
9	桥面铺装	1	
10	桥头与路堤连接部	3	
11	伸缩缝	3	
12	人行道	1	
13	栏杆、护栏	1	
14	灯具、标志	1	
15	排水设施	1	
16	调治构造物	3	
17	其他	1	

2）桥梁技术状况评定等级，分为一类、二类、三类、四类。桥梁总体及部件技术状况评定标准见表 4-3。

表 4-3　桥梁技术状况评定标准

	一类	二类	三类	四类	五类
总体评定	完好、良好状态 1. 重要部件功能与材料均良好 2. 次要部件功能良好，材料有少量（3%以内）轻度缺损或污染 3. 承载能力和桥面行车条件符合设计指标	较好状态 1. 重要部件功能良好，材料有局部（3%以内）轻度缺损或污染，裂缝宽小于限值 2. 次要部件有较多（10%以内）中等缺损或污染 3. 承载能力和桥面行车条件达到设计指标	较差状态 1. 重要部件材料有较多（10%以内）中等缺损，裂缝宽超限值；或出现轻度功能性病害，但发展缓慢，尚能维持正常使用功能 2. 次要部件有大量（10%~20%）严重缺损，功能降低，进一步恶化将不利于重要部件和影响正常交通 3. 承载能力比设计降低 10%以内，桥面行车不舒适	差的状态 1. 重要部件材料有大量（10%~20%）严重缺损，裂缝宽超限值，风化、剥落、露筋、锈蚀严重，或出现轻度功能性病害，且发展较快，结构变形小于或等于规范值，功能明显降低 2. 次要部件有20%以上的严重缺损，失去应有功能，严重影响正常交通 3. 承载能力比设计降低 10%~25%	危险状态 1. 重要部件出现严重的功能性病害，且有继续扩张现象；关键部位的部分材料强度达到极限，出现部分钢筋断裂、混凝土压碎或杆件失稳变形的破损现象，变形大于规范值，结构的强度、刚度、稳定性和动力响应不能达到平时交通安全通行的要求 2. 承载能力比设计降低 25%以上

（续）

	一类	二类	三类	四类	五类
墩台与基础	1. 墩台各部分完好 2. 基础及地基状况良好	1. 墩台基本完好 2. 3%以内的表面有风化、麻面、短细裂缝，缝宽小于限值，砌体灰缝脱落 3. 表面长有青苔、杂草 4. 基础无冲蚀现象	1. 墩台3%~10%的表面有各种缺损，裂缝宽超限值，有风化、剥落、露筋、锈蚀现象；砌体灰缝脱落，局部变形等 2. 出现轻微的下沉、倾斜、滑动等现象，发展缓慢或趋向稳定 3. 基础有局部冲蚀现象，桩基顶段被磨损	1. 墩台10%~20%的表面有各种缺损，裂缝宽而密，剥落、露筋、锈蚀严重，砌体大面积松动、变形 2. 墩台出现下沉、倾斜、滑动、冻拔现象，变形小于或等于规范值。台背填土有沉降裂缝或挤压隆起，变形发展较快 3. 基础冲刷大于设计值，基底冲空面在10%~20%以内。桩基顶段被侵蚀、露筋、缩颈，或有环状冻裂，木桩腐蚀、蛀蚀严重	1. 墩台不稳定，下沉、倾斜、滑动、冻拔现象严重，变形大于规范值，造成上部结构和桥面变形过大，不能正常行车 2. 墩台、桩基出现结构性裂缝，裂缝宽度超过限值 3. 基底冲刷深度大于设计值，冲空面达20%以上。地基承载能力降低，桥台岸坡滑移
支座	1. 各部分清洁、完好，位置正确 2. 支座工作状态正常	1. 支座有尘土堆积、略有腐蚀 2. 支座滑动面干涩	1. 钢支座固定螺栓松动，锈蚀严重 2. 橡胶支座开始老化 3. 混凝土支座有剥落、露筋、锈蚀现象	1. 钢支座的组件出现断裂 2. 橡胶支座老化开裂 3. 混凝土支座碎裂 4. 活动支座坏死，不能活动 5. 支座上下错位过大，有倾倒脱落的危险	支座错位、变形、破损严重，已失去正常支承功能，使上下部结构受到异常约束，造成支承部位的缺损和桥面的不平顺
砖、石、混凝土上部结构	1. 结构完好，无渗水，无污染 2. 次要部位有少量短细裂纹，裂纹宽度小于限值	1. 结构基本完好 2. 3%以内的表面有风化、麻面、短细裂缝，缝宽小于限值，砌体灰缝脱落 3. 上、下游侧表面有水迹污染，砌体滋生杂草	1. 结构3%~10%的表面有各种缺损，裂缝宽超限值，有风化、剥落、露筋、锈蚀，桥面板裂缝渗水 2. 石砌拱桥砌体灰缝脱落，局部松动、外鼓 3. 横向连接件断裂、脱焊或松动，边梁或边拱肋有横移或外倾迹象	1. 结构10%~20%的表面有各种缺损，重点部位出现接近全截面的开裂，裂缝宽超限值，顺主筋方向有纵向裂缝，钢筋锈蚀和混凝土剥落严重，桥面开裂渗水严重，砌体有较大松动、变形 2. 结构存在明显的永久变形，变形小于或等于规范值，桥面竖向成波形	1. 结构永久变形大于规范值 2. 重点部分出现全截面开裂，裂缝宽度超过限值，部分钢筋屈服或断裂，混凝土压碎。主拱圈出现四铰，成不稳定结构 3. 受压构件有严重的横向扭曲变形 4. 承载能力比设计降低25%以上

（续）

	一类	二类	三类	四类	五类
钢结构	1. 各部件及焊缝均完好 2. 各节点铆钉、螺栓无松动 3. 各部分油漆均匀、完整，色泽鲜明	1. 各部件完好，焊缝无开焊 2. 少数节点有个别铆钉、螺栓松动变形 3. 油漆变色、起泡剥落，面积在 10% 以内	1. 个别次要构件有局部变形，焊缝有裂纹 2. 连接铆钉、螺栓损坏在 10% 以内 3. 油漆失效面积在 10%~20% 之间	1. 个别主要构件有扭曲变形、损伤裂纹、开焊、严重锈蚀 2. 连接铆钉、螺栓损坏在 10%~20% 之间 3. 油漆失效面积在 20% 以上	1. 主要构件有严重扭曲变形、开焊，锈蚀削弱截面 10% 以上，钢材变质，强度性能恶化。油漆失效面积在 50% 以上 2. 节点板及连接铆钉、螺栓损坏在 20% 以上 3. 结构永久变形大于规范值 4. 结构振动或摆动过大，行车和行人有不安全感
人行道栏杆	完整清洁，无松动，少数构件局部有细裂纹、麻面	个别构件破损、脱落，3% 以内构件有松动、开裂、剥落和污染	10% 以内构件有松动、开裂、剥落、露筋、锈蚀、破损脱落	10%~20% 构件严重损坏、错位、变形、脱落、残缺	—
桥面铺装、伸缩缝	1. 铺装层完好、平整、清洁，或有个别细裂缝 2. 防水层完好。泄水管完好、畅通 3. 伸缩缝完好、清洁 4. 桥头平顺，无跳车现象	1. 铺装层 10% 以内的表面有纵横裂缝，浅坑槽、波浪 2. 防水层基本完好；泄水管堵塞，周围渗水 3. 伸缩缝局部缺损 4. 桥头轻度跳车，台背路面下沉在 2cm 以内	1. 铺装层 10%~20% 的表面有严重的龟裂、深坑槽、波浪 2. 桥面板接缝处防水层断裂渗水、泄水管破损、脱落 3. 伸缩缝普遍缺损 4. 桥头跳车明显，台背路面下沉 2~5cm	1. 铺装层 20% 以上表面有严重的破坏，桥面普遍坑洼不平、积水 2. 防水层老化失效，普遍断裂、渗水、泄水管脱落，泄水孔堵塞 3. 伸缩缝严重破损、失效，难以修补 4. 桥头跳车严重，台背路面下沉大于 5cm	—
调治构造物	1. 构造设置合理，功能正常 2. 构造物完好	1. 构造功能基本正常 2. 构造物局部断裂，砌体松动、变形	1. 构造本身抗洪能力不足，基础局部冲蚀 2. 构造物 20% 以内出现下沉、倾斜、局部坍塌	1. 构造本身抗洪能力太低，基础冲蚀严重 2. 构造物 20% 以上被损坏，部分丧失功能或功能下降	—

（续）

	一类	二类	三类	四类	五类
翼（耳）墙、锥（护）坡	1. 翼（耳）墙完好无损，清洁 2. 锥（护）坡完好，无垃圾堆积，无草木滋生 3. 桥头排水沟和行人台阶完好	1. 翼（耳）墙出现个别裂缝，缝宽小于限值，局部剥落，砌体灰缝脱落，面积在10%以内 2. 锥（护）坡局部塌陷，铺砌缺损，垃圾堆积，草木丛生 3. 桥头排水沟堵塞不畅通，行人台阶局部塌落	1. 翼墙断裂与桥台前墙脱开，但无明显外倾、下沉、砌体灰缝脱落、局部松动外鼓，面积小于20% 2. 锥（护）坡出现大面积塌陷，铺砌缺损，形成冲沟或积水坑，坡脚有局部冲蚀 3. 桥头排水沟和行人台阶损坏，功能降低	1. 翼墙断裂、下沉、外倾失稳，砌体变形，部分严重倒塌 2. 锥（护）坡体和坡脚冲蚀严重，有滑坡、坍塌，坡顶下降较大，作用明显减小 3. 桥头排水沟和行人台阶全部损坏，几乎消失	—
照明、标志、附属设施	完好无缺，布置合理	照明灯泡坏，灯柱锈蚀，标志不正、脱落，附属设施基本完好	灯柱歪斜不正，灯具损坏，标志倾斜损坏，附属设施需保养维修	照明线老化破断或短路，灯柱、灯具残缺不齐，标志损失严重，附属设施需维修与更换	—

3）梁、拱、墩台裂缝的最大限值规定见表4-4，裂缝超过表列数值时应进行修补或加固，以保证结构的耐久性。

表 4-4　裂缝限值

结构类型	裂缝种类	允许最大缝宽/mm	其他要求
钢筋混凝土梁	主筋附近竖向裂缝	0.25	—
	腹板斜向裂缝	0.30	—
	组合梁结合面	0.50	不允许贯通结合面
	横隔板与梁体端部	0.30	—
	支座垫石	0.50	—
预应力混凝土梁	梁体竖向裂缝	不允许	—
	梁体纵向裂缝	0.20	—
砖、石、混凝土拱	拱圈横向	0.30	裂缝高度小于截面高度一半
	拱圈纵向	0.50	裂缝长度小于跨径的1/8
	拱波与拱肋结合处	0.20	—

（续）

结构类型	裂缝种类		允许最大缝宽/mm	其他要求
墩台	墩台帽		0.30	不允许贯通墩身截面一半
	墩台身	经常受浸蚀性水影响　有筋	0.20	
		无筋	0.30	
		常年有水，但无浸蚀性水影响　有筋	0.25	
		无筋	0.35	
		干沟或季节性有水河流	0.40	
	有冻结作用部分		0.20	

注：表中所列除特指外适用于一般条件。对于潮湿环境和空气中含有较强腐蚀性气体条件下的缝宽限制应要求严格一些。预应力混凝土梁指全预应力或部分预应力 A 类结构。

2. 桥梁适应性评定

对桥梁的承载能力、通行能力、抗洪能力应周期性地进行评定。评定周期一般为 3~6 年。评定工作可与桥梁的定期检查、特殊检查结合进行。

承载能力、通行能力的评定一般采用现行荷载标准及交通量，也可考虑使用期预测交通量。承载能力、通行能力评定方法见《公路旧桥承载力评定规程》。

3. 养护对策

1）对一般评定划定的各类桥梁，分别采取不同的养护措施。

一类桥梁进行正常保养；二类桥梁需进行小修；三类桥梁需进行中修，酌情进行交通管制；四类桥梁需进行大修或改造，及时进行交通管制，如限载、限速通过，当缺损较严重时应关闭交通；五类桥梁需要进行改建或重建，及对关闭交通。

2）对适应性不能满足的桥梁，应采取提高承载力、加宽、加长、基础防护等改造措施。若整个路段有多座桥梁的适应性不能满足，应结合路线改造进行方案比较和决策。

任务二　桥梁上部构造的养护

桥梁加固方法

桥梁上部构造通常包括桥面铺装、排水系统、伸缩缝、支座、栏杆和桥跨结构等。上部结构是养护维修的重点，因为其大部分构造天然敞露，受车辆及大气影响十分敏感。本任务主要介绍上部构造养护、维修与加固的有关内容。

一、桥面系的养护与维修

（一）桥面铺装的养护维修

桥面铺装材料主要有水泥混凝土和沥青类材料两种，由于使用材料的不同，产生缺陷形式也不一样。沥青类铺装层的缺陷主要有：泛油、拥包、裂缝、波浪、坑槽、车辙。普通水泥混凝土铺装层的缺陷主要有：断缝、拱胀、错台、起皮、露骨。

1）桥面应经常清扫，排除积水，清除泥土、杂物、冰棱和积雪，保持桥面平整、清洁。

2）沥青混合料桥面出现泛油、拥包、裂缝、波浪、坑槽、车辙等病害时，应及时处治。当损坏面积较小时，可局部修补；损坏面积较大时，可将整跨铺装层凿除，重铺新的铺装层。一般不应在原桥面上直接加铺，以免增加桥梁恒载。

3）水泥混凝土桥面出现断缝、拱胀、错台、起皮、露骨等病害时，应及时处理。损坏面积较大时，应将原铺装整块或整跨凿除，重铺新的铺装层。

4）桥面防水层如有损坏，应及时修复。

（二）桥面排水系统的养护维修

桥面排水系统出现缺陷会招致桥面积水，给行车带来不利影响，降雨时引起车辆滑移，成为交通事故的原因。严重的还会损坏桥梁结构本身的安全。当雨水由伸缩缝进入支座时，将会使支座的功能恶化。在城市桥梁或立交跨线桥中，由于桥面积水，车辆过桥时污水四溅，殃及行人和破坏周围环境，使桥下居民受害。所以，必须加强对桥面排水系统的维修养护。

1）桥面的泄水管、排水槽如有堵塞，应及时疏通，并经常保持畅通。

2）桥面应保持大于1.5%的横坡，以利于桥面排水。

3）桥梁上设置的封闭式排水系统，应保持各排水管道畅通，排水系统的设备如水泵等应工作正常，若有堵塞应及时疏通，若有损坏则应及时更换。

（三）人行道、栏杆、护栏、灯柱、防撞墙、桥头搭板的养护维修

1）人行道块件应牢固、完整，桥面路缘石应经常保持完好状态。若出现松动、缺损应及时进行修整或更换。

2）桥梁栏杆应经常保持完好状态。栏杆柱应竖立正直，扶手应无损坏、断裂，伸缩缝处的水平杆件应能自由伸缩。栏杆柱、扶手如有缺损，应及时补齐。因栏杆损坏而采用临时防护措施时，使用时间不得超过三个月。

3）钢筋混凝土栏杆开裂严重或混凝土剥落，应凿除损坏部分，修补完整。

4）钢质栏杆应涂漆防锈，一般每年一次。

5）护栏、防撞墙应牢固、可靠，若有损坏应及时修理或更换。钢护栏与钢筋混凝土护栏上的外露钢构件应定期涂漆防锈，一般每年一次。

6）桥梁两端的栏杆柱或防撞墙端面，涂有立面标记或示警标志的，应定期涂刷，一般一年一次，使油漆颜色保持鲜明。

7）桥上灯柱应保持完好状态，如有缺损和歪斜，应及时修理、扶正。灯具损坏应及时更换，保证夜间照明。

8）桥头搭板脱空、断裂或枕梁下沉引起桥路连接不顺适，出现桥头跳车时，应进行维修处理。

（四）桥面伸缩装置的养护

目前常用的桥面伸缩装置有锌铁皮伸缩缝、钢板式伸缩缝和橡胶伸缩缝三种。由于伸缩缝设置在桥梁梁端构造薄弱部位，直接承受车辆反复荷载作用，又多暴露于大自然中，受到各种自然因素的影响，因此，可以说伸缩缝是易损坏、难修补的部位，经常发生各种不同程度的缺陷，伸缩缝缺陷产生的原因见表4-5。

表 4-5　桥面伸缩缝缺陷的产生原因

产生原因	具 体 内 容	产生原因	具 体 内 容
设计方面的原因	1. 桥面板端部刚度不足 2. 伸缩缝构造本身刚度不足 3. 伸缩缝构造锚固的构件强度不足 4. 过大的伸缩间距 5. 后浇压铸材料选择不当 6. 变形量计算不正确	养护不良及其他外部因素的影响	1. 车辆荷载增大，交通量增加 2. 桥面铺装层老化 3. 接缝处桥面凹凸不平 4. 桥面没有经常进行清扫 5. 地震等其他恶劣气候条件的影响
施工方面的原因	1. 桥面板间伸缩缝间距施工有误 2. 后浇压铸材料养护管理不当 3. 伸缩缝装置安装得不好 4. 桥面铺装浇筑得不好 5. 墩台施工不良	—	—

伸缩缝出现缺陷后会使车辆行驶出现跳车、噪声，甚至引起交通事故，同时缺陷不及时修补会向结构主体进一步发展。因此，对桥面伸缩缝要经常注意养护，经常检查，出现破坏后，即要进行必要的修补或者更换。

1）应经常清除缝内积土、垃圾等杂物，使其发挥正常作用，若有损坏或功能失效应及时修理或更换。

2）以下几种伸缩装置出现下列病害时，应及时进行更换。

①U 形锌铁皮伸缩装置的锌铁皮老化、开裂、断裂。

②钢板伸缩装置或锯齿钢板伸缩装置的钢板变形，螺栓脱落，伸缩不能正常进行。

③橡胶条伸缩装置的橡胶条老化、脱落，固定角钢变形、松动。

④板式橡胶伸缩装置的橡胶板老化开裂，预埋螺栓松脱，伸缩失效。

3）更换的伸缩装置应选型合理，伸缩量应满足桥跨结构变形需要，安装应牢固、平整、不漏水。

4）维修或更换伸缩装置时，应采取措施维持交通。

一般常用的橡胶板伸缩缝构造如图 4-2 所示。

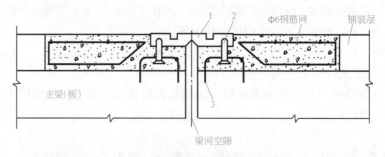

图 4-2　橡胶板伸缩缝构造图

1—橡胶板　2—预埋螺栓　3—预埋钢筋 ϕ 10@ 25

其更换的操作程序如下。

1）将伸缩缝两边各宽40cm范围内的铺装层混凝土凿除，并清洗干净，调整原预埋螺栓锚筋及露出的桥面钢筋。

2）如为新装橡胶伸缩缝，应凿挖或钻成埋置螺栓用的锚筋孔，并预先埋好锚筋。锚筋必须埋设牢固，尽可能直接焊接在桥面钢筋上，在孔内灌注环氧树脂浆胶，使不易拔出。

3）预埋的螺栓，必须位置正确、牢固。

4）安装橡胶板伸缩缝，使橡胶板平整、坚实。

5）按原式浇筑铺装层混凝土。为维持通车，可分半幅桥面进行，也可在伸缩缝上架设跨缝设施。

桥面为沥青混合料铺装时，可采用钢筋混凝土盖板式伸缩缝，其构造如图4-3所示。

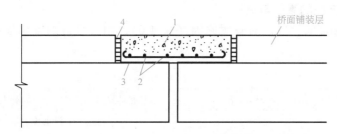

图4-3 钢筋混凝土盖板式伸缩缝的构造

1—混凝土盖板 2—钢筋 3—表面涂沥青 4—沥青麻絮

桥面伸缩缝的修补或更换工作不宜中断交通。因此，通常可采取半幅桥面施工，在伸缩缝上覆盖钢板等措施维持交通，并实行交通管制以保证施工安全。总之，既要注意抓紧时间，尽量缩短工期，又要保证修补质量。

（五）标志、标线和交通安全设施

1）桥上的交通标志应齐全、醒目、牢固，标志板应保持整洁、无裂纹和残缺。若有损坏应及时整修。

2）交通标线应经常保持完好、清晰，定期进行标线重涂。

3）桥上的防眩板应保持齐全、整洁，若有损坏应及时整修。

4）桥上的防护隔离设施应完整、牢固，若有损坏应及时修理。

5）桥上设置的航空灯、航道灯及供电线路、通信线路必须保持完好状态，如有损坏应立即修复。避雷设备要经常保持完好，接地电阻要符合要求，接地线附近禁止堆放物品，禁止挖取接地线的覆土。

6）用于桥梁观测的标点、传感器、接线等应保持完好。如有损坏或故障应及时维修。

（六）桥梁支座的养护与维修

1. 桥梁支座的养护

桥梁支座是桥梁上下部结构的结合点，一有损坏将严重影响到桥梁承载能力和使用寿命，所以必须注意经常养护，保证其处于正常的工作状态。

当前我国在钢筋混凝土梁式桥中采用的支座形式有垫层支座、弧形钢板支座、摆柱式支座和橡胶支座等。根据《公路桥涵养护规范》规定，桥梁支座的养护工作主要有：

1) 支座各部分应保持完整、清洁，每季一检查，半年一清扫，清除支座周围的油污、垃圾，防止积水、积雪，保证支座正常工作。

2) 在滚动支座滚动面上应定期涂上一层润滑油（一般每年一次）。在涂油之前，应把滚动面揩擦干净。

3) 为了防锈，支座各部分除钢辊和滚动面外，其余均应涂刷防锈油漆保护。

4) 及时拧紧钢支座各部分接合螺栓，使支承垫板平整、牢固。

5) 应防止橡胶支座接触油污引起老化、变质。

6) 滑板支座、盆式橡胶支座的防尘罩，应维护完好，防止尘埃落入或雨、雪渗入支座内。

2. 桥梁支座的维修与更换

支座如损坏时，应及时查明原因（表 4-6），制订可行的维修加固计划进行修补。

表 4-6　支座损坏的原因一览表

支座损坏原因	具 体 内 容	支座损坏原因	具 体 内 容
设计时缺乏足够的考虑	1. 形式的选定与布置错误 2. 材料选定错误 3. 支座边缘距离不够 4. 支座支承垫石补强钢筋不足 5. 对螺栓、螺母等的脱落研究不够	维修管理不善	1. 滑动面、滚动面夹杂尘埃、异物 2. 因防水、排水装置的缺陷，向支座排污水、溢水，使支座锈蚀 3. 螺母、螺栓松动、脱落，又没有及时修理
施工制作时不完备	1. 铸件等材料质量管理不够，质量较差 2. 金属支座的油漆、防腐防锈处理不可靠 3. 砂浆填充不可靠	其他因素	桥台、桥墩产生的不均匀沉陷、倾斜与水平变位以及上部结构位移，影响支座的正常使用

1) 支座有缺陷或发生故障时的维修和更换：

① 支座的固定锚销剪断，滚动面不平整，轴承有裂纹、切口以及个别辊轴大小不合适时，必须予以更换。

② 梁支点承压不均匀时，应进行调整。调整时可采用千斤顶把梁上部顶起，然后移动调整支座的位置。在矫正支座位置以后，降落上部构造时，为避免桥孔结构倾斜，应徐徐下落，并注意千斤顶的工作状态是否均衡，同时调整顶升用木框架的楔子，以保证上部结构能恢复原位。

③ 支座座板翘起、扭曲、断裂时，应予更换或补充，焊缝开裂应予整修。

④ 如需要抬高支座时，可根据抬高量的大小选用下列几种方法：垫入钢筋（50mm 以内）或铸钢板（50~100mm）；更换为橡胶板支座；就地浇筑钢筋混凝土支座垫石，垫石高度按需要设置，一般应大于 100mm。

2）油毡支座因损坏、掉落而不能发挥作用时；摆柱式支座工作性能不正常，有脱皮、露筋或其他异常情况发生时；橡胶支座已老化，变质而失效时，都须进行调整，加以维修加固。

3）对辊轴（或摇轴）支座，支座辊轴的实际纵向位移，应与计算的正常位移相符。如实际纵向位移大于容许偏差或有横向位移时，应加以修正。辊轴矫正时，可用液压千斤顶进行矫正，如纵向或横向移动不大，用倾斜安装的千斤顶进行顶移；如移动较大，可先用千斤顶把上部结构顶起，放于木井架的移动托板上，然后再用绞车或千斤顶进行移动矫正。

二、钢筋混凝土梁桥的养护与加固

1. 日常养护与维修

1）钢筋混凝土梁桥日常养护维修内容：清除表面污垢；修补混凝土空洞、破损、剥落、表面风化以及裂缝；清除暴露钢筋的锈渍、恢复保护层；处理各种横、纵向构件的开裂、开焊和锈蚀。

保持箱梁的箱内通风，未设通风孔的应补设。梁体的污垢宜用清水洗刷，不得使用有腐蚀性的化学清洗剂。

2）钢筋混凝土梁桥常见病害及采用的处理方法：

① 对梁（板）体混凝土的空洞、蜂窝、麻面、表面风化、剥落等应先将松散部分清除，再用高强度等级混凝土、水泥砂浆或其他材料进行修补。新补的混凝土要密实，与原结构应结合牢固、表面平整。新补的混凝土必须实行养生。

② 梁体若发现露筋或保护层剥落，应先将松动的保护层凿去，并清除钢筋锈迹，然后修复保护层。如损坏面积不大可用环氧砂浆修补，如损坏面积过大可用喷射高强度等级水泥砂浆的方法修补。

③ 梁（板）体的横、纵向联结件开裂、断裂、开焊，可采取更换、补焊、帮焊等措施修补。

④ 钢筋混凝土梁桥的裂缝处理：当裂缝的宽度大于限值及裂缝分布超出正常范围时，应作处理。钢筋混凝土梁的裂缝最大限值见表4-4。

当裂缝宽度在限值范围内时，可进行封闭处理，一般涂刷环氧树脂胶。

当裂缝宽度大于限值规定时，应采用压力灌浆法灌注环氧树脂胶或其他灌缝材料。

当裂缝发展严重时，应加强观测，查明原因，按照《公路桥涵养护规范》的有关规定进行加固处理。

3）空气、雨水、河流水中含有对混凝土和钢筋有侵蚀的化学成分时，应对桥梁结构进行防护。

4）钢筋混凝土构件的修补。

① 在昼夜平均气温低于5℃的冬季维修桥梁时，对修补的混凝土构件应采取保温措施，保证混凝土的凝固硬化。

② 用于修补加固的混凝土、钢材，其强度和其他质量指标应不低于原桥材料。修补用的混凝土强度等级应比原强度等级提高一级，在pH值小于5.6的地

区，所用水泥应根据环境特点采用耐酸的硅酸盐水泥、抗铝硅酸盐水泥等。

③ 受拉区修补用的混凝土宜用环氧树脂配制，受压区修补用的混凝土可用膨胀水泥配制。用水泥混凝土或砂浆修补的构件应加强养生，有条件时宜用蒸汽养生或封闭养生。

2. 加固方法及适用范围

梁桥加固可以采用以下几种方法：

1) 浇筑钢筋混凝土加大截面加固法。用于加强构件，应注意在加大截面时自重也相应增加了。

2) 增加钢筋加固法。用于加强构件，常与方法（1）共同使用。

增加构件截面和配筋加固法的优点是：能在桥下施工，不影响交通，加固工作量不大，而且加固的效果也较为显著，一般多用于梁板桥的加固，其加固程序如下（图 4-4）：

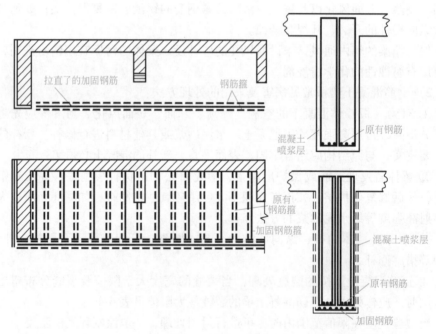

图 4-4　加固程序图

① 将梁下面的混凝土保护层凿去，露出主筋，并将原箍筋切断拉直。

② 在暴露的原有主钢筋上缠上或焊上需要补充的拉力钢筋。补强钢筋的尺寸和数量，应按强度计算确定。

③ 恢复箍筋，即将原箍筋接长，焊接成型。如计算箍筋不足，应增设箍筋，新增箍筋上端埋入桥面板中，梁腹上增设销钉固定新增箍筋位置。

④ 浇筑混凝土保护层。材料可采用环氧树脂混凝土或膨胀水泥混凝土。

⑤ 养生。

3) 粘贴钢板加固法。该方法是普遍采用的方法，钢板与原结构必须可靠连接，并作防锈处理。

粘贴钢板加固法是采用化学粘贴剂将钢板粘贴在梁（板）的受拉缘或薄弱部位，使之与结构物形成整体，用以代替需增设的补强钢筋，提高梁的承载能力，达到补强效果的一种加固方法（图4-5），一般采用环氧树脂浆液作为粘贴剂。

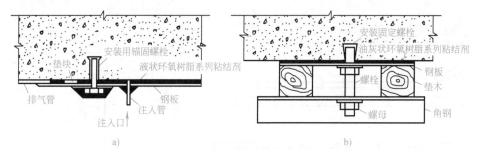

图 4-5　粘贴钢板加固法
a）注入施工法　b）压贴施工法

用粘贴钢板来加固桥梁，具有不需要破坏被加固的原有结构物；加固工程几乎不增加原结构的尺寸；施工工艺简单，便于操作，施工期短等优点。

粘贴钢板加固法的施工程序如下：

① 表面处理。对梁（板）底面混凝土凿毛，使骨料露出，并清除破碎部分和浮尘。钢板表面的油污和锈蚀应清除干净。

② 粘贴钢板。粘贴钢板一般可用注入施工法和压贴施工法。从使用效果来看压贴施工法较好。压贴施工法施工时先在混凝土粘贴面上用冲击钻成孔，钻孔可采用梅花形布置（图4-6），安装膨胀螺栓，螺栓直径常用 $\phi 8 \sim 12mm$，在钢板的相应位置布孔；在钢板和混凝土黏结面上用刮刀均匀涂刷配制好的环氧树脂打底层，然后再用刮刀在钢板上均匀涂刷配制好的环氧树脂黏结剂；粘贴钢板后迅速拧紧螺帽。用稠度较高的环氧树脂水泥砂浆填塞钢板与混凝土表面之间的缝隙及封住螺帽。

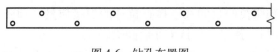

图 4-6　钻孔布置图

③ 防护处理。先清除钢板外面污物和锈蚀，涂一层树脂薄浆，再涂二层防锈漆。

4）粘贴碳纤维、特种玻璃纤维加固法。主要用于提高构件抗弯承载力。使用此法加固几乎不增加原结构自重。

5）预应力加固法。对于提高构件强度、控制裂缝和变形的作用较好。

预应力加固法是运用预应力原理，在原梁体外受拉区域施加一定预压应力，来改善结构受力状态的一种加固方法。

按施加预应力的方式有横向收紧张拉法、竖向顶撑张拉法和组合式预应力拉杆加固法等几种。

横向收紧张拉法是将作为拉杆的粗钢筋分两层布置在梁肋底面两侧，在靠近梁端适当位置向上弯起，与固定在梁端的钢制 U 形锚固板焊接。粗钢筋弯起处用短柱支撑，纵向每隔一定间距设一道撑棍和锁紧螺栓。通过收紧器将拉杆横向收紧而使拉杆受拉，从而在梁体产生预压应力，如图 4-7 所示。

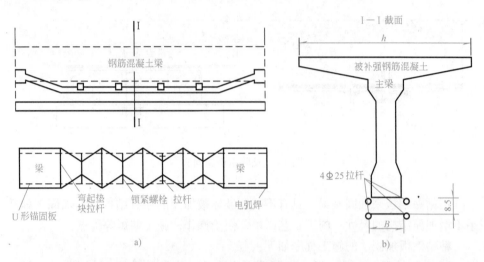

图 4-7　横向收紧张拉法
a) 梁底拉杆侧面示意图　b) 梁底拉杆仰视示意图

横向收紧张拉法的具体施工程序为：

① 粘贴锚固钢板。将梁端混凝土保护层凿除，使主筋外露，清除碎渣浮尘后用环氧砂浆粘贴 U 形锚固钢板。

② 焊接拉杆粗钢筋。先将粗钢筋的弯起段按设计斜度焊在锚固板上，然后用夹杆将粗钢筋的水平段与弯起段焊在一起。

③ 安装张拉装置。先放好弯起点垫块撑棍，再安设中间撑棍及锁紧螺栓，紧贴锁紧螺栓处安放收紧器。

④ 预张拉。预张拉的目的在于检查拉杆的焊接质量，预张拉力按设计张拉力的 80%~90% 控制，预张拉保持 12h 后卸除。

⑤ 张拉。旋紧收紧器，使两侧拉杆向中间收拢，按设计收紧量对称地分次收紧。达到设计收紧量后再收紧 1~2mm，然后拧紧锁紧螺栓，并用双螺帽锁住。最后卸除收紧器。各段拉杆横向收紧的距离按设计预应力值计算出拉杆总变形值确定，并通过几何关系计算出具体的数值。

⑥ 防护处理。拉杆粗钢筋及 U 形锚固板均需涂以防护涂料以防锈蚀。

下撑式预应力拉固加固法是将水平的补强拉杆在接近支座处（一般设在 1/4 跨径的地方）向上弯起，锚固于梁板支座的上部，弯起点处设置钢筋混凝土或混凝土的承托架，再施加预拉应力，当拉杆达到设计应力值后，通过拉杆承托架传力，对梁结构产生作用力，起到卸载作用。下撑式预应力拉杆加固的施工程序一般为：

① 凿好主梁锚固点孔洞，孔洞直径应较锚固套管大 2~3cm，以便用环氧树脂砂浆将套管撑大。

② 装置张拉用的紧固件，并连接好槽钢和预应力拉杆粗钢筋。

③ 拉杆施加预应力，可用双作用千斤顶等机械张拉法或电热张拉法，张拉达到规定吨位和长度后，拧紧两端螺帽，使粗钢筋拉杆获得预拉应力。

组合式预应力拉杆加固法是既布置有水平拉力箱杆，也布置有下撑式拉杆的一种加固方法，如图 4-8 所示。

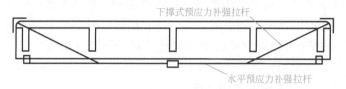

图 4-8　组合式预应力拉杆加固法

6）改变梁体截面形式加固法。一般是将开口的 T 形截面或 Π 形截面转换成箱形截面。

7）增加横隔板加固法。用于无中横隔或少中横隔梁的加固，可增加桥梁整体刚度、调整荷载横向分配。

8）在桥下净空和墩台基础受力许可的条件下，采用在梁（板）底下加八字支撑加固法。

9）桥梁结构由简支变连续加固法。

这是一种通过改变桥梁结构体系，以减少梁内应力，提高承载能力的一种加固方法。如在桥下净空和墩台基础受力许可的条件，采用在梁（板）底下加八字撑的方法使简支梁变成连续梁，如图 4-9 所示。该法一般要在桥下操作，且要设一些永久设施，因而会影响桥下净空，因此要在不影响通航及排洪能力的情况下使用。

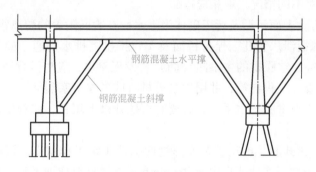

图 4-9　改变结构体系加固法

10）当支座设置不当造成梁体受力恶化时，可采用调整支座标高的加固方法。

11）更换主梁加固法。

12）其他可靠有效的加固法。

三、预应力混凝土梁桥的养护与加固

1. 日常养护与维修

1）预应力混凝土梁桥日常养护维修范围及内容同钢筋混凝土梁桥一样，此

外应对预应力锚固区的破损及开裂、沿预应力钢束纵向的开裂进行修补。

2）预应力混凝土梁桥常见病害：

① 混凝土表面剥落、渗水，梁角破碎、露筋，钢筋锈蚀、局部破损等。

② 预应力钢束应力损失造成的病害。

③ 预应力混凝土梁出现裂缝。全预应力及部分预应力 A 类构件正常使用条件下不允许出现裂缝，只有 B 类构件允许出现裂缝。裂缝的类型除了同于钢筋混凝土梁桥外，还有沿预应力钢束的纵向裂缝，锚固区局部承压的劈裂缝。

3）常见病害的维修同钢筋混凝土梁桥。对于不允许出现裂缝的桥梁，不论裂缝宽窄，都应查明原因进行处理或加固。

2. 预应力混凝土梁桥的加固方法

1）预应力混凝土梁桥的一般加固方法及适用范围可参照钢筋混凝土梁桥。

2）因为预应力部分失效而进行加固时，若原结构有预留孔，可在预留孔内穿钢束进行张拉；采用无黏结钢束的可对原钢束重新张拉；或增设齿板，增加体外束进行张拉。

3）腹板抗剪切强度不够时，可采用加竖向预应力加固。

四、拱桥的养护与加固

1. 日常养护与维修

我国公路拱桥所采用的材料种类和结构形式较多。从材料分有石拱桥、混凝土拱桥、钢筋混凝土拱桥、钢管混凝土拱桥和钢拱桥，有的桁架拱拉杆还采用了预应力混凝土。早期还有砖拱桥，20 世纪 60 年代后砖拱桥几乎不再采用了。从结构形式分有板拱、肋拱、双曲拱、桁架拱、刚架拱、桁式组合拱、系杆拱等。日常养护应针对不同情况采取相应措施。

1）经常清除表面污垢及圬工砌体因渗水而在表面附着的游离物。

2）经常疏通泄水管孔，保持桥面及实腹拱拱腔排水畅通。如发现拱桥桥面漏水应及时修补，空腹拱的主拱圈（肋）若发现渗水，应对拱背进行清理，清除可能积水的残渣、堆积物等，并用砂浆等材料抹平或堵塞裂缝。实腹拱若发现主拱圈渗水，应检查拱腔排水系统，必要时可挖开拱上填料，修补防水层，修理排水管道。

3）主拱及拱式腹拱的拱铰及变形缝应保持正常工作状态。清除弧面铰及变形缝内嵌入的杂物，保持能自由转动、变形。填缝材料如油毛毡，浸渍沥青的木板等，如有损坏应及时更换。

4）构件表面缺陷及局部损坏的修补，主要有以下几类：

① 圬工砌体的边角压碎、砌块断裂，干砌石拱桥砌缝张口等，可用水泥砂浆修补。若个别块体压碎或脱落，应用新的块体填塞更换，更换时应保证嵌挤或填塞紧密。砌缝砂浆若发生脱离，应凿除后重新用干硬性砂浆或微膨胀砂浆填筑，表面重新勾缝。

② 钢筋混凝土拱构件的表面缺损与裂缝修补参见钢筋混凝土梁桥有关部分。

③ 钢管混凝土拱钢构件表面的防锈涂层应保持完好，并定期重涂，养护工

作参照钢桥有关部分。

④ 实腹拱的侧墙若发生较大变形、开裂，应查明原因并作相应处理。若是填料不实，或拱腔积水，应挖开拱上填料，修补防排水系统，拆除鼓凸部分侧墙后重新砌筑，重新回填拱上填料及重做路面，也可酌情换用轻质填料或加大侧墙尺寸。

若发现侧墙与拱圈之间脱开，或侧墙上有斜向（若是砌体通常沿砌缝成锯齿状）开裂，应检查墩台与主拱的变形。开裂轻微且不再发展的，可作一般修补裂缝处理。若开裂严重或裂缝在发展中，应考虑加固、改造方案。

5）中、下承式拱桥的吊杆养护参见斜拉桥的拉索养护部分。

系杆拱桥的系杆混凝土裂缝应用环氧砂浆等材料进行处理。系杆采用无混凝土包裹的预应力钢束时，应定期对钢束的防锈保护层进行养护、更换防护油脂等。系杆的支承点如有下沉要及时调整。

6）冬季月平均气温低于-20℃的地区，对淹没于结冰水位的拱圈，应在枯水期从结冰水位以上50cm开始至拱脚涂抹一层防冻环氧砂浆，砂浆表面再涂刷沥青进行保护。

2. 加固方法及适用范围

我国的公路拱桥多数建于20世纪50年代至70年代，由于当时的技术水平和建材条件的限制，拱桥采用得很多，甚至一些更适合采用梁式桥梁的地方，如软基地区或宽浅河床地区，也采用了拱桥方案。经过几十年的使用，在需进行加固维修的桥梁中，拱桥占了相当大的比例，这些情况还会持续一段时期，应在养护工作中加以注意。

（1）拱桥的主要病害

1）主拱圈抗弯强度不够引起拱圈开裂。裂缝主要发生在拱顶区段的拱圈下缘与侧面，拱脚处的拱圈上缘与侧面。

2）主拱圈抗剪强度不够引起拱圈开裂。裂缝主要发生在拱脚，空腹拱的立柱柱脚。

3）拱圈材料抗压强度不够，引起劈裂或压碎。

4）两拱脚墩台不均匀沉降引起拱圈开裂，一般出现在拱顶区段，横桥向贯穿全拱圈，裂缝宽度上下变化不大，且两侧有错动。

墩、台基础上、下游不均匀沉降引起拱圈及墩台出现顺桥向裂缝。

5）墩台沿桥梁纵向发生向后滑动或转动引起拱圈开裂，裂缝规律同1）。当向桥孔方向滑动或转动时，裂缝在拱圈上、下缘的位置与1）相反。

6）肋拱、刚架拱、桁架拱、双曲拱的肋间横向联结如横系梁、斜撑强度不够引起开裂。

7）拱上排架、梁、柱开裂，短柱的两端开裂，侧墙斜、竖方向开裂，侧墙与拱圈连接处开裂。开裂的主要原因分别为构造不合理、强度不够、施工质量不好，以及由于拱圈变形、墩、台变位对拱上结构造成不利影响所致。

8）预制拼装拱桥或分环砌筑的圬工拱桥，沿连接部位或砌缝发生环向裂缝。双曲拱桥的拱肋与拱波连接处开裂。拱肋接头混凝土局部压碎。

9）双曲拱桥的拱波顶纵向开裂。多为肋间横向连接偏弱，采用平板式填平层使拱横截面刚度分配不均，墩台横向不均匀沉降等原因引起。

10）桁架拱、刚架拱、系杆拱的节点强度不够引起节点及杆件端部开裂。

11）中、下承式拱的吊杆锚头滑脱或钢丝锈蚀、折断。

12）拱铰失效或部分失效，引起拱的受力恶化而开裂。

13）钢管混凝土拱的钢管因厚度不足，或节间过大造成钢管出现压缩状折皱。

14）桥面板（平板、微弯板、肋腋板等）开裂。引起开裂的原因主要有局部承受车辆荷载强度不够，参与主拱受力后强度不够，肋片发生较大位移，板与肋连接破坏，或在施工中已开裂未予彻底处理等。

（2）加固方法及适用范围

1）主拱圈强度不足时，可加大拱圈截面。

从拱腹面加固时，可采用下列方法：粘贴钢板；浇筑钢筋混凝土加大拱肋截面；布设钢筋网用喷射混凝土或水泥砂浆加大拱圈截面；在拱肋间加底板，变双曲拱截面为箱形截面。条件许可时，也可在腹面做衬拱及相应的下部结构。

在原有拱圈下部增设拱圈，即紧贴原拱圈下面，喷射钢丝网水泥拱圈或浇筑钢筋混凝土新拱圈，如图 4-10 所示。

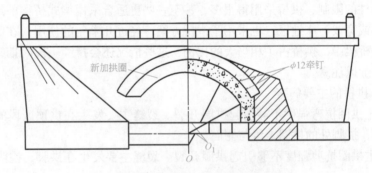

图 4-10　原有拱圈下部增设拱圈加固法

从拱背面加固时，可在拱脚区段的空腹段背面加大拱圈截面；或拆除拱上建筑，在全拱圈背面加大截面，一般使用混凝土或钢筋混凝土材料，如图 4-11 所示。

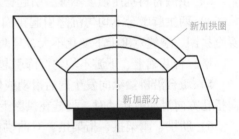

图 4-11　原有拱上部增设钢筋混凝土拱圈加固法

在加厚拱圈时，应同时考虑墩台受力是否安全可靠等因素。当多孔石拱桥需全部加设新拱圈时，拆除拱上填料必须对称地同时进行。

为加固双曲拱桥桥肋强度，可以在拱肋表面清洁后，用环氧类砂浆黏结钢板的方法提高其承载能力。在拱圈产生裂缝或承载能力不足时，采用该法加固效果明显。黏结钢板的位置主要置于拱肋截面下，可用成条整板（或分块焊接）在拱圈弧形范围内间隔黏结。一般可视具体情况选定尺寸，通常可参照图 4-12 进行，钢板厚度宜用长 4~10mm，过厚时施工比较困难。

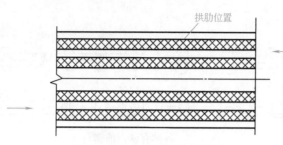

图 4-12 粘贴钢板加固拱肋法

2）拱肋、拱上立柱、纵横梁、桁架拱、刚架拱的杆件损坏可用粘钢或复合纤维片材加固。粘钢时可粘贴钢板，也可在四角处粘贴角钢。

3）用粘钢板或复合纤维片材加固桁架拱、刚架拱及拱上框架的节点。

4）用嵌入剪力键的方法加固拱圈的环向连接。剪力键一般采用钢板或铸件，按一定间隔布置，其间的裂缝用环氧砂浆等处理。

5）用加大截面的方法加强拱肋之间的横向连接。采用横拉杆的双曲拱，可把拉杆改为系梁。

6）更换锈蚀、断丝或滑丝的吊杆。若原构造许可，可以用收紧锚头的方法张拉松弛的系杆或吊杆来调整内力。

7）在钢管混凝土拱肋拱脚区段或其他构件的外面包裹钢筋混凝土。

8）改变结构体系以改善结构受力，如在桥下通航许可的前提下加设拉杆。

9）更换拱上建筑，减轻自重，更换实腹拱的拱上填料为轻质填料。

10）用更换桥面板，增加桥面铺装的钢筋网，加厚桥面铺装，换用钢纤维混凝土等方法维修加固桥面。

11）因墩、台变位引起拱圈开裂时，应先维修加固墩台，然后修补拱圈。

12）加固拱桥时，应注意恒载变化对拱压力线的影响及引起的推力变化，对各施工工序应进行检算，并做出详细的施工组织设计，严格按照设计的工序施工。

3. 拱桥的拆除

1）拱桥拆除应进行拆除方案设计。对于大、中拱桥及多孔拱桥应对拆除的各工序进行检算，并有详细的施工组织设计。一般拆除顺序按加载倒装考虑。多孔拱桥应根据实际情况考虑连拱作用的不利影响。

2）拆除时实行现场管制，禁止人员进入拆除爆破的影响范围内。

五、钢桥的养护与加固

1. 日常养护与维修

1）清除钢结构的表面污垢，保持杆件清洁，特别应注意节点、转角、钢板搭接处等易积聚污垢的部位。清除的污垢不要扫入泄水孔或排水槽中，以免堵塞。

2）更换所有松动和损坏的铆钉，各种有缺点的铆钉如图 4-13 所示。更换过的铆钉在检验之后，均应涂上与桥梁结构显著不同的颜色，并记入桥梁记录簿，注明其数量和位置。

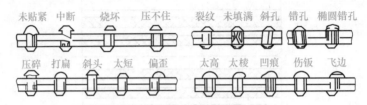

图 4-13　各种有缺点的铆钉

在更换铆钉前，应仔细察看钉孔位置是否正确。如钉孔不圆或偏位大于 2mm 时，必须扩钻加大孔径。在铆接杆件时，如钉孔不合适，严禁采用强力钻进的铆接方法。更换铆钉后，应对其所有相邻而未更换的铆钉加以敲击，检查是否受到损伤。

3）普通螺栓或高强螺栓连接的构件，若发现松动应及时加以拧紧，对于高强螺栓必须施加设计的预拉应力。为了便于螺栓的更换，应防止螺栓口锈蚀，如接合杆件表面有角度时，则应在螺帽之下垫以楔形垫圈。

4）焊接连接的构件，焊缝处若发现裂纹、未熔合、夹渣、未填满、弧坑等缺陷时，应进行返修焊，焊后的焊缝应随即铲磨匀顺。

5）钢杆件受到冲击造成局部弯曲时，可用撬棍、弓形螺旋顶或油压千斤顶进行冷矫，禁止用锻钢烧材的方法来矫正。

钢杆件如有不同方向的弯曲，应对导致弯曲的原因作调查分析以确定矫正方法，矫正时按不同的弯曲方向分别进行。如杆件同时有扭转和弯曲，应先矫正弯曲，再矫正扭转。若由于杆件强度、刚度不足或稳定性差等原因引起弯曲的，矫正后应进行加固处理。如需拆卸杆件修理时，可安装临时杆件替代被拆卸杆件，以保证行车安全。

6）钢梁木桥面板的保养，可抽换破损桥面板，加铺轨道板或加设辅助横梁（木梁或钢梁），经计算允许增加恒载时可把木桥面改为钢筋混凝土桥面。

7）装配式钢桥的养护：

① 在桥两端竖立鲜明的限速、限载标志，严禁超速、超载。

② 对各部件接合点的销子、螺栓，横梁夹具、抗风拉杆等进行检查。如有松动和缺损，应及时拧紧和修补更换；销子周围应涂油脂，防止雨水进入销孔缝隙；外露的螺栓螺纹应涂油，防止锈蚀。

③ 木桥面板出现破裂、弯曲及不平整时，应及时抽换。若经常有履带车通过，则应加铺轨道板。

8）装配式钢桥使用后拆卸进仓之前，应进行油漆，并对拆下的部件进行全面检查和修理。如杆件有局部变形，应进行矫正；如有细裂痕和暗裂纹，应修理加固或更换；销子和栓钉应仔细检查是否有裂缝、脱皮、弯曲、压损等，发现缺陷应及时消除或更换。最后涂抹黄油，用蜡纸包好装箱入仓。

9）装配式钢桥的储存应符合下列要求：

① 构件应分类按规格堆放，下面需用木料或石块垫高，以防受潮；堆置高度不宜过高，以防下层构件被压弯变形；桁架片应单层竖向堆放；堆放时应将架设时先用的部件放在外部。

② 所存放的钢构件应保持清洁，定期涂抹油脂，防止锈蚀。一般每年检查一次，每三年全面检查一次。如发现变形和脱漆，应及时矫正和补漆。

③ 所有销子、螺栓等零部件应每年开箱清点、加涂黄油防锈。

④ 专用架设工具应注意配套保存，防止丢失，并加强维修保养。

2. 定期涂装防锈

对整座钢桥，应视油漆失效情况，定期进行涂装防锈；部分油漆失效应及时除锈补漆。

钢桥杆件的油漆，应符合下列要求：

1）在涂漆之前，对铁锈、旧漆、污垢、尘土和油水等，均应仔细清除。对所有易锈蚀的部位，如凹处、缝隙、纵横梁及主桁架的弦杆等，尤应仔细清理。

2）除锈应做到点锈不留、除锈彻底、打磨匀亮、揩擦干净。可采用在浓度10%的无机酸中加入0.2%~0.4%的面粉、树胶或煤焦油等缓蚀剂来清洗锈蚀，也可采用喷砂除锈法或其他更有效的除锈方法。

3）油漆层数一般为底、面漆各两层。对于易遭受损坏或工作条件困难的部位应多涂一层面漆。在第一层底漆干燥后，应对裂缝、不平整处和局部凹痕的部位用油性腻子腻塞，并对腻封质量进行检查，发现缺陷应予消除。

4）钢桥油漆工作应在天气干燥和温暖季节（不低于+5℃）进行。油漆时的气温应与被漆钢构件表面温度相近。在风沙天气、雾天、雨天不应进行油漆，对表面潮湿的钢构件也不应进行油漆。

5）钢桥的防腐可采用镀锌、铝等阳极防腐的金属涂层。金属涂层的制作工艺有喷涂、热镀、电镀、电泳、渗镀、包覆等方法。关键部位及维修困难的部位，可采取在喷、镀金属层上再涂防腐涂料的复合面层或涂玻璃鳞片涂料等防护措施。

3. 钢桥的杆件加固法

1）钢板梁由于穿孔或破裂削弱断面时，可补贴钢板或用钢夹板夹紧并铆接来加固，这时钢板的边缘应锉平，使之结合紧密。如钢板受到了较短和较深的创伤，宜用电焊填补。

2）采用增设水平加劲肋、竖向加劲肋的方法加固钢板梁。

3）钢桁梁加固一般用补加新钢板、角钢或槽钢来加大杆件截面。加固可用栓接、铆接或焊接。

4）加设加劲杆件，或增强各杆件间的联系。

5）在结合处用贴板拼接，加设短角钢加强桁架杆件与节点板的连接。

6）如桥梁下挠显著增加，销子与销孔有损坏或上下弦强度不足，应停止交通进行检查修理或更换。

7）钢结构杆件在修理加固之后，应涂漆防锈。

几种常用的加固方法示意如图4-14~图4-18所示。

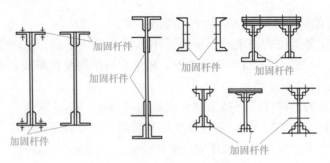

图 4-14　用加大截面的方法加固

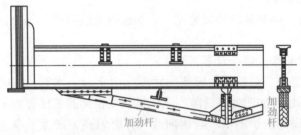

图 4-15　用设置加劲杆的方法加固

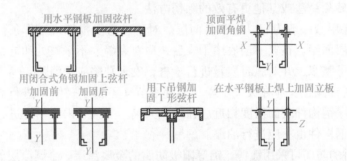

图 4-16　用增强各杆件间联系的方法加固

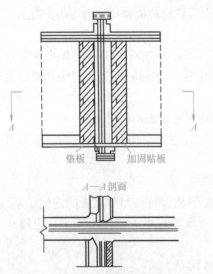

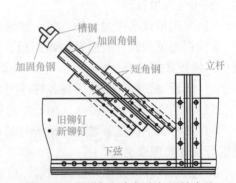

图 4-17　用增加贴板拼接加固结合处　　图 4-18　用增加短角钢来加固结合处

4. 恢复和提高整桥承载力的加固方法及适用范围

1）增设补充钢梁，可装在原有各梁之间，也可以紧靠在原有各梁的旁边。

2）用加劲梁装在原主梁的下缘或下弦杆上。加劲梁加固方法，适宜于不通航的桥孔或桥下净空足够的小型桥梁。

3）用体外预应力加固，预应力施加在下挠后的下弦杆截面上。预应力加固法对桥下净空的影响较小，施工方便，但预应力钢索的防锈工作较困难。

4）用拱式桁架结构装在原主梁的上面，拱脚和原主梁固接或铰接，适宜于下部结构能承受所增加恒载的通航桥孔的加固。

5）用悬索结构加在原主梁上面，可使被加孔的恒载转移到悬索上，以改善结构的变形。这种方法可在运营状态下进行，适宜于下部结构能承受所增加恒载的通航桥孔的加固。

6）在不影响排洪和通航的情况下，可在桥孔中间添建桥墩，缩短跨径，减小桁梁杆件的内力。为了承受新增支点处的剪应力，在新桥墩墩顶处的上部结构中，必须加置竖杆及必要的斜杆。

7）对于多孔简支桁架，分联将其转变为连续桁架，可采用体外预应力加固方法，使被连接的主桁上弦杆在墩顶处得以补强。

任务三　桥梁下部构造的养护

一、墩台基础的养护与加固

砖石、混凝土和钢筋混凝土桥梁墩台养护是为了使结构物保持完整、牢固、稳定、不发生倾斜，并减少行车振动和基础冲刷。对墩台基础养护的主要工作内容有：

1. 日常养护与维修

1）应采取措施保持桥梁墩台基础附近河床的稳定。桥梁上下游各200m的范围内（当桥长的1.5倍超过200m时，范围应适当扩大）应做到：

① 应适时地进行河床疏浚。每次洪水过后，应及时清理河床上的漂浮物，使水流顺利渲泄。

② 在桥下树立警告示牌，禁止任何人或单位在上述范围内挖砂、取土、采石、倾倒废弃物，禁止进行爆破作业及其他危及公路桥梁安全的活动。

③ 不得任意修建对桥梁有害的建筑物，因抢险、防汛需要修筑堤坝、压缩或拓宽河床时，应事先报经交通主管部门或公路管理机构同意，并采取有效的防护措施。

发现任何有可能破坏桥梁安全的行为，应及时制止。

2）若基础冲刷过深或基底局部掏空，应立即抛填块石、片石、铅丝石笼等进行维护。

3）桥下河床铺砌出现局部损坏时应及时维修。若砌块损坏，可补砌或采用混凝土修补。

4) 对设置的防撞、导航、警示等附属设施应经常检查、维护，保持良好状态。

2. 墩台基础的允许沉降

简支梁桥墩台基础的沉降和位移，超过以下容许限值或通过观察裂缝持续发展时，应采取相应措施予以加固。

1) 墩台均匀总沉降值（不包括施工中的沉降）：$2.0\sqrt{L}$（cm）。

2) 相邻墩台均匀总沉降差值（不包括施工中的沉降）：$1.0\sqrt{L}$（cm）。

3) 墩台顶面水平位移值：$0.5\sqrt{L}$（cm）。

注：① L 为相邻墩台间最小跨径长度，以 m 计，跨径小于 25m 仍以 25m 计算。

② 桩、柱式柔性墩台的沉降，以及桩基承台上墩台顶面水平位移值，可视具体情况确定，以确保正常使用为原则。

当墩台变位所产生的附加内力影响到桥梁的正常使用和安全时，或桥梁墩台基础自身结构出现大的缺损使承载力不够时，必须进行加固处理。

3. 加固方法及适用范围

（1）地基承载力不足（可采用下列措施进行加固）

1) 重力式基础的加固：

① 在刚性实体基础周围浇筑混凝土扩大基础。一般应修筑围堰，抽干水后开挖基坑，再浇筑混凝土。新旧基础（承台）之间可埋置连接钢筋，并将旧基础表面刷洗干净、凿毛，使新老混凝土连成整体，如图 4-19 所示。

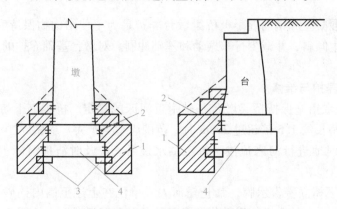

图 4-19 刚性基础加固

1—扩大基础 2—新旧基础结合 3—丁石 4—原基础

② 当梁式桥桥台基础承载能力不足时，可在台前增加桩基及柱并浇筑新盖梁、增设支座。这时梁的支点发生变化，应根据结构受力变化对主梁进行检算及加固。

③ 对于拱桥基础可在桥台两侧加设钢筋混凝土实体耳墙，并将耳墙与原桥台用钢销连接起来，增大桥台基础面积，提高桥台承载力。

④ 当桥下净空允许时，可在台前加建新的扩大基础及台身，将主拱改建为

变截面拱支承到新基础及台身上。新老基础之间用钢筋或钢销进行连接，有条件时可在台前新基础下增加短桩，以提高承载力。

2）桩基础的加固：

① 加桩。可用钻孔桩或打入桩增设基桩，并扩大原承台，将墩台的压力部分传递到新桩基上，如图4-20所示。

② 对单排架桩式桥墩采用加桩加固时，如原有桩距较大（4~5倍桩径），可在桩间插桩。如原有桩距较小，但通航净空有富裕时，可在原排架两侧增加新桩，变为三排式墩桩。

③ 对钻孔灌注桩桩身损坏，露筋、缩颈等病害，可采用灌（压）浆或扩大桩径的方法进行维修加固。

3）人工地基加固：

对墩台基础以下的地层，采用注浆、旋喷注浆或分层搅拌等方法，将各种浆液及加固剂注入或搅拌于

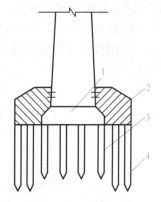

图 4-20　增设桩基

1—原承台　2—新承台
3—原桩基　4—新桩基

土层中，通过浆液凝固使原来松散的土固结，成为有足够强度和防渗性能的整体，所采用的材料应通过试验确定，如图4-21所示。

（2）墩台基础防护加固

墩台基础局部被冲空时，可分情况采取下列加固措施。

1）水深3m以下，可筑围堰将水抽干，以砌石或混凝土填补冲空部分。桥台基础采用上述方法加固时，还应修整或加筑护坡。

2）水深3m以上，可在基础四周打板桩或做其他围堰，灌注水下混凝土；也可用编织袋装干硬性混凝土（每袋装量为袋容积的2/3），通过潜水作业将袋装混凝土分层填塞冲空部分，填塞范围比基础边缘宽0.4m以上，如图4-22所示。

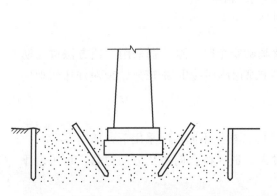

图 4-21　加固地基土

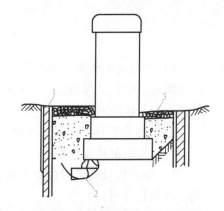

图 4-22　板桩及填补混凝土防护

1—板桩　2—抛石或水下混凝土　3—表面浆砌片石

3）当基础置于风化岩层上，基底外缘已被冲空时，应先清除岩层严重风化

部分，再用混凝土填补。对基础周围的风化岩层还应用水泥砂浆进行封闭。

4）当河床不稳定，基础埋置较浅，冲刷范围较大时，可采用平面防护加固，其范围要覆盖全部冲刷坑，方法如下：

①打梅花桩，桩间用块、片石砌平卡紧。

②用块、片石防护或用水泥混凝土板、水泥混凝土预制块防护，如图4-23所示。

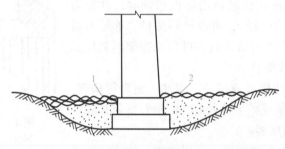

图4-23　块、片石防护
1—双层块片石　2—单层块片石

③用铁丝笼、竹笼等柔性结构防护，如图4-24所示。

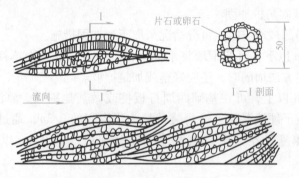

图4-24　铁丝笼、梢捆防护
（尺寸单位：cm）

5）墩台周围河床冲刷严重，危及基础安全时，除分别采用上述方法进行防护加固外，应在洪水期过后，采取必需的调治构造物防护措施，或对河床采取防冲刷处理，以防再次被冲坏。

（3）桥台滑移、倾斜的加固

桥台发生滑移和倾斜时，应分析原因，根据不同情况采用下列加固方案。

1）梁式桥或陡拱因台背土压力过大，造成桥台向桥孔方向位移，可采取下列方法进行加固：

①挖除台背填土，改用轻质材料回填，减轻台后土压力，以使桥台稳定。拱桥在换填材料时，应维持与拱推力的平衡，如在桥孔设临时拉杆或在后台设临时支撑。

②挖去台背填土，加厚桥台胸墙，更换内摩阻角大的填料，减小土压力，

如图 4-25 所示。

③ 对于单跨的小跨径梁式桥，可在两桥台基础之间增设钢筋混凝土支撑梁或浆砌片石支撑板，支撑顶面应不高于河床，如图 4-26 所示。埋置式桥台可采用挡墙、支撑杆或挡块等进行加固。

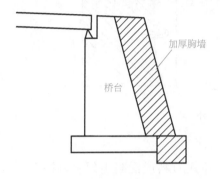

图 4-25　加厚胸墙

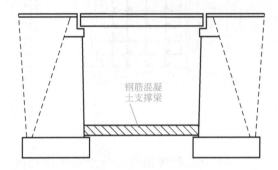

图 4-26　台间设支撑梁

2）拱桥桥台产生向台后方向位移，可根据不同情况采用下列加固方法：

① 在 U 形桥台两侧加厚翼墙。翼墙与原桥台应牢固结合，增大桥台断面和自重，借以抵抗水平位移。若为一字型桥台，可增设翼墙变为 U 形桥台。

② 当桥台的位移尚未稳定时，可在台后增设小跨引桥和摩擦板，以制止桥台继续位移。

③ 当桥下净空许可时，可在墩台之间设置拉杆承受推力，限制水平位移。对于多孔拱桥，要注意各孔之间的推力平衡。

3）拱桥在加固墩、台时，必须保持推力平衡，注意安全。

（4）墩台基础沉降的加固

若桥梁墩台发生了较明显的沉降、位移，除按本节前述的方法加固外，还可采用下述方法使上部结构复位。

① 梁式桥上部结构状况基本完好，桥面没有损坏，下部地基较好时，可对上部结构整体或单孔顶升，然后加设垫块、调整支座。

② 梁式桥上部结构状况基本完好，但桥面损坏严重时，可凿除桥面及主梁之间的连接，将主梁逐一移位，加厚盖梁，重新安装主梁，并重新铺装桥面。

③ 拱桥桥台发生位移，使拱轴线变形较大，承载能力不足时，可采用顶推方法调整拱轴线，恢复其承载能力。

二、墩台的养护与加固

1. 日常养护与维修

1）保持墩台表面整洁，及时清除墩台表面的青苔、杂草、灌木和污秽。

2）对发生灰缝脱落的圬工砌体，应清除缝内杂物，重新用水泥砂浆勾缝。

3）墩、台身圬工砌体表面风化剥落或损坏时，损坏深度在 3cm 以内的，可用水泥砂浆抹面修补，砂浆强度等级一般不应低于 M5。当损坏面积较大且深度超过 3cm 时，不得用砂浆修补，而须采用挂网喷浆或浇筑混凝土的方法加固，如

图 4-27 所示。

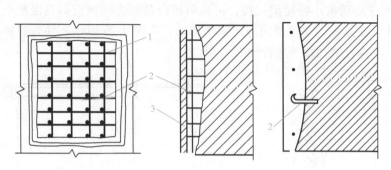

图 4-27 混凝土缺损修补

1—钢筋网ϕ8~12mm 2—牵钉间距≤50cm 3—模板

4）圬工砌体镶面部分严重风化和损坏时，应用石料或混凝土预制块补砌、更换，新老部分要结合牢固，色泽质地应与原砌体基本一致。

5）墩台身圬工砌体的砌块如出现裂缝，应拆除后重新砌筑。

6）墩、台表面发生侵蚀剥落、蜂窝麻面、裂缝、露筋等病害时，应采用水泥砂浆修补。因受行车振动影响，不易用水泥砂浆补牢的，应考虑采用环氧树脂或其他聚合物混凝土进行修补。

7）墩、台混凝土裂缝宽度超过限值时，裂缝的修补方法参见钢筋混凝土梁桥的日常养护与维修。

2. 加固方法及适用范围

1）由于活动支座失灵而造成墩台拉裂，应修复或更换支座，并按上述方法修补裂缝。

2）墩台身发生纵向贯通裂缝时，可采用钢筋混凝土围带、粘贴钢板箍或加大墩台截面的方法进行加固，如图 4-28 所示。

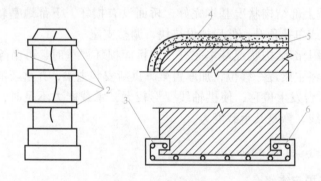

图 4-28 围带加固

1—桥墩裂缝 2—钢筋混凝土围带 3—钢筋 4—桥墩环形围带
5—牵钉 6—桥台 U 形围带

3）因基础不均匀下沉引起墩台自下而上的裂缝时，应先加固基础，再采用灌缝或加箍的方法进行加固。

4）U形桥台的翼墙外倾时，可在横向钻孔加设钢拉杆，钢拉杆固定在翼墙外壁的型钢或钢筋混凝土梁柱上。

5）当墩台损坏严重，如出现大面积开裂、破损、风化、剥落时，一般可用钢筋混凝土"箍套"加固，对结构基本完好，但承载能力不足的圆柱形墩柱可用包裹碳纤维片材的方法加固。

6）钢筋混凝土墩台出现缺损，而墩台身处于常水位以下时，可根据不同情况采用围堰抽水或水下作业的方法进行修补。

三、锥坡、翼墙的养护

1）锥坡应保持完好。锥坡开裂、沉陷，受洪水冲空时，应及时采取措施进行维修加固。

2）翼墙出现下沉、断裂或其他损坏时，应及时维修加固。

任务四　涵洞的养护

涵洞是公路上数量众多，形式多样且分布很广的一种构造物，是保证公路畅通无阻的环节之一，因此必须认真做好涵洞的养护工作。涵洞养护工作内容包括：经常检查和定期检查，日常养护、维修、加固与改建。

一、涵洞养护的要求与检查内容

1. 涵洞养护的要求

确保涵洞行车安全、排水顺畅和排放适当；保持涵洞结构及填土完好；维护涵洞表面清洁、不漏水。涵洞开挖维修时，应维持好交通，并设立安全标志及护栏。

2. 涵洞检查内容

涵洞检查分为经常检查和定期检查。

（1）经常检查

经常检查每月至少进行两次，在洪水、冰雪前后及行洪期间应加强检查。

经常检查内容包括：进水口是否堵塞、沉砂井有无淤积、洞内有无淤塞及排水不畅；洞口周围是否有杂物堆积，涵洞是否清洁、漏水；周围路基填土是否稳定和完整；涵洞结构是否有损坏。

经常检查中发现有排水堵塞或有较大损坏需要进行维修的，应做好记录并及时报告。

（2）定期检查

定期检查每年至少进行一次，在接到较大损坏情况的报告后应增加检查。

定期检查内容包括：

1）检查涵洞的过水能力，包括涵洞的位置是否适当，孔径是否足够，涵底纵坡是否合适。若过水能力明显不足，经常造成内涝及路基损毁的，应考虑改造。

2）进水口铺砌、翼墙、护坡、挡水墙、沉砂井等是否完整，洞口连接是否平整顺适。

3）出水口铺砌、挡水墙、翼墙、护坡等是否完整，排水是否顺畅。

4）涵体侧墙是否渗漏水、开裂、变形或倾斜，墙身砌体砂浆是否脱落、石块是否松动，基础是否冲刷淘空。

5）涵身顶部盖板或拱顶是否开裂、漏水、变形下挠，拱顶砌块是否松动脱落。

6）涵底是否淤塞阻水，涵底铺砌是否完整。

7）洞口附近填土是否有渗水、冲刷、空洞，填土是否稳定。

8）涵洞顶路面是否开裂、下沉。行车是否安全。

定期检查中，检查人员应当场填写"涵洞定期检查表"；实地查明损坏情况，根据涵洞的技术状况及排水适应状况，参照桥梁技术状况评定标准相关结构类型，对涵洞的技术状况综合做出好、较好、较差、差、危险五个级别的评定，提出日常养护、维修、加固、改建等建议。

二、涵洞的日常养护

涵洞日常养护的主要任务与要求如下：

1）涵洞的洞口应保持清洁，发现杂物堆积应及时清除。涵洞内应保持排水畅通，发现淤塞应及时疏通。

2）洞口和涵洞内如有积雪应尽快清除，被清除的积雪应堆放在路基边沟以外。经常积雪或积雪较深的涵洞，入冬前可在洞口外加设栅栏，或用柴草捆封洞口，融雪时及时拆除。

3）涵底铺砌、洞口上下游路基护坡、引水沟、汇水槽、沉砂井发生变形时，均应及时修理。

4）涵底铺砌出现冲刷损坏、下沉、缺口应及时修复。路基填土出现渗水、缺口应及时封塞填平。

5）涵底和涵墙出现渗漏水，应查明原因，分别采取下列方法处治：

① 疏通水道，使洞口铺砌与上下游水槽坡道平齐顺适。

② 保持洞内底面平顺，并有适当纵坡。

③ 用水泥砂浆对涵底和涵墙重新勾缝。

6）涵洞出水口的跌水构造应与洞口结合成整体，若有裂缝应及时填塞。

7）浆砌石拱涵的砌体表面风化、开裂、灰缝剥落，局部石块松动、脱落，或砌体渗漏水，可分别按下列方法处理：

① 用水泥砂浆重新勾缝，或局部拆除后重砌。

② 表面抹浆或喷浆。

③ 在砌体背后压注水泥砂浆或化学浆液。

④ 加设涵内衬砌。

⑤ 挖开填土，对砌体进行维修处治，并加设防水层。

8）混凝土管涵的接头处和有铰接缝处发生填缝料脱落，引起路基渗水时，应及时封堵处理。可用干燥麻絮浸透沥青后填实，或用其他黏弹性材料封堵，不宜用灰浆抹缝，以免再次脱落。

9）压力式涵洞进水口周围路堤发现渗流、空洞、缺口或冲刷现象时，应及时进行修补处理。洞口周围路基可用不透水黏性土封堵，洞前做铺砌或修挡水墙。

10）压力式涵洞或倒虹吸管的涵顶路面出现浸渍，应及时处理。可采用对涵内顶部表面抹浆、喷浆或衬砌的方法处理。

三、涵洞的维修及改建

1）涵洞进、出水口处如已严重冲刷，可采用下列方法维修。

① 位于陡坡上的涵洞或直接受水流冲击的涵洞，其入口处应采取适当的防护措施。

② 用浆砌块石铺底，并用水泥砂浆勾缝。铺砌长度视土质和流速而定，铺砌的末端应设置混凝土或浆砌块石抑水墙。

③ 流速特别大的涵洞，应在出水口加设消力设施，如消力槛、消力池等。

2）涵洞经常发生泥砂淤积时，可在进水口设沉砂井，以沉淀泥砂、杂物。

3）管涵的管节因基础沉陷而发生严重错裂时，应挖开填土处理地基，再重建基础。也可直接采用对地基及基础压浆的方法处理。

有铰涵管如变形大于直径的 1/20 时，应查明原因进行处理。

4）波纹管涵发生涵管沉陷、变形，应挖开填土进行修理。管底应按土质情况做好垫层，管上加铺一层防水层，并注意对回填土分层夯实。

5）涵洞的侧墙和翼墙，如有倾斜变形发生，应查明原因后加以处理，如因填土未夯实发生沉落，或填土中水分过多土压力增大而引起的，应更换透水性好的填土并夯实；如属基础变形引起的，则需要修理或加固基础。

6）因加宽或加高路基导致涵洞长度不足时，应接长处理。一般可将原涵洞洞身接长，两端新建洞口端墙和路基护坡；当路基加高、加宽不多时，也可采用只加高两端洞口端墙或加高加长洞口翼墙的方法。

7）承载力不足的涵洞应进行加固或改建。可分别采用下列方法：

① 挖开填土，用混凝土或钢筋混凝土加大原涵洞断面。

② 涵内用混凝土或钢筋混凝土预制块衬砌加固或用现浇衬砌进行加固。

③ 挖开填土，用新构件分段进行更换改建。

8）当涵洞位置不当，过水能力不足时应进行改建。改建施工宜分段进行，并做好接缝的防水处理。

课堂延伸

分组调查"福建省武夷山公路大桥因养护不到位而发生垮塌事故"的原因及工作启示，按组制作 PPT 并进行汇报。

课后训练

1. 试述桥涵养护和修理工作范围。
2. 桥梁定期检查后应提出哪些文件？
3. 在哪些情况下桥梁应作特殊检查？
4. 试述更换一般常用橡胶板伸缩缝的程序。
5. 简述钢筋混凝土桥主梁加固的方法。
6. 桥梁支座的主要养护工作有哪些？
7. 墩台基础养护的主要工作内容有哪些？
8. 拱桥的主要病害有哪些？
9. 桥梁墩台的日常养护与维修有哪些要求？
10. 采取哪些措施能处治地基承载力不足引起的墩台基础沉降？
11. 简述涵洞养护的要求。
12. 涵洞检查的主要内容有哪些？

项目五
公路隧道养护

05

● **知识目标**

1. 了解隧道检查与观测的内容；
2. 叙述隧道土建结构的保养与维修方法。

● **技能目标**

1. 能进行隧道的保养维修；
2. 掌握隧道的防护与排水方法；
3. 掌握隧道附属设施的养护。

● **素养目标**

分组讨论隧道的工程特点及易发生事故的原因，提高安全意识，树立严谨、认真、负责任的工作态度。

● **工作任务**

1. 隧道检查与观测；
2. 隧道的保养维修；
3. 隧道的防护与排水；
4. 隧道附属设施的养护。

公路隧道是公路穿山越岭以及江、海水下的重要工程构造物。随着社会和经济的不断发展及公路技术等级的不断提高，隧道工程得到了广泛应用。隧道工程大都位于地势险要，通行困难又没有适当绕行道的地段。隧道内发生事故，对交通影响很大，为保证公路畅通无阻，必须加强对公路隧道的养护与维修，延长其使用年限，保证绝对安全。

根据《公路工程技术标准》（JTG B01）的规定，公路隧道按其长度分为四类，见表 5-1。

表 5-1　公路隧道分类

隧道分类	短隧道	中隧道	长隧道	特长隧道
隧道长度 L/m	$L \leqslant 500$	$500 < L < 1000$	$1000 \leqslant L \leqslant 3000$	$L > 3000$

注：隧道长度指进出口洞门端墙墙面之间的距离，即两端墙墙面与路面的交线与路线中线交点间的距离。

公路隧道也可按以下几种情况进行划分：
1) 按地质构造分：石质隧道、土质隧道。
2) 按结构形状分：深埋隧道、浅埋隧道、明洞。
3) 按穿越方式分：陆地隧道、水下隧道。
4) 按衬砌方式分：有衬砌隧道、无衬砌隧道。
5) 按平面布置分：直、曲线隧道，单、双曲线隧道。

任务一　隧道的检查与观测

公路隧道交付使用后，养护管理部门首先要熟悉其全面技术状况，制订小修保养、大中修、改善工程计划。在使用过程中要经常进行检查工作，以及时发现和处理问题，确保安全畅通。

（一）检查

检查工作分为日常检查、定期检查、特别检查和专项检查四类。

日常检查、定期检查和特别检查的结果，宜按表 5-2 的规定分为三类判定；专项检查的结果，宜按表 5-3 的规定分为四类判定。

当日常检查的判定结果为 B 时，应进行监视、观测或做特别检查；当特别检查或定期检查的判定结果为 B 时，应做专项检查。

表 5-2　日常、定期和特别检查结果的判定

判定分类	检 查 结 论
S	情况正常（无异常情况，或虽有异常情况但很轻微）
B	存在异常情况，但不明确，应作进一步检查或观测以确定对策
A	异常情况显著，危及行人、行车安全，应采取处治措施或特别对策

表 5-3 专项检查结果的判定

判定分类	检查结论
B	结构存在轻微破损，现阶段对行人、行车不会有影响，但应进行监视或观测
1A	结构存在破坏，可能会危及行人、行车安全，应准备采取对策措施
2A	结构存在较严重破坏，将会危及行人、行车安全，应尽早采取对策措施
3A	结构存在严重破坏，已危及行人、行车安全，必须立即采以紧急对策措施

1. 日常检查

以目测为主，检测的频率应不少于 1 次/月，高速公路隧道应不少于 1 次/周。在雨季或冰冻季节，应加强日常检查工作。检查以定性判断为主，检查内容及判定标准宜按表 5-4 执行。

表 5-4 日常检查内容及判定表

项目名称	检查内容	判 定	
		B	A
洞口	边（仰）坡有无危石、积水、积雪；洞口有无挂冰、边沟有无淤塞；构造物有无开裂、倾斜、沉陷等	存在落石、积水、积雪隐患；洞口局部挂冰；构造物局部开裂、倾斜、沉陷，有妨碍交通的可能	坡顶落石、积水漫流或积雪崩塌；洞口挂冰掉落路面；构造物因开裂、倾斜或沉陷而致剥落或失稳；边沟淤塞，已妨碍交通
洞门	结构开裂、倾斜、沉陷、错台、起层、剥落；渗漏水（挂冰）	侧墙出现起层、剥落；存在渗漏水或结冰，尚未妨碍交通	拱部及其附近部位出现剥落；存在喷水或挂冰等，已妨碍交通
衬砌	结构裂缝、错台、起层、剥落、（施工缝）渗漏水	衬砌起层，且侧壁出现剥落状况，尚未妨碍交通，将来可能构成危险，存在渗漏水，尚未妨碍交通	衬砌起层，且拱部出现剥落状况，已妨碍交通，并有继续恶化的可能，大面积渗漏水，已妨碍交通
	挂冰、冰柱	存在结冰现象，尚未妨碍交通	拱部挂冰，形成冰柱，已妨碍交通
路面	落物、油污；滞水或结冰；路面拱起、坑洞、开裂、错台等	存在落物、滞水、结冰、裂缝等，尚未妨碍交通	拱部落物，存在大面积路面滞水、结冰或裂缝，已妨碍交通
检修道	结构破损；盖板缺损；栏杆变形、损坏	栏杆变形、损坏；道板缺损；结构破损，尚未妨碍交通	栏杆局部毁坏或侵入建筑限界；道路结构破损，已妨碍交通
排水设施	破损、堵塞、积水、结冰	存在破损、积水或结冰，尚未妨碍交通	沟管堵塞，积水漫流，结冰，设施破损严重，已妨碍交通
吊顶	变形、破损、漏水（挂冰）	存在破损、漏水，尚未妨碍交通	破损严重，或从吊顶板漏水严重，已妨碍交通
内装	脏污、变形、破损	存在破损，尚未妨碍交通	破损严重，已妨碍交通

2. 定期检查

定期检查的周期宜 1 次/年，高速公路隧道应不少于 1 次/年。检查宜安排在春季或秋季进行。检查宜采用步行方式，配备必要的检查工具和设备，进行目测或量测检查。检查时，应尽量靠近结构，依次检查各个结构部位，注意发现异常情况和原有异常情况的发展变化。对于有异常情况的结构，应在其适当位置作出标记。检查结果宜尽可能量化。

检查内容及判定标准宜按表 5-5 执行，应根据隧道的实际情况进行选择。

表 5-5　定期检查内容及判定表

项目名称	检查内容	判　定	
		B	A
洞口	山体有无滑坡、岩石有无崩塌的征兆；边坡、碎落台、护坡道等有无缺口、冲沟、潜流涌水、沉陷、塌落等	存在滑坡、崩塌的初步迹象，尚不危及交通	山体开裂、滑动，岩体开裂、失稳，已危及交通
	护坡、挡土墙有无裂缝、断缝、倾斜、鼓肚、滑动、下沉或表面风化、泄水孔堵塞、墙后积水、周围地基错台、空隙等	存在此类异常情况，尚不妨碍交通	挡土墙、护坡等产生开裂、变形、位移等，可能对交通构成威胁
洞门	墙身有无开裂、裂缝	墙身存在轻微开裂，尚不妨碍交通	由于开裂，衬砌存在剥落的可能，对交通构成威胁
	衬砌有无起层、剥落	存在起层、剥落，不妨碍交通	在隧道顶部发现起层、剥落，有可能妨碍交通
	结构有无倾斜、沉陷、断裂	墙身存在轻微的倾斜或下沉等，尚不妨碍交通	通过肉眼观察，即可发现墙身有明显的倾斜、下沉等，或洞门与墙身连接处有明显的环向裂缝，有外倾的趋势，对交通构成了威胁
	混凝土钢筋有无外露	存在轻微的外露现象，尚不妨碍交通	混凝土保护层剥落，钢筋外露，受到锈蚀，对交通安全构成威胁
衬砌	衬砌有无裂缝、剥落	在拱顶或拱腰部位，存在裂缝且数量较多，尚不妨碍交通	衬砌开裂严重，混凝土被分割形成块状，存在掉落的可能，对交通构成威胁
	衬砌表层有无起层、剥落	存在起层，并有压碎现象，尚不妨碍交通	衬砌严重起层、剥落，对交通构成威胁
	墙身施工缝有无开裂、错位	存在这类异常现象，尚不妨碍交通	接缝开口、错位、错台等引起止水板或施工缝砂浆掉落，发展下去可能妨碍交通
	洞顶有无渗漏水、挂冰	存在漏水，未妨碍交通，但影响隧道内设备的安全	衬砌大规模漏水、结冰，已妨碍交通

（续）

项目名称	检查内容	判　定	
		B	A
路面	路面上有无塌（散）落物、油污、滞水、结冰或堆冰等；路面有无拱起、沉陷、错台、开裂、溜滑	存在此类异常情况，尚不妨碍交通	路面出现严重的拱起、沉陷、错台、裂缝、溜滑，以及漫水、结冰或堆冰等，已妨碍交通
检修道	道路有无毁坏、盖板有无缺损；栏杆有无变形、锈蚀、破损等	道路局部破损，栏杆有锈蚀，尚未妨碍交通	道板毁坏，碎物散落，栏杆破损变形，可能侵入限界，已妨碍交通
排水系统	结构有无破损，中央窨井盖、边沟盖板等是否完好，沟管有无开裂漏水；排水沟（管）、积水井等有无淤积堵塞、沉沙、滞水、结冰等	存在沉沙、积冰，尚不妨碍交通	由于结构破损或泥沙阻塞等原因，积水井、排水管（沟）等淤积、滞水，已妨碍交通
吊顶	吊顶板有无变形、破损；吊杆是否完好等；有无漏水（挂冰）	存在此类异常情况，尚不妨碍交通	存在严重的变形、破损、漏水，已妨碍交通
内装	表面有无脏污、缺损；装饰板有无变形、破损等	存在此类异常情况，尚不妨碍交通	存在严重的污染、变形、破损，已妨碍交通

3. 特别检查

特别检查是在隧道遭遇自然灾害、发生交通事故或出现其他异常事件后，对遭受影响的结构立即进行的详细检查，通过特别检查，应及时掌握结构受损情况，对采取对策措施提供依据。分工原则同定期检查。检查内容见表5-6。

表 5-6　特别检查内容

名称	部　位	内　容
火灾事故后	附属设施	1. 主体结构被烧程度 2. 通风管道及通风机被毁程度 3. 照明线路、灯泡被毁程度 4. 应急设备、监控系统被毁程度
地震灾害后	山体	山体开裂及其程度
	主体结构	1. 结构损坏及其程度 2. 消声板材损坏及其程度
	洞外路线 附属设施	1. 供电线路损坏及其程度 2. 洞内管道 3. 消声层防冻设施损坏程度

4. 专项检查

专项检查是根据定期检查和特别检查的结果，或者通过其他途径，判断需要进一步查明某些破损或病害的详细情况而进行的更深入的专门检测。通过专项检查，应掌握破损或病害的详细资料，为其是否实施处治以及采取何种处治措施等提供技术依据。

1）专项检查宜委托具有相应检测资质的专业机构实施。

2）检查的项目、内容及其要求，应根据定期检查或特别检查的结果有针对性地确定。

3）检查人员应对有关的技术资料、档案进行调查，并对隧道周围的地质及地表环境等展开实地调查，以充分掌握相关的技术信息，寻找土建结构发展变化的原因，探索其规律，确保专项检查结果的准确性。

4）检查的结果可按外荷载作用、材料劣化和渗漏水三种主要情况分别考虑，进行判定分类。

① 由外荷载作用而导致的结构破损，以衬砌变形、移动、沉降、裂缝、起层、剥落以及突发性的坍塌等为主要表现形态，其判定按表5-7执行。

表5-7　外荷载作用导致结构破损的判定基准

判定	异常情况			
	衬砌变形、移动、沉降	衬砌裂缝	衬砌起层、剥落	衬砌突发性坍塌
B	虽存在变形、位移、沉降，但已停止发展，已无可能再发生异常情况	存在裂缝，但无发展趋势	—	—
1A	出现变形、位移、沉降，但发展缓慢	存在裂缝，有一定发展趋势	—	衬砌侧面存在空隙，估计今后由于地下水的作用，空隙会扩大
2A	出现变形、位移、沉降，估计近期内结构物功能会下降	裂缝密集，出现剪切性裂缝，发展速度较快	侧墙处裂缝密集，衬砌压裂，导致起层、剥落，侧墙混凝土有可能掉下	拱部背面存在大的空洞，上部落石可能掉落至拱背
3A	出现变形、位移、沉降，结构物应有的功能明显下降	裂缝密集，出现剪切性裂缝，并且发展速度快	由于拱顶裂缝密集，衬砌开裂，导致起层、剥落，混凝土块可能掉下	衬砌拱部背面存在大的空洞，且衬砌有效厚度很薄，空腔上部可能掉落至拱背

② 由材料劣化而导致的结构破损，一般出现衬砌断面强度降低、起层、剥落、钢材腐蚀等形态，其判定可按表5-8执行。

表 5-8　材料劣化导致结构破损的判定基准

判定	异常情况		
	衬砌断面强度降低	衬砌起层、剥落	钢材腐蚀
B	存在材料劣化情况，但对断面强度几乎没有影响	难以确定起层、剥落	表面局部腐蚀
1A	由于材料劣化等原因，断面强度有所下降，结构物功能可能受到损害	—	孔蚀或钢材表面全部生锈、腐蚀
2A	由于材料劣化等原因，断面强度有相当程度的下降，结构物功能受到一定的损害	由于侧墙部位材料劣化，导致混凝土起层、剥落，混凝土块可能掉落或已有掉落	由于腐蚀，钢材断面明显减小，结构物功能受到损害
3A	由于材料劣化等原因，断面强度明显下降，结构物功能损害明显	由于拱顶部位的材料劣化，导致混凝土起层、剥落，混凝土块可能掉落或已有掉落	—

③ 对于渗漏水、结冰、砂土流出等形态的破损，其判定可按表 5-9 执行。

表 5-9　渗漏水导致的结构破损的判定基准

判定	异常情况	
	渗漏水	结冰、砂土流出
B	从衬砌裂缝等处渗水，几乎不影响行车安全	有渗漏水，但现在几乎没有影响
1A	从衬砌裂缝等处漏水，不久可能会影响行车安全	由于排水不良，铺砌层可能积水
2A	从衬砌裂缝等处涌水，影响行车安全	由于排水不良，铺砌层积水
3A	从衬砌裂缝等处喷射水流，严重影响行车安全	在寒冷地区，由于漏水等，形成挂冰、冰柱，侵入规定限界；砂土等伴随漏水流出，铺砌层可能发生浸没和沉降

（二）隧道检查与养护工作内容

1）检查衬砌的变形和裂缝状况，洞内渗漏水状况，及时进行针对性处治。

2）检查路面、人行道并修理损坏部分。

3）检查各种标志、标线及用白色反光材料涂刷部位，如有污染、缺损，及时清扫、修理；添补、刷新。

4）检查隧道附属设施，维护并确保通风、照明、通信、监控、消防、消声等设施经常处于完好状态。

5）检查隧道内外排水系统，修理损坏部分，定期疏通；保持畅通。

6）及时清除隧道内外的塌（散）落物、隧道口边仰坡上的危石、积雪、积水和挂冰。

7）经常保持洞内各部分的清洁，以提高照明和引导视线的效果。

8）维护洞口减光设施和树木花草的完好。

9）定期检测洞内有害气体含量、路面亮度、烟雾浓度及噪声值。

任务二 隧道的保养维修

土建结构的保养维修工作主要包括经常性或预防性的保养和轻微破损部分的维修等内容，以恢复和保持结构的良好使用状态。

一、当日常检查的判定结果为 A 时，应及时对土建结构进行保养和维修

1. 洞口

及时清除洞口边仰坡上的危石 、浮土，冬季应清除积雪和挂冰，保持洞口边沟和边仰坡上截（排）水沟的完好、畅通，修复洞口挡土墙、护坡、排水设施和减光设施等结构物的轻微损坏，维护洞口花草树木的完好。

2. 洞身

无衬砌隧道出现的碎裂、松动岩石和危石，应本着少清除多稳固的原则，加以处理；围岩的渗漏水，应开设泄水孔接引水管，将水导入边沟排出；冬季应及时清除洞顶挂冰。

有衬砌隧道出现的衬砌起层或剥离，应及时加以清除或加固；对衬砌的渗漏水，可将水流引入边沟排出；冬季应及时清除洞顶挂冰等。

3. 路面

及时清除隧道内外路面上的塌（散）落物，及时修复、更换损坏的窨井盖或其他设施的盖板；当路面出现渗漏水时，应及时处理，将水引入边沟排出，防止路面积水或结冰；冬季应及时清除洞口处积雪。

4. 人行和车行横洞

横隧道内严禁存放任何非救援用物品，及时清除散落杂物，修复轻微破损结构，定期保养横洞门，确保横洞清洁、畅通。

5. 斜（竖）井

及时清除井内可能损伤通风设施或影响通风效果的异物；维护井内排水设施的完好，保持水沟（管）的畅通；对井内的检查通道或设施进行保养，防止其锈蚀或损坏。

6. 风道

清理送（排）风口的网罩，清除堵塞网眼的杂物；定期保养风道板吊杆，防止其锈蚀或损坏；及时修复风口或风道的破损，更换损坏的风道板。

7. 排水设施

维护隧道内外排水设施的完好，发现破损及时修复；排水管堵塞时，可用高压水或压缩空气疏通。

8. 吊顶和内装

吊顶和内装应保持完好和整洁美观，如有破损、缺失应及时修补恢复，不能修复的应及时更新。

9. 人行道或检修道

维护人行道或检修道的完好和畅通，道板如有破损或缺失，应及时进行修复和补充；定期保养人行道或检修道护栏，防止其锈蚀、损坏。

10. 寒冷地区隧道保温

寒冷地区隧道的防冻保温设施应做好保养维护，如有损坏及时维修，确保其正常使用功能。

11. 防雪设施

洞口设有防雪设施的隧道，应做好防雪设施的保养维护，并在大雪降临前完成设施的维修加固。

12. 交通标志

隧道的交通标志应保持外观完整、清晰、醒目，保持位置、高度和角度适当，确保交通信息传递无误。

1）及时清洗标志牌面的脏污，清除遮挡标志的障碍。

2）及时修补变形、破损的标牌，修复弯曲、倾斜的支柱，坚固松动的连接构件。

3）对锈蚀损坏、老化失效的标志，应及时更换，缺失的应及时补充。

13. 交通标线

隧道的交通标线应保持完整、清洁和醒目。

1）及时清洗脏污的标线，对破损严重和脱落的标线应及时补画。

2）清除突起路标的脏污和杂物，及时紧固松动的路标，发现损坏或丢失的，应及时修复或补换。

二、病害处治

病害处治应根据结构检查结果，针对病害产生原因，按照安全、经济、合理的原则确定方案。处治方案可由一种或多种处治方法组成，处治方法可按表5-10选用。

表 5-10　病害处治方法选择表

处治方法	病害原因											病害现象特征	预期效果
	外力引起的变化								其他				
	松弛压力	偏压	地层滑坡	膨胀性土压	承载力不足	静水压	冻胀力	材料劣化	渗漏水	衬砌背面空隙	衬砌厚度不足	无仰拱		
衬砌背面注浆	★	★	★	★	★	★	★		○	★			衬砌裂纹、剥离、剥落	衬砌与岩体紧密结合，荷载作用均匀，衬砌和围岩稳定

（续）

处治方法	病害原因											病害现象特征	预期效果
	外力引起的变化								其他				
	松弛压力	偏压	地层滑坡	膨胀性土压	承载力不足	静水压	冻胀力	材料劣化	渗漏水	衬砌背面空隙	衬砌厚度不足	无仰拱		
防护网								★					① 衬砌裂纹、剥离、剥落 ② 衬砌材料劣化	防止衬砌局部劣化
喷射混凝土	○	☆		☆	☆	○	○	☆			☆		① 衬砌裂纹、剥离、剥落 ② 衬砌材料劣化	防止衬砌局部劣化
锚杆加固	☆	★	☆	★	★	○	☆	○			☆	★	① 拱部混凝土和侧壁混凝土裂纹、侧壁混凝土挤出 ② 路面裂缝，路基膨胀	① 岩体改善后岩体稳定性提高，防止松弛压力扩大 ② 通过施加预应力，提高承受膨胀性土压和偏压的强度
排水止水	○	○	☆	○	○	★	★		★				① 衬砌裂纹或施工缝漏水增加 ② 随衬砌内漏水流出大量砂土	① 防止衬砌劣化，保持美观 ② 恢复排水系统功能，降低水压
套拱	○	☆	☆	☆	☆	○	○	☆			★		① 衬砌裂纹、剥离、剥落 ② 衬砌材质劣化	由于衬砌厚度增加，衬砌抗剪强度得到提高
绝热层							★						① 拱部混凝土和侧壁混凝土裂缝，侧壁混凝土挤出 ② 随季节变化而变动	① 由于解冻，防止衬砌劣化 ② 防止冻胀压力的产生
滑坡整治		☆	★										① 衬砌裂缝、净空宽度缩小 ② 路面裂缝，路基膨胀	防止岩层滑坡
围岩压浆	○	○			○			○	☆	☆	☆		① 拱部混凝土和侧壁混凝土裂缝，侧壁混凝土挤出 ② 路面裂缝，路基膨胀	周边岩体改善，提高了岩体的抗剪强度和黏结力
灌浆锚固	☆	★	★	★	★						○	★	① 拱部混凝土和侧壁混凝土裂缝，侧壁混凝土挤出 ② 路面裂缝，路基膨胀	由于施加预应力，提高膨胀性岩层、偏压岩层的强度
增设仰拱		★	☆	★	★	○	☆					★	① 拱部混凝土和侧壁混凝土裂缝，侧壁混凝土挤出 ② 路面裂缝，路基膨胀	提高对膨胀围岩压力和偏压围岩压力的抵抗力

（续）

处治方法	病害原因												病害现象特征	预期效果
	外力引起的变化							其他						
	松弛压力	偏压	地层滑坡	膨胀性土压	承载力不足	静水压	冻胀力	材料劣化	渗漏水	衬砌背面空隙	衬砌厚度不足	无仰拱		
更换衬砌	☆	☆	☆	☆	☆	○	○	★	☆	☆	★	★	① 拱部混凝土和侧壁混凝土裂缝，侧壁混凝土挤出 ② 路面裂缝，路基膨胀	更换衬砌，提高耐久性

注：1. 符号说明：★—对病害处治非常有效的方法；☆—对病害处治较有效的方法；○—对病害处治有些效果的方法；

　　2. 松弛压力中包括突发性崩溃的情况。

1）采用衬砌背面注浆方法处治病害时，应符合下列要求：

① 应根据专项检查结果，确定空隙部位，合理布置注浆孔。

② 注浆压力应小于 0.5MPa，在注浆过程中应加强监测。当发生衬砌变形或排水系统堵塞等异常情况时，可降低注浆压力或采用间歇注浆方式，直到停止注浆。

③ 注浆效果检查可采取钻孔取芯、超声波或雷达检测等方法。

2）采用防护网方法处治病害时，应符合下列要求：

① 防护网必须选用耐火的材料。

② 施工前应凿除衬砌剥离劣化部分。

③ 防护网可用锚栓固定在衬砌表面上，应固定牢固。

3）采用喷射混凝土方法处治病害，应符合下列要求：

① 喷射混凝土的种类主要有：素混凝土、钢筋网喷射水泥砂浆、钢筋网喷射混凝土和钢纤维喷射混凝土等，应根据病害程度和施工条件等因素进行选择。

② 喷射混凝土必须有足够的强度和附着率，其配合比应通过实验确定，喷射机的工作风压，应满足喷头处的压力在 0.1MPa 左右。

③ 当采用钢筋网喷射混凝土时，钢筋网必须有恰当的保护层厚度。

④ 喷射混凝土终凝 2h 后应喷水养护，养护时间应不少于 7d；当隧道内相对湿度大于 85% 时，可采用自然养护，寒冷地区的养护应按相关规范进行。

⑤ 当喷射混凝土作业完成后，应对喷射混凝土层进行检测，强度指标应达到设计要求。其强度指标及检测方法可按表 5-11 执行。

表 5-11　锚喷支护实测项目

序号	检查项目	规定值或允许偏差	检查方法和频率
1	混凝土强度 /MPa	在合格标准内	按《公路养护技术规范》附录 B 检查

（续）

序号	检查项目	规定值或允许偏差	检查方法和频率
2	锚杆拔力/kN	28d 拔力平均值≥设计值，最小拔力≥0.9设计值	按锚杆数 1% 做拔力试验且不小于3根
3	喷层厚度/mm	平均厚度≥设计厚度；检查点的 60%≥设计厚度；最小厚度≥0.5 设计厚度，且≥60mm	每 10m 检查 1 个断面，每断面从拱顶中线起每 2m 检查 1 点，用凿孔或激光断面仪、光带摄影法确定厚度

4）采用锚杆加固方法处治病害，应符合下列要求：

① 锚杆的长度和间距应根据病害原因和地质情况确定。

② 当采用水泥砂浆锚杆时：注浆开始或中途停止超过 30min，应用水或稀水泥浆润滑注浆罐及其管路；杆体插入后，若孔口无砂浆溢出，应及时补注。

③ 当采用自进式锚杆时：安装前，应检查锚杆中孔和钻头的水孔是否畅通，若有异物堵塞，应及时清理；锚杆灌浆料宜采用纯水泥浆，地质条件差时可灌入聚氨酯、硅树脂。

④ 锚杆质量的检查可按表 5-11 做锚杆拔力试验。

5）采用排水、止水方法处治病害，应符合下列要求：

① 当隧道局部出现涌水病害时，宜采用外置排水管和开槽埋管的排水法处治。其施工应注意以下事项：

水管的位置、间距应根据涌水量的大小和位置等情况确定；

水管不得堵塞，管道材料应具有抗老化性和足够强度；

当采用开槽埋管法时，衬砌表面可用氯丁橡胶等材料覆盖；

当采用外置排水管时，可用固定装置将 U 形排水管固定在衬砌表面，将水引入管内排出；

外置排水管的设置不得侵入建筑限界，并严禁在设置机电设施的地方开凿排水沟槽；

设置外置排水管应尽量减少对隧道外观的破坏。

② 当地下水沿衬砌裂纹、施工缝以滴水形式漏出时，宜采用向衬砌内注浆的止水法。其施工应注意以下规定：

衬砌内注浆宜采用水泥浆液、超细水泥浆液、自流平水泥浆液、化学浆液；

注浆时采用低压低速注浆，化学注浆压力宜为 0.2~0.4MPa、水泥浆注浆压力宜为 0.4~0.8MPa；

注浆后待缝内浆液初凝而不外流时，方可拆下注浆嘴并进行封口抹平；

衬砌裂缝的注浆施工质量检验可采用渗漏水量测，必要时采用钻孔取芯、压水（或空气）等方法检查。

③ 当漏水量小且呈表面渗透状时，可设置防水板进行处治。施工时应注意以下要求：

防水板材料应具有耐热和耐油性，一般有聚乙烯（PE）、乙烯醋酸共聚体（EVA）、橡塑、橡胶板等；

防水板不得侵入建筑限界;

施工前应清除粉尘并保护好电缆等设施;

防水板的搭接处理应牢固,不漏水;

有裂纹需要检查的部位,可在防水板上设置检查观察窗。

④ 当地下水特别发育并有稳定来源时,可采取在隧道内设置排水孔、水平钻孔、加深排水沟和深井降水等措施。施工时应注意以下规定:

应采用过滤性良好的材料,防止排水孔堵塞;

应根据地下水位,确定排水沟加深的深度;

排水孔和排水沟之间应有管道连系;

排水钻孔的位置,必须根据围岩的地质条件和地下水的状况决定。

6)采用套拱加固方法处治病害,应符合下列要求:

① 套拱设计不得侵入建筑限界;

② 为确保衬砌与套拱结合牢固,施工前应凿除衬砌劣化部分,衬砌内面应涂抹界面剂,并设置联系钢筋。

③ 当套拱厚度较大时,可在套拱与衬砌之间设置防水层。

④ 当隧道净空无富余时,可在衬砌的裂纹处贴碳素纤维,提高衬砌承载能力。

7)采用设置绝热层方法处治病害,应符合下列要求:

① 应选用导热系数小和耐高温的绝热材料。

② 绝热层的厚度和延长幅度应根据气象数据、岩体和绝热材料的性质确定。

8)采用滑坡整治方法处治病害,应符合下列要求:

① 洞口段边仰坡出现裂缝,可用黏土等填实,必要时可采用锚杆加固。

② 滑动面以上地层厚度不大时,可在滑动端下端设置抗滑锚固桩。

③ 对洞顶山体进行保护性开挖,减轻下滑力。

④ 在滑动面下方修筑挡土墙,进行保护性填土,土方应夯实不积水。

9)采用围岩注浆方法处治病害,应符合下列要求:

① 围岩注浆压力应比静水压力大 $0.5 \sim 1.5$ MPa。

② 注浆材料宜采用水泥浆液、超细水泥浆液、自流平水泥浆液等。

③ 围岩注浆可采取钻孔取芯法对注浆效果进行检查,必要时进行压(抽)水试验,当检查孔的吸水量大于 1.0 L/(min·m)时,必须进行补充注浆。

④ 注浆结束后,应将注浆孔及检查孔封填密实。

10)采用增设仰拱方法处治病害,应符合下列要求:

① 仰拱的厚度可根据围岩情况确定。

② 应使用拱架模板浇筑仰拱混凝土。

11)采用更换衬砌方法处治病害,应符合下列要求:

① 衬砌的内轮廓线必须与原衬砌内轮廓线一致。

② 施工前应收集衬砌背面空洞和围岩垮塌资料,必要时可用超声波进行检测。

③ 拆除衬砌时,应根据围岩的地质情况及时进行支撑。

④ 施工时，在不影响通行的情况下，可采用简易施工台车。

任务三　隧道的防护与排水

一、防护

隧道养护中，不但要及时处治主体结构所发生的病害，还应注意隧道所处的山体及其附近的保护，缺陷修理，以防止因山体及附近出现问题而引起隧道较大破坏，防患于未然。

如遇山体滑动可能引起隧道破坏时，可采取下列防护措施：

1）修建挡土墙进行保护性填土，使山体受力平衡。

2）保护性开挖洞顶部分山体，减轻下滑重力。

3）在滑动面以上的土体不厚的情况下，可在滑动面下端设置锚固桩抗滑。

采用以上防护措施均应定期检查其工作状态，发现问题及早处理。

隧道处山坡岩石如节理发育、风化严重或有坑穴、溶洞、裂缝现象时，应对地表做下列防护性封闭。

1）用浆砌片石、石灰土、黏土等填补洞穴，封闭裂缝，整修地表，稳固山坡。

2）地表岩石松散破碎时，可喷水泥砂浆固结。

二、排水

1. 洞外排水

有坡度的隧道，其上洞口路基边沟及两侧沉砂井应经常清除泥沙杂物，疏导畅通。路面纵坡方向相反，即向洞外方向倾斜，并在适当地点横向排出路基，使上洞口路基排水不流向隧道，以避免引起隧道内边沟淤塞。隧道上洞口的路堑如出现路面地表水来不及流入侧沟而流入洞内时，可在洞门外1m左右处设横向截水设施，并将沟水妥善引出。

沿河隧道在洪水季节可能进水时，可临时封闭两洞口，以保隧道安全。洪水过后，立即拆除封闭物。

隧道顶山坡上的表水应使其迅速排走，尽可能不使水渗入洞身。

2. 洞内排水

治理洞内的水，应采取"以防为主，防、排、截、堵相结合"的综合治理原则。对防水层，纵、横、竖向盲沟，明、暗边沟，截水沟，排水横坡，泄水孔等应及时修理，保持完好、畅通。

隧道内渗漏水，可采取下列措施处治：

1）增设衬砌背面排水系统。

2）对裂缝集中处的漏水，可采用封闭裂缝埋管排漏的方法。

3）衬砌工作缝处漏水，可加设工作缝环形暗槽，将漏水通过暗槽内的半圆管排入纵向边沟。

4）对少量渗水，可抹防水砂浆封闭；也可在衬砌表面铺一层防水层。

5）在围岩与衬砌间压注防水水泥砂浆或水泥浆，可掺入早强速凝剂，形成密闭层以防渗漏。

6）设表层导流管。

对地下涌水，可采取下列方法处治：

1）设横向盲沟并加深纵向排水沟。当涌水量大，必要时还可加修路中心排水沟。

2）修建水泥混凝土路面，并在路面下设隔水层，以阻断地下涌水。

3）在路面与围岩之间压注防水水泥砂浆或水泥浆。

3. 隧道冻害的防治

1）高寒地区隧道应注意洞口构造物的防冻保温。防冻层损坏时，可用同样的轻质膨胀珍珠岩混凝土或浮石混凝土修补，必要时应进行改造。无防冻层的，应设法加筑。

2）高寒地区隧道的防冻保温设施应做好保养维护，如有损坏及时维修，保持其使用功能。洞口设有防雪设施的隧道，应做好防雪设施的保养维护，并在大雪降临前完成设施的维修加固；冬季应及时清除洞口处积雪。防冻保温设施的维修保养应不少于 1 次/年。在北方寒冷地区，应在每次大雪后，对防冻保温设施进行一次检查，发现损坏及时维修。

3）路面出现渗漏水时，应及时处治，将水引入边沟排出，防止结冰。对局部易冻结路段的路面，应适时撒布防冻材料。

任务四　隧道附属设施的养护

公路隧道的营运附属设施包括：通风设备、照明、监控、消防、防冻、消声设施等。这些设备、设施，应定时保养、检修、更换，以保证正常使用。

一、隧道通风

1）隧道应保持良好的通风，保持一氧化碳、烟雾浓度小于规定的容许值。

① 隧道 CO 容许浓度应按表 5-12 取值，当为人车混合通行隧道时应按表 5-13 取值。

表 5-12　CO 容许浓度 δ（一）

隧道长度/m	≤1000	≥3000
$\delta/(\mathrm{cm^3/m^3})$	250	200

注：隧道长度为 1000~3000m 时，可按内插法取值。

表 5-13　CO 容许浓度 δ（二）

隧道长度/m	≤1000	≥2000
$\delta/(\mathrm{cm^3/m^3})$	150	100

注：隧道长度为 1000~2000m 时，可按内插法取值。

② 隧道烟雾容许浓度应按表 5-14 取值。

表 5-14　烟雾容许浓度

隧道长度/m	100	80	60	40
烟雾容许浓度 K/(m^{-1})	0.0065	0.0070	0.0075	0.0090

③ 保持隧道通风设施良好，满足隧道内风速不小于 2.5m/s 的要求。

2）通风设施主要包括轴流风要、离心风机、射流风机及其配套设施。通风设施的设备完好率不应低于 98%，在养护中应注意。

① 通风设施应按各种设备的相关操作规程和养护要求进行操作和养护，并使其主要性能指标，如风速、风力、功率、噪声及防护等级等符合产品说明书的要求。

② 选用的风机，在环境温度为 250℃ 情况下其可靠运转时间应不低于 60min。

③ 通风设施养护应配备专用电工工具和机修工具，必要时配备风压计、风速计、声级计等。

④ 进行通风设施养护维修时，应根据隧道交通流量和通风能力，对交通进行必要的组织和管制。

3）通风设施的日常检查主要是通过观察设备运转有无异常，确定设备是否存在隐患，并及时排除故障。高速公路隧道日常检查不少于 1 次/d，其他公路可按 1 次/（1~3）d 进行。必要时应进行应急检查。

4）通风设施的经常性检修、定期检修、分解性检修可按《公路养护技术规范》（JTG H10）附录 G 表 G-1 的要求进行。

5）单向交通排烟风速应按 2~3m/s 进行控制，双向交通排烟风速应按 1.5m/s 进行控制。

二、隧道照明

1）隧道内照明亮度应满足设计要求。

2）照明灯具的防护等级应不低于 IP65。

3）加设照明设施时，可根据以下原则确定：

① 长度大于 100m 的高速公路、一级公路隧道应设置照明设施。

② 二、三、四级公路的长、特长隧道应设置照明设施；中隧道可根据需要进行设置；交通量较小的短隧道可不设照明设施。

③ 未设照明设施的隧道，应在隧道洞门外设置限速标志及减速设施。

4）照明设施养护工具除必备的电工工具、高空作业车、清洁卫生用具外，还应配备照度仪等相关设备。

5）高速公路隧道照明设施的完好率应不低于 95%，其他公路隧道应不低于 90%。当照明光源达到其额定寿命的 90% 时，应进行成批更换，并选用节能光源。

6）照明设施日常检查主要是对设施的使用及损坏情况进行巡检登记。当中间段连续损坏 2 盏以上灯、洞口加强段连续损坏 3 盏以上灯时，应及时进行更换或维修。

7）照明设施的经常性检修、定期检修可按《公路养护技术规范》（JTG H10）附录 G 表 G-2 的要求进行。

三、监控和消防

1）应加强对隧道内监控设施的日常检查，对隧道内各种监控传感器、信息板及信号标识、监控室的各种监视设备进行外观巡检，发现异常及时处治。对监控设施的经常性检修、定期检修可按《公路养护技术规范》（JTG H10）附录 G 表 G-3 进行。

2）监控设施养护主要指标应按相应设备的产品说明要求进行，高速公路隧道监控设施设备完好率应不低于 98%，其他各级公路隧道应不低于 95%。

3）高速公路、一级公路的长隧道和特长隧道，其他公路的特长隧道监控系统的软件维护每年应不少于两次，其他公路隧道监控系统的软件系统维护每年应不少于一次。维护时应注意软件的修改完善，保障联动运行功能的实现和软件可靠性各项技术措施的落实，严格按操作规程或使用说明进行。

4）高速公路、一级公路的长隧道和特长隧道，应根据需要设置紧急电话、报警装置、排烟设备、消防给水管网及消防器材库等消防与救援设施。高速公路、一级公路的中、长隧道和特长隧道应单独设置存放专用消防器材的洞室，并设置明显标志，对存放的消防器材应定期进行补充、更换；其他公路的长隧道和特长隧道可视具体情况简化设置，但应在适当位置设置消防器材库。各种消防与救援设施的标志应保持完好、醒目。

5）对消防设备、报警设备和消防设施应加强日常巡视检查，及时处治设施的异常情况。对消防与救援设施的经常性检修、定期检修可按《公路养护技术规范》（JTG H10）附录 G 表 G-4 进行。在检修期间应有相应的防灾措施。

6）各类消防与救援设备必须保持完好状态。消防设施的设备完好率应达到 100%，救援设施的设备完好率应不低于 98%。

7）隧道内不准存放汽油、柴油等易燃易爆物品。严禁明火作业与取暖。隧道内的紧急停车带、行车（人）横洞、避车洞或错车道不准堆放杂物。

8）高速公路的长隧道和特长隧道，其他公路的特长隧道应针对隧道内可能出现的火灾及交通事故，制订周密的救援计划，并按计划进行不少于 1 次/年的有针对性地实地救援及防灾演习，其他各种设施应与消防救援设施紧密配合。

四、隧道消音设施设置与养护

1）高速公路的长隧道和特长隧道、其他公路的特长隧道原未设置消音设施的，随着交通量增长引起噪声增大，影响正常通行管理时，可根据实测的噪声值，增设消音设施。增设的消音设施，不得侵入隧道建筑限界。

2）消音设施应每月清洁一次，如有损坏应及时修复或更换。

五、隧道安全管理

1）隧道安全管理应包括正常营运及养护作业时和发生事故时的交通组织和

安全防护。

2）隧道洞口周围 200m 范围内，不得挖沙、采石、取土、倾倒废弃物，不得进行爆破作业及其他危及公路隧道安全的活动。

3）养护作业的安全防护应包括养护作业机械、养护人员的安全防护。养护作业宜选择在交通量较小时段进行。隧道内的养护作业，应按《公路养护技术规范》（JTG H10）第 11 章相关规定进行，养护维修作业控制区经设定后不得随意变更，作业人员不得在作业控制区外活动或将作任何施工机具、材料置于养护维修作业控制区以外。

4）隧道内发生火灾及重大交通事故或坍塌等突发事件时，必须立即报警并按消防等预案进行救助；并配合有关部门到现场处理事故。事后，应尽快清理现场，排除路障，恢复隧道正常通行，并登记相关损失。应认真分析事故原因，恢复或改善隧道的防灾能力。

课 后 训 练

1. 简述公路隧道的分类。
2. 简述隧道检查与养护工作内容。
3. 隧道的常见病害有哪些？
4. 隧道通风有哪些具体要求？
5. 简述隧道内渗漏水的处治措施。

项目六
06
公路的防灾与突发事件处置

知识目标

了解公路水毁的预防、抢修与治理方法。

技能目标

掌握公路冰害、雪害、沙害的防治方法。

素养目标

观看公路水毁的图片，将"预防为主、防治结合"的工作思想深入心中，养成吃苦耐劳、爱岗敬业的工作精神。

公路水毁、
冰害、雪害、
沙害

工作任务

1. 水毁的预防、抢修与治理；
2. 公路冰害的防治；
3. 公路雪害的防治；
4. 公路沙害的防治。

为维护公路的正常交通，应坚持"预防为主、防治结合"的方针，对洪水和流冰侵袭公路造成公路设施的损坏、路面积雪和积沙影响行车安全或阻碍交通，以及各类突发事件损坏公路设施和影响公路使用功能的情况，采取行之有效的措施，予以预防和处治。

应根据当地的水文气候条件、季节特点、公路状况，加强公路防灾（防洪、防冰、防雪和防沙）能力定期检查和观察，分析掌握路段、桥隧的抗灾害能力，采取必要的预防措施。

重要工程和水毁、雪阻、沙阻多发路段，宜事先储备必要的材料和机械设备，一旦发生毁阻，应按先抢通后修复的原则，及时组织抢修。

公路突发事件的处置应做到快速反应，准备充分，组织有力，处置得当，最大限度降低灾害损失。对各类公路突发事件应建立应急预案。对可能发生灾害路段，应加强检查、检测，建立各类检查、检测档案，提倡灾害预警体系建设。应急预案的主要内容应包括：组织领导体系；应急抢险队伍；人、材、物及资金的保障；信息报告制度；临时交通组织方案；抢险工程措施等。尽可能减少突发事件的发生，达到公路设施治早、治小、治了的目标。

当公路及其沿线设施发生因自然或人为因素造成严重损坏影响交通或造成人身伤害的重特大突发事件时，应积极采取应急措施，避免灾害扩大，做好灾后工程修复工作。

任务一　水毁的预防、抢修与治理

公路水毁防治坚持"预防为主，防治结合"的原则，雨前抓预防，雨中抓防毁，雨后抓恢复。做到及时预防、积极抢修、彻底根治、逐步提高，从而增强公路本身的抗洪能力，以减轻暴雨、洪水对公路的破坏。在日常养护工作中，以疏导为主，及时消除堵塞物，不断完善排水系统，发现问题，立即解决，做到"堵小洞，防大害"。根据各地的气候特点和地理条件，结合不同的道路状况，制订具体的防治措施，吸取以往的经验教训，从检查水毁隐患入手。在思想上重视水毁，在行动上加强防毁。

一、水毁的预防

水毁是指暴雨、洪水对公路造成的各种损毁。水毁预防是指在雨季和洪水来临之前为防止或减轻暴雨、洪水对公路的危害而进行的工作，其范围包括：

1）防止漂流物大量急剧地下冲。

2）清疏各种排水系统。

3）修理、加固和改善各类构造物。

4）检修防洪设备，备足抢护的材料、工具以及救生、照明和通信等设备。

对公路水毁要做到全面预防、重点治理。为此，每年汛期应进行必要的水文观测，掌握洪水的动态，并与当地气象、水文部门取得联系，及时收集水、雨情况预报资料，或向沿河居民进行调查，预先了解洪水强度、到达时间和变化情

水毁的预防
及抢修

况，以判断对公路的危害性，及早采取措施；在汛前应进行一次预防水毁的技术检查，内容包括：

1）桥梁墩台、调治构造物、涵洞、引道、护坡和挡土墙基础有无冲空或破坏。

2）桥下有无杂物堆积淤塞河道，涵洞、透水路堤有无淤塞，以及河流上游堆积物、漂流物的情况。

3）河床冲刷情况和傍河路基急流冲刷处有无淘空或下沉。

4）浸水路堤和陡边坡路段的路基有无松裂。

5）边沟、盲沟、跌水等排水系统有无淤塞，路面、路肩横坡是否适当，路肩上的临时堆积物是否阻碍排水。

6）养路房屋的基础有无淘空，墙体有无破裂倾斜、剥落，屋顶有无流水。

查出的隐患，应在雨季、汛期之前治理完毕。

在洪水期，顺流急下的巨大漂流物对下游的桥梁构成极大的威胁。因此，首先要对桥梁上游沿河的根部被淘空的树木、竹林以及洪水位以下的竹、木、柴、草和未系结牢固的竹、木排筏进行检查，作必要的处理。

漂流物较多的河流，为避免漂流物撞击墩台，可在墩台前一定的距离处设置护墩体；其形式可根据水流的缓急、水位的高低、漂流物的多少、流量的大小等情况选择。一般有单桩、单排、束桩、双排、三角形等，材料有木、钢、石块、水泥混凝土等。

在漂流物未到达桥梁之前，应尽快打捞，一般可在桥梁上游河流转弯处将漂流物拉向河边，并用缆绳锚定。

在洪水期间，发现有整排木排或特大流冰冰块时，可在上游采取爆破打散。

对空腹拱桥，特别是双曲拱桥的拱上立柱，经不起漂流物冲击，更应加强防患，确保桥梁安全。

各种构造物的基础如有淘空应及时处治。当河床冲刷严重危及墩台基础时，除必要时在上游设置调治构造物外，还可根据河床水位的高低，在枯水期铺砌单层、双层块（片）石护底，或采用沉柴排、沉石笼（可采用耐特龙塑料网石笼）、抛石块护基处理。

防止透水路堤淤塞是预防水毁的关键。如水流混浊，水中含有较多黏土颗粒时，应在上游设置过滤堰，如图6-1所示。

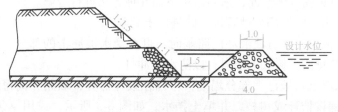

图6-1　过滤堰（单位：m）

水流中夹有较多树叶、杂草或地势平坦，沟底土质松软时；可用小木桩环绕进水口边打入土中，柱顶要露出最高水面20cm以上。木桩上用竹片或柳条编成弧形防护篱，以阻拦夹带物，并注意在洪水期间经常清除杂物，如图 6-2 所示。

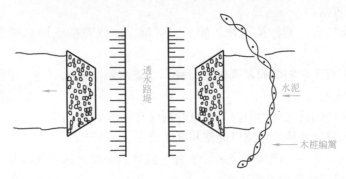

透水路堤

水泥

木桩编篱

图 6-2　弧形防护篱

水流中夹带砂质颗粒时，可在上游设置沉砂井来积砂，每次洪水后清除积砂一次。渗水路堤如不能满足泄水需要时，应根据流量，改建为涵洞。

二、水毁的抢修

在雨季和汛期，公路管理机构应组织人员对所辖公路进行昼夜巡视检查，对易毁的路段和构造物应设专门的抢护队伍守护，以便随时发现险情及时采取措施。当洪水对公路发生破坏时，应进行紧急抢护，并做到：

1）保证重点，照顾全面。

2）先干线，后支线。

3）先修通，后恢复，抢修与恢复相结合。

4）先路基、桥涵，后路面工程。

5）干线公路应随毁随修，力争水退路通，待雨季过后再进行恢复。

6）乡级公路应由沿线乡镇积极抢修，尽快恢复通车，公路管理部门给予适当经费补助和必要的技术指导。

（一）路基水毁抢修措施

对于因养护不够而发生的路基水毁，可以分析水毁原因，按照有关养护修理的要求进行修复。如路基发生塌陷，应迅速使用已备好的土料进行修补，如路基行车部分已泥泞难行，应将稀泥挖出，撒铺砂粒料维持通车。

对靠近河流、湖塘及洼地的路基，因洪水猛涨并不断冲刷路基，使路基发生塌陷时，可以根据具体情况，适当采用下面几种方法进行抢修。

1）在受水冲刷的部分抛石块、砂袋、土袋等。

2）洪水冲刷，并有波浪冲向路基时，可在受水浪冲击的部分，用绳索挂满芦苇编成的芦排或带树头的柳树，以防水浪冲打。

3）如果路基边坡已大部分塌陷，可以在毁坏部分，顺路方向每米打木桩一根，桩里面铺设秸秆或树枝，并填土挡水，如图 6-3 所示，或用草袋装上砂石、黏土等材料填筑。

4）当路堤有被洪水淹没危险时，可在临河一面的路肩上，用草袋或黏土筑成土埂临时挡水。

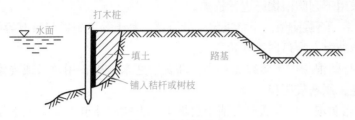

图 6-3 打桩护路基

对于因漫水造成的路基水毁，可根据漫水的深度、路基宽窄、材料取运难易，采用下面几种方法进行抢修。

1）填土赶水法。路基漫水长度不大，漫水深度 0.3m 以下时，可以直接从两头填土把水赶出，填土厚度要比现有水面再高出 0.3～0.5m。填土后先将表层夯实维持通车，或填砂砾、碎砖、炉渣等矿料，提高路基以维持通车。

2）打堤排水法。如路基漫水较长，漫水深度在 0.5m 以下时，可在漫水路段的两侧路肩上，用草袋装土填起两道土堤，先把路基上面的水围起来，然后将土堤里面的水排除，露出原路面后，有的可以直接维持通车，如土壤湿软时可以现撒铺一层砂或碎砖、炉渣后再维持通车，如图 6-4 所示。

图 6-4 打土堤排水

3）打桩筑堤排水法。如果路基浸水深度在 1m 左右时，可采取打桩筑堤，每道堤必须先打两行木桩，间距和行距都是 1m 左右，木桩直径一般为 10～15cm，打好木桩后，在桩里面铺秸料，然后在中间填土压实，达到堤不漏水，以后再把围起来的水从路上排出，并在原路上铺一层砂料、碎砖等维持通车。

（二）桥涵等构造物水毁抢修

汛期对抗洪能力不足的桥梁，应有专人负责查看，以便及时发现险情进行抢护，分不同情况采取下列措施：

1）监视漂流物在桥下通过的情况，必要时用竹竿、钩杆等引导其顺利通过桥孔，防止其聚集在桥墩附近。堵塞在桥下的漂流物，必须随时移开或捞起。

2）洪水时，如桥涵墩台、引道、护坡、锥坡或河床发生冲刷，危及整个构造物时，应采取抛块石、沉放砂袋或柴排等紧急措施进行抢护。但抛填不能过多，以免减少泄水面积而增大冲刷。抛填块石时，可沿临时设置的木槽滑下，以控制抛填位置。

3）遇有特大洪水，采用抢护措施仍不能保全的重要桥梁，在紧急情况下，经上级主管部门批准，可用炸药炸开桥头引道，以增加泄水面积，保护主桥安全度汛。

桥涵锥坡、路堤和导流坝等边坡被水浪冲击和水流冲刷时，应按不同情况，因地制宜采用下列防浪措施进行抢护。

1）土袋、石袋防浪。用草袋装入砂石料、黏土等（每袋只装其容量的 2/3），铺置于迎水坡上，袋口向里互相叠压。

2）芦排防浪。用芦苇编成芦排，铺置于迎水坡上，用竹条或绳索压住，并用小桩固定，用石袋压稳。

3）草席防浪。用普通草席铺于边坡上，下端坠系砂石袋，上端用绳索固定在堤顶的木桩上。

4）铁丝石笼防浪。用 8 号或 10 号铁丝编成铁丝笼，内装石块，置于迎水边坡上。

冲毁的路基、桥涵，需立即抢修便道便桥。便道便桥是维持通车的临时措施，能够保证在使用期间的行车安全即可。便桥可用打桩或石笼做桥墩，并不宜过高，应尽量省工省钱，以免增加施工困难和拖延时间。

三、水毁主要成因及治理对策

（一）沿河路基水毁的成因及治理

1. 沿河路基水毁成因

沿河（溪）公路受洪水顶冲和淘刷，路基发生坍塌或缺断，影响行车安全，乃至中断交通，这种现象称为沿河路基水毁。它常发生在弯曲河岸和半填半挖路段。主要成因有下列几种：

1）受洪水顶冲、淘刷的路段，路基缺少必要的防护构造物。

2）路基防护构造物基础处理不当或埋置深度不足而破坏，引起路基水毁。

3）半填半挖路基地面排水不良，路面、边沟严重渗水，路基下边坡坡面渗流普遍出露，局部管涌引起路基坍塌。

4）风浪袭击路基边坡，边坡过量水蚀而坍塌。

2. 防治沿河路基水毁的措施

防治沿河路基水毁的措施，可以采用设置不漫水丁坝、漫水丁坝和浸水挡土墙等。

（二）桥梁水毁的成因及治理

1. 桥梁水毁成因

桥梁受洪水冲击，墩台基础冲空危及安全或产生桥头引道缺、断，乃至桥梁倒塌，称为桥梁水毁。其主要原因有下列两种：

1）桥梁压缩河床，水流不顺，桥孔偏置时，缺少必要的水流调治构造物。

2）基础埋置深度浅又无防护措施。

2. 防治桥梁水毁的措施

防治桥梁水毁的措施，可分情况采取增建各种水流调治构造物和墩台基础防护构造物。

（1）增建水流调治构造物防治桥梁水毁

1）稳定、次稳定河段上桥梁水毁防治措施，可根据调整桥下滩流、河床冲淤分布的实际需要以及水流流向等情况分别加以选择。

① 正交桥位，两侧有滩且对称分布时，两侧桥头布置对称的曲线形导流堤。

② 正交桥位，两侧有滩但不对称分布时，两侧导流堤一般布置成口朝上游的喇叭形。大滩侧为曲线形导流堤，小滩侧为两端带曲线的直线形导流堤。

③ 桥位在河流弯道上，凹岸布置直线形导流堤，凸岸布置曲线形导流堤。

④ 桥位与河槽正交，一侧引道向上游与滩地斜交，另一侧引道与滩地正交时，斜交侧桥头布置梨形堤，引道上游侧设置短丁坝群。当水深小于1m，流速小于1m/s时，可以边坡加固代替短丁坝群；正交侧桥头设置直线形导流堤。

⑤ 桥位与河槽正交，一侧引道伸向下游与滩地斜交形成"水袋"，另一侧引道与滩地正交时，斜交侧桥头设置曲线形导流堤，引道上游进行边坡加固，并在适当位置设置小型排水构造物，以排除"水袋"积水；正交侧桥头设置直线形导流堤。若斜交侧滩地不宽，可设封闭导流堤消除"水袋"。

⑥ 斜交桥位，两侧有滩地对称分布时，根据河槽流向，锐角侧设梨形堤，另一侧设两端带曲线的直线形导流堤。

2）在不稳定河段上桥梁水毁防治，可根据河岸条件、河床地貌以及桥孔位置等分别情况采取下列措施：

① 桥梁位于出水口附近的喇叭形河段上，封闭地形良好，宜对称布置封闭式导流堤。

② 引道阻断支岔，上游可能形成"水袋"。为控制洪水摆动，防止支岔水流冲毁桥头引道，视单侧或双侧有岔及地形情况，可对称或不对称设置封闭式导流堤。

③ 一河多桥时，为防止水流直冲两桥间引道路基，可结合水流和地形条件，在各桥间设置分水堤。

④ 桥梁位于冲积漫流河段的扩散淤积区，一河多桥而流水沟槽又不明显时，宜设置漫水坝，并加强桥间路堤防护。

3）增建各种调治构造物，具体布置与设计参照有关规定。

（2）增设冲刷防护构造物防治桥梁墩台水毁

桥梁墩台明挖（浅埋）基础，应根据跨径大小、桥位河段稳定类型，分别增建基础防护构造物。当河床较稳定，冲刷范围缩小时，宜采用立面防护措施；当河床稳定，冲刷范围较大时，宜采用平面防护措施。

四、公路、桥涵抗洪能力的评定

每隔3~6年应对公路、桥涵进行一次抗洪能力评定。如遇设计洪水及超设计洪水年，宜结合水毁调查于当年进行一次抗洪能力评定。公路可根据水文、地质、路基、路面等条件基本相同的原则，划分成若干路段，按表6-1进行评定；桥涵以工程为单元，按表6-2进行评定。

评定方法可采用现场检查、量测取得数据，按路段、桥涵原有技术等级标准，用现行有关技术规范进行验算评定。

表 6-1　路段抗洪能力的评定标准

等级	评 定 标 准	等级	评 定 标 准
强	1. 路基坚实、稳定，高度达到设计计算标高，路面为半刚性基层、高级路面 2. 边坡稳定、平顺无冲沟，坡度符合规定的高限值（缓），边坡有良好的防护加固 3. 边沟、截水沟、排水沟完善，纵坡适度，无淤塞，水流畅通，进出口良好 4. 支挡结构物布设合理、齐全、完整无损坏，泄水孔无堵塞 5. 防冲结构物布设合理、齐全、完整无损坏，基础冲刷符合设计	弱	1. 路基标高低于设计计算标高 0.5m，高于次一技术等级的设计洪水标高，无明显沉降，路面为柔性基层、次高级路面 2. 边坡有冲沟或少量坍塌，坡度接近规定的低限值 3. 边沟、截水沟、排水沟有短缺，或淤塞量较大，或进出口有缺损，影响正常排水 4. 支挡结构物短缺，或损坏严重，但无倾斜、沉陷等变形 5. 防冲结构物短缺，或基础冲空面积达 10%～20%，或结构物局部断裂、沉陷，但无倾斜等变形
可	1. 路基坚实、稳定，高度低于设计计算标高不超过 0.5m，路面为半刚性基层、次高级路面 2. 边坡稳定、平顺无冲沟，坡度不低于规定的低限值（陡），边坡有必要的防护加固 3. 边沟、截水沟、排水沟完善，纵坡适度，有淤塞但易于清除，进出口良好 4. 支挡结构物布设合理，有缺损易于修理，泄水孔基本畅通 5. 防冲结构物重点布设合理，基础冲空面积不超过 10%，结构物无断裂、沉陷、倾斜等变形	差	1. 路基有明显沉陷，高度低于次一技术等级的设计洪水标高；路面为柔性基层、砂石路面 2. 边坡沟洼连片，局部坍塌，坡度陡于规定的低限值 3. 边沟、截水沟、排水沟应设而没有设 4. 支挡结构物应设而没有设，或结构物断裂、倾斜、局部坍塌 5. 防冲结构物应设而没有设，或基础冲空面积在 20% 以上，或结构物折裂、倾斜、局部坍塌

表 6-2　桥涵抗洪能力评定标准

等级	评 定 标 准	等级	评 定 标 准
强	1. 孔径大小：桥下实际过水面积满足设计排水面积，桥下净空高度、最小净跨符合规定 2. 孔、涵位置合适，水流调治构造物设置合理、齐全 3. 墩、台基础埋深足够，深基础的冲刷深度线在设计冲刷线以上，浅基础已做防护，防护周边的基础深度线在设计冲刷线以上 4. 墩、台无明显冲蚀、剥落	弱	1. 孔径大小：桥下实际过水面积小于设计排水面积 20% 以内，上部结构底标高与设计水位相同，或净空小于规定的 10%～20% 2. 孔、涵位置偏置，水流调治构造物短缺，或调治构造物局部损坏，河床发生严重的不利变形 3. 深基础冲刷深度线在规定的基底最小埋深安全值的 30%～60% 内；浅基础防护周边冲刷深度线在规定的基底最小埋深安全值的 30%～60% 内，或防护体损坏明显 4. 墩、台冲蚀剥落露筋，面积超过 10%，钢筋严重锈蚀
可	1. 孔径大小：桥下实际过水面积满足设计排水面积，上部结构底标高与设计计算水位相同，或净跨偏小但不超过规定值 10% 2. 孔、涵位置略有偏置，设立了调治构造物，其基础冲刷深度线在基底最小埋深安全值的 30% 以内，或调治构造物有局部缺损，河床无大的不利变形 3. 深基础冲刷深度线在规定的基底最小埋深安全值的 30% 以内，浅基础防护周边冲刷深度线在规定的基底最小埋深安全值的 30% 以内，防护有局部缺损 4. 墩、台有冲蚀剥落，面积小于 10%，深度小于 2cm	差	1. 孔径大小：桥下实际过水面积小于设计排水面积 20% 以上，上部结构底标高低于设计水位，或净跨小于规定值的 20% 以上 2. 孔、涵位置偏置，无必要的水流调治构造物 3. 深基础的冲刷深度线在规定的基底最小埋深安全值的 60% 以上；浅基础未做防护，冲空面积在 20% 以上 4. 墩、台冲蚀剥落严重，桩有缩颈，砌体松动脱落或变形

注：计算水位已计入水、浪高等。

当路段、桥涵抗洪能力评定为"强"时,进行正常养护;当路段、桥涵抗洪能力评定为"可"时,除正常养护外,应加强汛期病害观测,采取技术措施,防止病害扩大;当路段、桥涵抗洪能力评定为"弱"或"差"时,路段应针对病害情况分别采取修理、加固或改建等技术措施,桥涵应对照现行《公路技术状况评定标准》(JTG H20)确定其技术类别并采取相应的技术措施。

任务二 公路冰害的防治

公路冰害应根据以往治理情况,做好现场调查,分析研究,制订预防或抢修措施,降低工程造价,提高治理效果,并对沿线冰害的预防和治理措施进行全面记录。在寒冷地区,河水冻结可对桥梁浅桩产生冻拔,使小桥涵形成冰塞引起构造物冻裂,解冻时大量流冰对桥梁墩台产生巨大冲击,以至形成冰坝,威胁桥梁安全;在地下水或地面水漫溢到地面或冰面时,逐层冻结而形成涎流冰。涎流冰覆盖道路,会造成行车道凸凹不平或形成冰块、冰槽等,严重影响行车的安全;若堵塞桥孔则会挤压上部结构,导致损坏。

为防治桥基冻拔,可适当加大桩深。对于冻塞现象,除经常清除涵内冰冻外,必要时可适当加大孔径和涵底纵坡或在上游采用聚冰池或冰坝等构造物。

为避免气温突变解冻的流冰对桥梁墩台、桩的冲击,一般可在桥位上游设置破冰体,并在临时解冻前,在桥位下游对封冻冰面用人工或爆破方法开挖冰池及时疏导。冰池长度为河宽1~2倍,宽为河宽的1/4~1/3,且不小于最大桥跨,如图6-5所示。

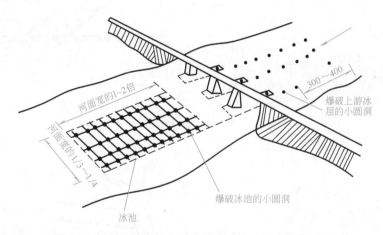

图6-5 用开挖冰池的方法处理冰地块(尺寸单位:m)

如水面宽度小于30m时,冰池长度宜增加到水面宽的5倍,并在接近冰池下游开挖0.5m宽的横向冰沟。在危急时,应在下游将冰块凿开逐一送入冰层下冲走,在上游将流冰人工撬开或用炸药炸开予以清除。

公路上的涎流冰面积一般有数百平方米到数千平方米,有的可达数万平方米,其厚度一般为数厘米到数米。涎流冰主要分布在我国东北大、小兴安岭和长白山地区及西藏、川西和西北地区海拔 2500~3000m 以上的山地和高原上。

涎流冰可分为河谷涎流冰和山坡涎流冰，前者主要危害桥涵，后者主要危害公路路面。

对于河谷涎流冰可选择以下方法防护：

1）桥梁上游如有大片地形低洼的荒地，可用土坝截流。

2）河床纵坡不大的河流，可于初冬在桥下游筑土坝，使桥梁下游各约 50m 范围形成水池，水面结冰坚实后，在水池部位上游开挖人字形冰沟，以利集中水源。同时挖开下游河床最深处的土坝，放尽池内存水，保持上下游进出口不被堵塞，使水从冰层下流动。

3）于桥位上下游各 30~50m 的水道中部顺流开挖冰沟，用树枝柴草覆盖，再加铺土或雪保温，并经常检修，保持冰沟不被冻塞，于解冻时拆除。

山坡涎流冰的主要的防治措施有：

1）聚冰沟与聚冰坑。聚冰沟多用于拦截冲积扇沟口处的泉水涎流冰和地势较缓的山坡涎流冰；聚冰坑多用于水量较小、边坡不高的堑坡涎流冰，用以积聚涎流冰使之不上路，如图 6-6 及图 6-7 所示。

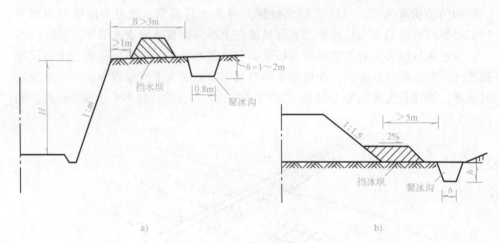

图 6-6　聚冰沟

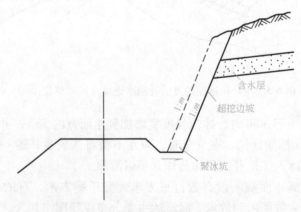

图 6-7　聚冰坑

2）挡冰墙。挡冰墙适用于涌水量不大的山坡涎流冰和挖方边坡涎流冰，用以阻挡和积聚涎流冰，防止其上路，如图6-8所示。

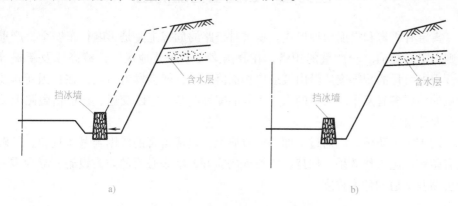

图6-8　挡冰墙

a）边沟外挡冰墙　b）路肩外挡冰墙

挡冰墙一般用浆砌片石、块石筑成，高度须根据冰量而定，一般为60～120cm，顶宽40~60cm。基础埋置深度按土质、积冰量及当地冰冻深度等情况确定。当积水量较大时，可与聚冰坑配合使用。

3）挡冰堤。挡冰堤适用于地势平坦、涌水量不大、有山坡涎流冰和径流量不大的小型沟谷涎流冰。修筑在路基外，山坡地下水露头的下侧或沟谷内桥涵的上游，用以阻挡涎流冰，减小其漫延的范围，如图6-9所示。

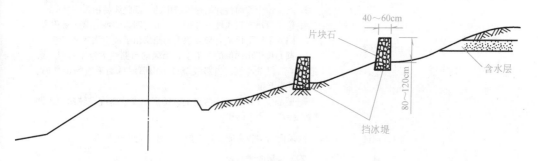

图6-9　挡冰堤

山坡上的涎流冰，可采用柴草、草皮或石砌的长堤予以拦截。在沟谷内一般采用干砌石堤，以利于秋夏排水。挡冰堤的长、宽、高和道数按当地的地形及涎流冰数量确定，基础埋置深度按当地土质和冰冻深度而定。

4）设置地下排水设施。这一措施适用于一般寒冷和严寒地区，常用的有集水渗井、渗池、排水暗管和盲沟等。必要时在出口处设置保温措施或出口集水井。各种设施的构造及有关水力计算，可参见特殊路基设计的有关章节。

5）涎流冰清除。对流至路面的涎流冰要及时清除，撒布砂、炉渣、矿渣、石屑、碎石等防滑材料或氯化钙、氯化钠等盐类防冻剂，以防行车产生滑溜，并设置明显标志。当冰层在盐类物质和行车作用下变软时，应立即将冰层铲除，以防降温时重新冻结，并应重撒防滑材料。

任务三　公路雪害的防治

雪害有积雪和雪崩两种形式。积雪对公路的危害主要是影响行车安全，严重的则会阻断交通。较严重的积雪，在我国多发于东北地区、青藏高原及新疆等地。山上大量的积雪突然沿山坡或山沟崩落下来，就会发生雪崩，在我国新疆及西藏的山区多有发生。大量的雪崩不仅能掩埋路基、阻断交通，还能击毁路上的行车及建筑物。

对雪害的防治，应通过全面的调查研究，摸清雪害的成因与基本规律，了解现有防雪设施工作效果，保持防雪设施的完好，增添必要的防雪设施，减少雪害对公路及交通的危害程度。

一、公路风吹雪害的形成

公路积雪与地形、地物、路基横断面形式、路基与风向夹角有关，见表 6-3。

表 6-3　积雪与地形、地物、路基横断面形式、路基与风向夹角关系

积雪因素	地形、地物、路基横断面形式	积雪情况
地形	平原	不易积雪
	山地丘陵	1. 路基位于山脊背风侧易积雪 2. 路基下风侧有突出障碍物易积雪 3. 路基位于坡面整齐的迎风坡中的上部路线易积雪 4. 位于背风或迎风坡的坡脚、地形有明显凹坡的路线易积雪 5. 路基上、下风侧有导致积雪的凸出山嘴或土坎时易积雪 6. 圆心位于山内侧的弯道上，当风向与路线大致平行时，弯道后半部积雪严重，当路线绕过小山嘴或低而平缓的山坡时，积雪更为严重 7. 圆心位于山外侧的弯道上，特别是当公路绕进较深的山凹时，会产生严重的积雪
地物	沟谷地区	除风向与沟谷方向一致者外，一般不会产生积雪
	森林	不发生风吹雪现象
	建筑物稠密区	不发生风吹雪现象
	灌木丛、草墩、小土丘	易形成路基积雪
	草地	不产生积雪现象
路基横断面形式	路堤	当路线与风向斜交或正交时，路基积雪与路堤高度及边坡坡度有关 1. 边坡缓于 1∶4 时，不易积雪 2. 路堤高度大于 1m 时，不易积雪
	路堑	1. 当风向与路线正交或斜交时，一般都会形成积雪 2. 路堑深度大于 6m 时，可减轻积雪现象 3. 深度较小的浅路堑，如采用敞开式横断面，可以防止积雪
路基与风向夹角	小于 30°	不易积雪
	垂直或接近垂直	易积雪

二、风雪流的防护

（一）风雪流的防护措施

1）设置阻雪设施，使风雪流通过路基时无大量雪的沉积。

2）设置下导风板，以加大路基附近的贴地面风速，使风雪流通过路基时不沉积并吹走路基上疏松的积雪。

3）路线通过迎风或背风山坡的坡角处和距离坡度转折点 5～10m 处最易积雪。开阔地区低于该地平均积雪深度或草丛深度以上 0.6m 的路堤和深度小于 6m 的路堑也易积雪。在有条件的地方，可采取局部改线或提高路基标高的办法解决，否则，应根据实际情况增设相应的防雪措施。

4）受风雪流影响的公路，路基边坡和路肩交接处应建成和保持流线形，清除公路两侧影响风雪流顺畅通过建筑物、草木和堆积物，公路养护材料应堆积在路外的备料台上，堆放高度不得高于路基的标高。

受风雪流影响的路段，在路旁一定范围内不得植树。高速公路和一级公路的分隔带不得栽植和设置有碍风雪流通过的树木及构造物。防雪林带也应按规定的位置种植。

5）在风雪流影响能见度的路段，为保障行车安全，应在公路一侧设置标柱或导向桩。设置间距在直线段一般为 30～50m，弯道上可适当加密，在窄路、窄桥处应在两侧同时设置标柱。

6）在冬季风吹雪次数频繁的平原和微丘荒野地区，可沿公路另建一条平行的辅道。开始降雪时，立即封闭主线，开放辅线，主线上的雪被清除后，开放主线交通，同时清除辅线的积雪，以备下次降雪时使用。平时对辅道予以必要的维修和养护，保持其良好的状况。

7）防雪林带是防治风雪流的重要措施。其他防雪工程是配合防雪林带的辅助措施，防雪林带的树种可以选用以下品种：

① 乔木：白榆、白杨、沙枣和白腊等。

② 灌木：沙拐枣、花棒、梭梭和柠条等。

③ 草：芨芨草、苜蓿和扫帚苗等。

防雪林带应指定专人养护管理，保证林木的成活和正常生长，并控制林带的高度和透风度使其保持最佳的阻雪状态。

（二）防风雪流设施的设置及养护要点

防风雪流设施包括下导风板、屋槽式导风板、防雪墙、阻雪堤和防雪栅栏等，其设置和养护要点如下：

1）下导风板：设在公路的上风侧路基边缘，先埋设立柱，在立柱上部钉以木板或涂以沥青的铁丝网，使风雪流被阻挡，集中加速在下部缺口处通过，并吹走路上疏松的积雪。设置时应符合下列要求：

① 控制板面的透风度。风速较大时，不大于 35%；风速较小时，不大于 25%。

② 下口高度，背风时为 1.0～2.2m；迎风时，为 1.0～1.8m。总高度不宜小

于 3m。

③ 两种风向交替作用的地方，可在路基两侧都设下导风板，组成双向导风板系统。

④ 雪季终止后，应对设施进行检修。活动式下导风板应在拆除后妥善保管，以备下次雪季用。

2）屋槽式导风板：适宜于山区背风山坡路段设置。雪季应进行维修，以保持结构完好。板面坡度与山坡自然坡度一致，并具有原设计要求的足够长度。

3）防雪墙：设在公路上风侧的阻雪设施。可用木、石、土、树枝或雪块等筑成。设置时应符合下列要求：

① 保持其高度不小于 1.6m，与路基边缘的距离为其高度的 10 倍左右。

② 迎风面尽量保持直立的形状，走向与风向垂直。雪量较大时，可平行设置多道防雪墙。

如不符合上述要求，应在雪季前调整、补修。

4）防雪堤：设在雪阻路段迎风口一侧，距离路基 15～20m，高度不低于1.6m，边坡为 1∶1，长度与雪阻路段同长，如图 6-10 所示。

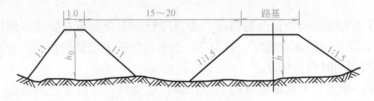

图 6-10　防雪堤（尺寸单位：m）

5）防雪栅栏：作用同防雪墙。一般用木材制成，有较大的透风度。设置时应符合下列要求：

① 保持高度为 2～3.5m，栅栏与地面保持 50cm 的间距。

② 迎风地形山坡坡度大于 25°时，不宜设置防雪栅。

③ 保证其阻雪后雪堤的末端与路基的距离不小于 5m。

④ 防雪栅的透风度：风速较小、移雪量较多、场地宽广的地段，宜用 50%～60%；风速较大、移雪量较少、场地狭窄的地段，宜用 20%～30%。

⑤ 活动式防雪栅被埋 2/3～3/4 时，应及时拔出重新在迎风侧的雪堆顶部安放。

三、雪崩的防治

（一）雪崩的防治原则

1）路线（特别是盘山公路）多次通过同一雪崩地带时，应尽量将公路移出。

2）对危害公路的雪崩生成区，应于雪季前后，对防雪崩工程措施（如水平台阶、稳雪栅栏等）进行维修，保护森林、植被，以充分发挥稳定积雪体的作用。

3）对雪崩运动区，要保持工程措施（如土丘、楔、铅丝网和排桩等）的完好，以减缓和拦阻雪崩体的运动。

4）对雪崩的运动区与堆积区，应保持使雪崩体从空中越过公路的工程措施（如防雪走廊）或将雪崩体引向预定的堆雪场地的导雪堤等的完好。

5）在大的雪崩发生前，制造一些小规模的"人工雪崩"，化整为零，以减轻雪崩对公路的危害。

6）各种防治雪崩的工程措施，都应注意保持原有植被和山体的稳定，避免造成人为的滑坡、泥石流与碎落塌方。

（二）防雪崩工程措施的设置及养护要点

1）水平台阶：水平台阶是在公路侧面山坡上稳定积雪并阻拦短距离滑雪的工程设施，如图6-11所示。养护应符合下列要求：

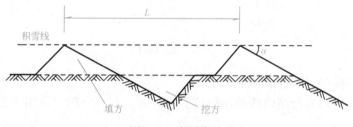

图6-11 水平台阶

① 水平台阶养护时，要经常整修台阶平面和坡面，并种草植树，保持其良好的稳雪能力。

② 台阶平面宽度应保持在2m左右。

2）稳雪栅栏：稳雪栅栏为防止山坡上积雪的蠕动而沿等高线设置的防雪措施，如图6-12所示。设置应符合下列要求：

① 露出地面部分的高度H应保持大于该处的积雪深度。

② 栅板宽与栅板间距均宜保持在10m左右。

③ 立柱的间距约2m。

④ 栅板宽与坡面角度宜保持105°，斜支柱与坡面角度宜保持35°~40°之间，支撑点应位于立柱高的2/3处。

⑤ 最高的一排栅栏应尽可能接近雪崩的裂点及雪檐下方。

3）导雪堤：导雪堤为改变雪崩运动方向，使雪崩堆积到指定地点的防雪设施。导雪堤有土堤、浆砌石堤、铅丝笼石堤等结构形式，可根据当地沟槽坡度及施工条件选择使用。设置应符合下列要求：

① 与雪崩运动方向的夹角宜小于30°。

② 堤体应及时进行维修，保持其原设计的抗冲击与摩阻力。

③ 导雪堤末端应保持有足够的堆雪场地。雪季前应进行检查并进行必要的清理。

4）防雪走廊：防雪走廊是在公路上修筑的构造物。形式与明洞相似，能使雪崩雪从其顶上越过；也可防止风吹雪堆积。养护应符合下列要求：

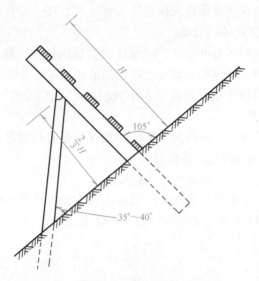

图 6-12 稳雪栅栏

① 必须保持工程各部结构完好。

② 防雪走廊与公路内侧的山坡应紧密连接。如有空隙，可用土石分层回填并夯实。

③ 保持防雪走廊上部沟槽中设置的各种防治发生雪崩的辅助设施及山坡植被的完好。

④ 走廊的顶盖倾角应尽量与山坡坡度一致，两者之间的夹角一般不宜超过15°。

5）导雪槽：导雪槽是在公路上修筑的构造物，内侧与山坡紧密连接，外侧以柱支撑，可使雪崩雪从其顶上越过的工程设施，适用于防治靠近公路一侧上方的小雪崩，根据实际情况可做成临时性或永久性。设置和养护应符合下列要求：

① 必须保持工程各部结构牢固完好。

② 槽下净空应满足有关规定。

③ 导雪槽宜做成从内向外略倾斜。

6）阻雪土丘：阻雪土丘在雪崩运动区的沟槽内，用土堆筑而成，如图 6-13 所示。养护应符合下列要求：

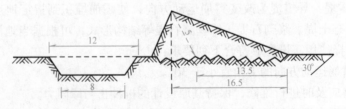

图 6-13 阻雪土丘（尺寸单位：m）

① 保持宽 10~12m，长 15~20m，高于该沟最大雪崩峰面高度。有损坏或几何尺寸不足，应及时修补。

② 修补时不得在土丘下部或两侧取土。

7）楔：楔是在雪崩运动区下部和堆积区上部设置的楔状构造物群。其主要作用是分割、阻挡、滞留雪崩体。其高度应大于雪崩体峰面高度，可用木、石、水泥混凝土、金属等制成，养护应符合下列要求：

① 保持构造物完好。

② 保证其高度大于雪崩峰面高度，不足时应及时加固。

8）铁丝网：铁丝网是设在沟槽雪崩运动区的狭窄通道内，阻拦崩雪继续向下运动的设施。设置和养护应符合下列要求：

① 铁丝网宽度与沟槽同宽，但不宜超过 10cm，高度应大于雪崩峰面高度，支柱埋置深度不应小于 1m。

② 网眼铁丝不得小于 8 号，网孔不得小于 6cm，支柱宜用型钢。

③ 雪季后应及时检修。

9）排桩：作用同铁丝网，设置在较大的沟槽雪崩支沟口处或规模不大的雪崩沟槽内。养护应符合下列要求：

① 保持所有柱体完好。

② 高度应大于雪崩峰面高度。

（三）减缓或阻止雪崩体崩落措施

在雪崩体崩落前，可采取以下措施减缓或阻止其发生崩落。

1）在雪崩生成区的积雪体上撒钠盐，以促使雪崩融化后形成整体，增加雪体强度，减轻雪崩的危害。

2）用炮轰或人工爆破以损坏雪檐、雪屋的稳定性。也可在雪崩体坡面从两端用拉紧的绳索将下部的积雪刮去，使其上部失去支撑，制造小规模的"人工雪崩"，以减轻雪崩的危害程度。

3）阻止风雪流向雪崩生成区聚雪。

四、积雪路段雪害的防治

根据有关调查研究及现场观测资料的介绍，对公路积雪路段宜采取如下措施：

1）放缓边坡。路堤边坡的坡度小于 1∶4 时，路提及其边坡上一般不会产生积雪现象。因此，如果当地条件允许，可将低于 1m 的路堤边坡改建成 1∶4。

2）提高路基。在平原地区，当路线走向与主导风向垂直或接近垂直的路段，风雪流绕越 1m 高的路堤时则速度增加，雪粒不会落在路堤上。因此，对低于该地平均积雪深度或草丛深度为 0.6m 的路堤，应提高至 1m 以上，如图 6-14 所示。

3）加深路堑或改线。路堑与风向垂直时，在浅于 2m 的路堑中将形成减速区，因而产生积雪现象。路堑越浅，积雪越快，如图 6-15a 所示；但风雪流在深路堑中则产生回转气流使风速增加。所以，深度大于 6m 的路堑几乎不会出现积雪现象，如图 6-15b 所示。对于 2～6m 深的路堑，虽然也能形成一定的回转气流，但速度增加不大，因而也会形成比较缓慢的积雪现象。因此，对浅于 2m 的路堑，应根据当地情况采取加深路堑或改线的办法，以消除或减轻积雪的产生。

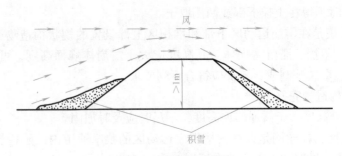

图 6-14　路基积雪情况

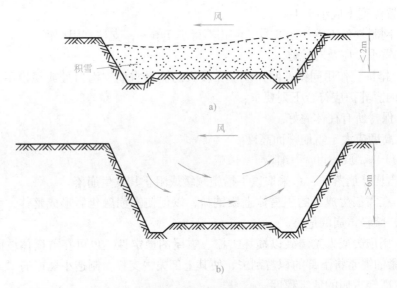

图 6-15　浅路堑积雪与深路堑中的回转气流

a）浅路堑积雪情况　b）深路堑中的回转气流

五、除雪

（一）除雪方式

1）人工除雪：如采用木制板、畜力拉刮板等方法进行除雪。

2）机械除雪：如采用平地机、推土机、除雪机、汽车或拖拉机带扫雪机械等方法进行除雪。

（二）除雪方法

1）每次除雪后都要及时清理有风雪流的路段，将雪抛弃到下风的路堤以外。

2）在冬春降雪或下雨后，如路面上有结冰现象时，应在桥面、陡坡、急弯、桥头引道、居民区和交叉道口处，首先撒铺一层砂、砂砾、石屑等防滑材料，以保证行车安全。

3）如积雪很厚，以至阻车时，为尽快恢复交通，应在路线中心清出一条车道，然后再继续清除路面两侧积雪。

（三）除雪人员及其他人员安全

1）在立交桥、上跨桥上作业人员，要注意防止落下冰雪伤害下面行人。清理桥面积雪时如果下面有车辆和行人通过，要采取预防措施，不使冰柱或积雪落下。

2）桥面结冰往往会比道路其他部分早一些，如果使用警告标志，一定要使标志清晰。

3）积雪融化后再度结冰，较原来降雪的危险性更大，因此，应尽可能排除桥面积水，不使其结冰。

4）因冰雪造成的车辆事故可能会逐渐累积。因此，当一辆车阻碍道路交通时，应尽可能在远离事故地点，向驶近车辆的驾驶员发出警告。

5）在路上除雪作业的养路工人及车辆，要注意自身安全，对前后车辆的驾驶员要发出适当警告，可设置闪光信号、布置信号旗手等来警示驾驶人，严防交通事故发生。

6）除雪时要有出发和返回时间、人员、机械工作记录。如发现作业人员、机械没有按时返回，应及时派人寻找。

任务四　公路沙害的防治

在多风沙地区，沙害是公路的常见病害。其危害主要表现为风蚀和沙埋，其中尤以沙埋为主。治理风沙应贯彻预防为主，防治结合；因地制宜，因害设防；先治标，后治本，标本兼治的原则。

以工程措施防治沙害，能及时解决紧迫的路线通阻问题，是治标的措施。以植物措施防治沙害是治本的措施，但见效时间较长，一般应与治标措施结合进行。确定防治风沙的具体方案，应根据事先调查的流沙移动方式、方向、年移动距离、输沙量，沙丘形态、沙丘高度及风向、风速等，并在摸清其变化规律，综合分析的基础上，制订出防治风沙的最佳方案，以确保公路畅通。

一、风沙对公路的危害及防治对策

1）路基风蚀：因表土被风剥蚀，使路基变窄变低。主要产生在突起的迎风面部位，如路肩、边坡上部等。其对策可将路基表面进行封固，以抵抗风蚀。

2）移动沙丘上路：沙丘在风力的反复作用下，以近似滚动的形式前进上路，形成堆状积沙。对移动的沙丘可采用"固"和"阻"的对策加以控制。

3）路基流沙堆积：风沙流遇路堤、路堑、取土坑、废土坑、沙障及其他地形突然变化处，贴地表的沙流分离，产生涡流，局部风速降低，使沙粒沉积，在公路上形成舌状或片状积沙。这种情况，必须在清除一切障碍后，采用"输"或"导"的对策，适当使风速加大，以增加风沙流的输沙能力，使积沙顺利吹走。

二、防治沙害的措施

采用"固""阻""输""导"等措施防治沙害，应根据当地情况，各有侧重，配合使用。

（一）固沙

1. 路基表面的固沙措施

为防止沙质路基遭风蚀，一般用柴草、土石或无机结合料（水泥土、石灰土以及水玻璃加固土等）、有机结合料（石油沥青土、煤沥青土等）进行固沙防护，在砂砾卵石丰富的地段，可平铺砾卵石或裁砌卵石后填砂砾来防护。

2. 路旁沙丘的固沙措施

一是采用各种材料（柴草、土类和砂砾石等）作为覆盖物，将沙质表土与风的作用隔离；二是用柴草、黏土、树枝等材料设置成沙障，以减小地表风速，削弱风沙流活动能力，并阻挡部分外来流沙，可因地制宜，选用草方格沙障、黏土沙障、草把子沙障和树枝条高立式沙障等。

3. 植物固沙

植物固沙（生物防沙）是利用植物的生态特点防止沙移并且达到沙漠稳固的一种措施，包括固结活动沙丘、阻沙、稳定边坡以及设置沙地林带。植物固沙应贯彻草、灌木、乔木相结合的原则，将沙固定并将风沙所夹带的流沙拦截下来，以达到最大的防风固沙效果。

1）年降雨量在 100mm 以上的地区，可以先播种草籽，待草生长后种植灌木，再植乔木，为保证草木成长良好，宜适当进行人工灌溉。

2）年降雨量低于 100mm 地区，如地表水或地下水的水源充足，按优选的方法开渠引水，将沙地分割包围。选择适宜树种，沿渠营造乔、灌防风混合林。被分割包围的沙地可灌水播草，使之在几年内草茂林密。

3）适合沙漠造林的树种有以下几种：

① 半灌木：籽蒿、油蒿等。

② 灌木：梭梭、花棒、小叶锦鸡、柠条、沙拐枣、胡枝子、紫穗槐、黄柳、红柳等。

③ 乔木：樟子松、油松、小叶杨、小青杨、新疆杨、胡杨、沙枣和旱柳等。

4）受风沙危害的路段进行生物固定的作用范围，其上风侧不小于 500m，下风侧不小于 200m。在上述范围的四周应设立界桩，严禁采伐、放牧等一切有碍树木植被生长的活动。

5）对风沙地区的原有植被，即使是稀疏矮小，也要严加保护，并进行必要的灌溉培育，进一步播草种树，扩大植被面积。

（二）阻沙

阻沙是在适当位置设置若干沙障，以降低近地面的风速，减弱风沙流的作用，使沙粒沉积在一定的区域内，以防止或减轻其对公路的危害。经常采用的阻沙工程措施有以下几种：

1）直立式防沙栅栏：用灌木枝条或玉米秆、高粱秆、芦苇等埋入沙内 30～50cm，外露 1m 以上；或者每隔 2m 钉木桩或混凝土桩，将植物杆条编成 1.5m×2m 的篱笆，固定在桩上。紧密不透风的篱笆减低风速的有效距离为其高度的 15～20 倍。其迎风侧积沙宽度为篱高的 2～3 倍，背风侧积沙宽度为篱高的 5 倍左右。当篱笆的孔隙率为50%时，迎风侧积沙甚少，背风侧积沙宽度为篱高的12~14倍。因此，从防风阻沙的作用来看，直立式防沙栅栏以紧密结构为宜。

2）挡沙墙（堤）：可利用就地沙土或砂砾修筑，一般高度为2~2.5m，用沙修筑的需用土或砂砾封固，堤两侧的边坡坡度为1:2~1:1.5，其阻沙量 V 与墙高 H 及风向与路线的交角 α 的关系大致是：

$$V = 4.5H^2 \sin\alpha$$

阻沙设施也可采用栅栏和墙（堤）结合的形式，阻沙设施设置的道数及近路的一道与路基边缘的距离，应根据沙源数量、年风沙流量、风向与路线的交角等因素进行综合考虑。阻沙设施距路基边缘的最小距离一般不小于150m，并设置在上风侧，多道设施的间距应不小于设施高度的15~20倍。

（三）输沙和导沙

输沙和导沙是借助人工构造物人为地改变地形，以加大地面风速，使路基两旁防护变成非堆积搬运地带，达到防沙的目的。主要措施如下：

1）修筑路旁平整带：将路基两旁20~50m范围内的一切突出物整平，并以固沙材料封固，有取土坑的，可以将坑做成弧形浅槽，如图6-16所示。

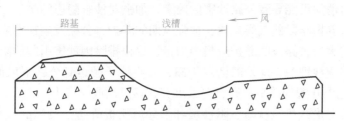

图6-16 设有浅槽的路堤输沙

2）下导风板：类似防雪栅栏，其板面宽度与下口间的高度以1:0.7为宜，适用于风向单一、沙丘分布稀疏、移动快的低矮的沙丘、沙垄等造成的局部严重沙害。其设置长度应超过沙害路段的长度，以免两端出现舌状积沙。

3）在路的迎风侧设置浅槽，借助于浅槽特有的气流升力以加大风速，如图6-17所示。图中 L/H 值控制在10~20的范围内，各变化点均应做成流线型。浅槽采用固沙封底。一般适用于沙源不大丰富且起伏不大的流动沙地，若沙源丰富，还可以在输沙槽外缘加设风力堤。

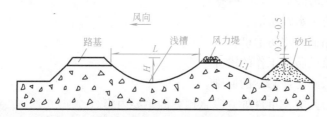

图6-17 设有浅槽与风力堤的路基输沙（尺寸单位：m）

4）将路堤做成输沙断面：路堤高度低于30cm的，边坡坡度为1:3；路堤高度大于30cm，风向与路线成锐角的，边坡坡度为1:6，成钝角的，边坡坡度为

1∶8，路肩边缘做成流线型。

5）路线与沙垄延长线锐角相交时，可在上风侧 30~40m 处设置大体与路线平行、尾部稍向外摆的沙障或导沙堤，将风沙流角度做微小的拨动，以将风沙流导出路外。

6）为减少积沙对公路的危害，也可在公路设计上采取一些措施。如在经沙区最短的地方通过，在沙丘起伏不大的地段通过，路线走向宜与当地的主风向大致平行，尽量少用曲线，特别不宜用小半径曲线，必须设置时，只宜用在路堤地段，并将凸弧朝向主风向，采用适当高度的路堤等。

由于沙害情况比较复杂，各种工程设施如设置不当，容易造成更严重的沙害。因此，在设置新的防沙工程设施时，应先进行小规模的试验，并及时总结经验，逐步推广。

三、沙漠地区公路养护与维修要求

1）加强全面养护。在养护好公路本身的同时，应加强公路防沙治沙设施的养护与维修。

2）及时消除可能导致公路沙害的因素，加强对沙害隐患的防治。

3）掌握养护路段的气候规律，加强风期的养护，公路发生沙害应及时排除。

4）对重大沙害路段的养护应集中力量，尽快排除因沙害引起的阻车现象。

5）公路遭沙埋后，应及时清除干净，并将沙子搬运到公路下风侧的洼地或 20~30m 外地形开阔处摊平撒开，严禁堆弃在迎风面或路肩上。

6）加强对沿线机械沙障、阻沙堤和下导风栅板等防沙设施的检查。发现损坏，应及时维修、扶正及抽拔提高，或适当调整位置及必要时加设。

7）对路基两侧栽植的草木应加强培育管理，对风蚀严重、根系裸露的应及时扶正，重新埋好，并做好浇水、补苗、除虫、整枝或间伐工作。

课 后 训 练

1. 简述公路防洪检查的内容。
2. 简述水毁预防工作内容。
3. 泥石流的防治原则有哪些?
4. 试述桥梁水毁防治。
5. 试述路面结冰防治措施。
6. 试述路面防雪工作的措施。
7. 简述公路防沙治沙的原则。
8. 简述公路突发事件处置应急预案的主要内容。

项目七
交通工程及沿线设施的养护

07

● 知识目标

1. 了解交通工程及沿线设施技术状况（TCI）评定方法；
2. 了解公路机电系统与服务设施的养护。

● 技能目标

掌握交通安全设施的养护方法。

交通安全设施

● 素养目标

分组讨论沿线设施对公路正常使用的影响，重视公路养护工作的重要性，激发职业责任感和自豪感。

● 工作任务

1. 交通工程及沿线设施技术状况（TCI）评定；
2. 交通安全设施的养护；
3. 公路机电系统与服务设施的养护。

交通工程及沿线设施是公路的重要组成，它关系着行车、行人的安全和交通的畅通，对提高公路服务性能、保障行车安全及交通畅通具有重要意义。因此不仅要充分了解这些设施的种类、形式、功能、作用和设置要求，而且还必须对其加强经常性的维修保养和管理，及时修复或更换损坏部分，以满足公路的各种功能要求。

交通工程及沿线设施包括：交通安全设施、公路机电系统（监控系统、收费系统、通信系统、供配电系统）、服务设施及养护房屋等。

任务一　交通工程及沿线设施技术状况（TCI）评定

一、交通工程及沿线设施损坏分 5 类

1. 防护设施缺损

防护设施（防撞护栏、防落网、声屏障、中央分隔带活动护栏和防眩板等）缺少、损坏或损坏修复后部件尺寸和安装质量达不到规范的技术要求。损坏按处和长度（m）计算。

轻：长度小于或等于 4m，每缺损一处扣 10 分。

重：长度大于 4m，每缺损一处扣 30 分。

2. 隔离栅损坏

隔离栅损坏后修复不及时或修复质量达不到规范的技术要求，损坏按处计算，每缺损一处扣 20 分。

3. 标志缺损

各种交通标志（指示标志、警告标志、禁令标志、里程牌、轮廓标、百米标等）残缺、位置不当或尺寸不规范、颜色不鲜明、污染，可变信息板故障等。损坏按处计算，其中，轮廓标和百米标每 3 个损坏算 1 处，累计损坏不足 3 个按 1 处计算，每处扣 20 分。

4. 标线缺损

标线（含凸起路标）缺少或损坏，损坏按长度（m）计算。每缺损 10m 扣 1 分，累计长度不足 10m 按 10m 计算，评定时不考虑车道数量的影响。

5. 绿化管护不善

树木、花草枯萎或缺树，虫害未及时防治，绿化带未及时修剪或有杂物，路段应绿化而未绿化。损坏按长度（m）计算，每 10m 扣 1 分，累计长度不足 10m 按 10m 计算。

二、交通工程及沿线设施技术状况（TCI）

交通工程及沿线设施技术状况用交通工程及沿线设施技术状况指数（TCI）评价，按式（7-1）计算：

$$TCI = \sum_{i=1}^{s} w_i(100 - GD_{iTCI})$$

（7-1）

式中　GD$_{iTCI}$——第 i 类设施损坏的总扣分，最高分值为 100，按表 7-1 的规定
　　　　　　　计算；

　　　　w_i——第 i 类设施损坏的权重，按表 7-1 取值；

　　　　i——设施的损坏类型。

表 7-1　交通工程及沿线设施扣分标准

类型（i）	损坏名称	损坏程度	计量单位	单位扣分	权重（w_i）	备注
1	防护设施缺损	轻	处	10	0.25	—
		重		30		
2	隔离栅损坏	—	处	20	0.10	—
3	标志缺损	—	处	20	0.25	—
4	标线缺损	—	m	0.1	0.20	每 10m 扣 1 分，不足 10m 以 10m 计
5	绿化管护不善	—	m	0.1	0.20	

任务二　交通安全设施的养护

交通安全设施主要包括：交通标志、交通标线、突起路标、轮廓标、护栏（波形梁钢护栏、水泥混凝土护栏、缆索护栏）、隔离栅、防眩设施，以及其他交通安全设施如里程碑、百米桩、道口标柱、公路界碑、防落网、锥形交通路标、公路防撞桶、减速垫、安全岛、平曲线反光镜、声屏障、示警标柱、示警灯等。

随着公路交通事业的发展和科技的进步，公路交通安全设施新材料、新产品不断涌现，交通安全设施的种类和范围将会不断扩充，其保障公路交通安全的功能将会不断提高和完善。

交通安全
设施的养护

一、基本要求

1）交通安全设施的养护内容包括：检查、保养维护和更新改造。检查包括经常性检查、定期检查、特殊检查和专项检查。平时应加强日常巡查。

2）经常性检查的频率不少于 1 次/月；定期检查的频率不少于 1 次/年；遭遇自然灾害、发生交通事故或出现其他异常情况时，应及时进行附加的特殊检查；设施更新改造之后，应进行全面的专项检查。

3）应结合设施特点，加强对交通安全设施的养护维修和更新改造。

4）交通安全设施的养护应满足设施完整和外观质量、安装质量、技术性能等各项质量的要求。

5）因交通事故、自然灾害或其他原因造成的设施损伤应及时进行修复。

6）采用常青绿篱和绿色植物进行隔离和防眩时，参照本公路绿化的相关规定进行养护。

7）对于事故多发路段和一些特殊路段，应结合公路安全保障工程的技术内容，及时改造完善各种交通安全设施。

二、交通标志的养护

1）公路交通标志的养护应符合下列要求：

① 应保持交通标志设置合理、结构安全，版面内容整洁、清晰。

② 标志板、支柱、连接件、基础等标志部件应完整、无缺损且功能正常。

③ 标志应无明显歪斜、变形，钢构件无明显剥落、锈蚀。

④ 标志面应平整，无明显褪色、污损、起泡、起皱、裂纹、剥落等病害。

⑤ 标志的图案、字体、颜色等应符合相关标准要求。

⑥ 反光交通标志应保持良好的夜间视认性。

2）公路交通标志的养护内容主要包括：

① 检查测试交通标志的有关质量要求。

② 清除标志板面及其周围的污秽、杂草、杂物或树木等遮挡物，或在规定范围内挪移标志。

③ 修复变形、弯曲、倾斜的标志板和支柱，补涂剥落的防腐涂层，增补缺损的标志件，紧固松动的连接件。

④ 标志设置或版面内容存在误差时，应进行必要的变更。

⑤ 对破损的基础进行修补。

⑥ 对事故多发路段及特殊路段的交通标志，应进行必要的增补、更换。

三、路面标线的养护

现行《道路交通标线质量要求和检测方法》（GB/T 16311）中，将路面标线按标线材料种类分为：溶剂型涂料标线、热熔型涂料标线、水性涂料标线、双组分涂料标线、预成型标线带标线；按标线功能分为：普通型标线、反光型标线、突起结构型振动反光标线。按标线设置方式分为：纵向标线、横向标线。

1）路面标线的养护应符合下列要求：

① 具有良好的可视性，边缘整齐、线形流畅，无大面积脱落。

② 颜色、线形等应符合相关标准要求。

③ 反光标线应保持良好的夜间视认性。

④ 重新画设的标线应与旧标线基本重合。

2）路面标线的养护内容主要包括清洁标线表面和标线的局部补画。具体的养护内容主要包括：

① 检查测试路面标线的有关质量要求。

② 清洁标线表面。

③ 标线的局部补画。

④ 事故多发路段及特殊路段标线的变更、增补。

四、突起路标的养护

突起路标是安装于路面的一种块状突起结构，一般与路面交通标线配合使用，设置在车行道的边缘线外侧或车行道分界线的虚线处。现行《突起路标》

（JT/T 390）中，根据不同的结构形式以及是否具有逆反射特性，将突起路标分为 A1 类、A2 类、A3 类。

突起路标的质量应符合现行《突起路标》（JT/T 390）的要求。太阳能突起路标的质量应符合现行《太阳能突起路标》（GB/T 19813）的要求。

突起路标的平均寿命一般为 2 年左右，用于路侧边缘线、车辆较少碾压到的寿命会稍长。尤其反光型突起路标的反光片更易破损。因此，突起路标的养护主要是对破损者进行更换，并及时清理突起路标可能对人、车等造成伤害的残渣。太阳能突起路标是一种特殊形式的突起路标，可以集主动发光和逆反射特性于一体。太阳能突起路标的养护主要是保持其 LED 发光器件的正常发光。

1）突起路标的养护应符合下列要求：

① 突起路标应无严重的缺损。

② 破损的突起路标应不对车辆、人员等造成伤害。

③ 突起路标应无明显的褪色。

④ 突起路标的光度性能应保持其在夜间良好的视认性。

2）突起路标的养护内容主要包括：

① 检查测试突起路标的有关质量要求。

② 补装、更换缺损的突起路标。

③ 修复或更换太阳能突起路标。

④ 清理突起路标可能对人、车等造成伤害的残渣。

⑤ 对事故多发路段及特殊路段增设或更换突起路标。

五、轮廓标的养护

轮廓标是设置于道路边缘，用于诱导视线的一种设施。轮廓标上具有逆反射体或逆反射材料，在夜间车灯的照射下显示出道路边缘的轮廓，对行车进行安全引导。现行《轮廓标技术条件》（JT/T 388）中，轮廓标分为附着式和柱式两种。当路边有护栏等设施时，使用附着式轮廓标，轮廓标附设于设施之上；当路边无相关设施时，使用柱式轮廓标，轮廓标单独立于路侧。轮廓标的质量应符合现行《轮廓标技术条件》（JT/T 388）的要求。

为保证轮廓标的夜间视认性，应对轮廓标的表面定期进行清洗，去除附着于其上的灰尘、油污等。尤其对于安装在波形梁护栏上的附着式轮廓标，因其处于波形梁板凹进部分，雨水很难冲刷到其表面，自洁性较差，通过人工擦洗才能使其清洁。

轮廓标反射器如密封不好或受到损伤，雨水渗入其中，将使其逆反射性能大大降低甚至丧失其逆反射特性。因此，应加强对轮廓标的检查测试，对缺损及时进行更换和补充。

1）轮廓标的养护应符合下列要求：

① 轮廓标应进行表面清洗。

② 轮廓标应无缺损。

③ 轮廓标应无明显的褪色。

④ 轮廓标的光度性能应保持其在夜间良好的视认性。

2）轮廓标的养护内容主要包括：

① 检查测试轮廓标有关质量要求。

② 清洁轮廓标表面。

③ 紧固轮廓标松动的连接件。

④ 更换破损的轮廓标。

⑤ 对事故多发路段及特殊路段增设或更换轮廓标。

六、护栏的养护

护栏是一种重要的交通安全设施，通常设置于公路两侧和中央分隔带，用于防止失控车辆越出路外或穿越分隔带闯入对向车道，同时吸收碰撞能量，保护车辆和司乘人员生命安全。

根据其材料和结构特性，护栏分为半刚性护栏、刚性护栏和柔性护栏。半刚性护栏是一种连续的梁柱式护栏结构，具有一定的刚度和柔性。波形梁钢护栏是半刚性护栏的主要代表形式，是以波纹状钢护栏板相互拼接并由立柱支撑而组成的连续结构，主要由护栏板、立柱、柱帽、防阻块（托架）、紧固件等部件组成。刚性护栏是一种基本不变形的护栏结构。水泥混凝土护栏是刚性护栏的主要形式，是以一定形状的水泥混凝土块相互连接而组成的墙式结构。柔性护栏是一种具有较大缓冲能力的韧性护栏结构。缆索护栏是柔性护栏的主要代表形式，是以数根施加初张力的缆索固定于立柱上而组成的结构，主要由缆索、立柱、斜撑、锚具等部件组成。

护栏的养护工作应保持护栏的结构合理、安全可靠。护栏各组成部件应完整、无缺损，波形梁钢护栏、缆索护栏应无明显变形、扭转、倾斜、松动，钢构件无明显锈蚀；水泥混凝土护栏应无明显裂缝、掉角、破损等缺陷。护栏质量应符合现行《公路波形梁钢护栏》（JT/T 281）、《公路三波形梁钢护栏》（JT/T 457）及其化相关标准、规范的规定及设计要求。

（一）护栏的养护要求

1. 波形梁钢护栏

1）保持波形梁钢护栏的结构合理、安全可靠。

2）护栏板、立柱、柱帽、防阻块（托架）、坚固件等部件应完整、无缺损。

3）护栏质量符合相关标准要求。

4）护栏的防腐层应无明显脱落，护栏无锈蚀。

5）护栏板搭接方向正确，螺栓坚固。

6）护栏安装线形顺畅，无明显变形、扭转、倾斜。

2. 水泥混凝土护栏

1）保持水泥混凝土护栏线形顺畅、结构合理。

2）水泥混凝土护栏应无明显裂缝、掉角、破损等缺陷。

3）水泥混凝土护栏使用的水泥、砂、石、水、外加剂、钢筋等材料质量应符合相关标准、规范及设计要求。

4）水泥混凝土护栏的几何尺寸、地基强度、埋置深度，以及各块件之间、护栏与基础之间的连接应符合设计要求。

3. 缆索护栏

1）缆索护栏各组成部件应无缺损。

2）缆索护栏各组成部件应无明显变形、倾斜、松动、锈蚀等现象。

3）缆索护栏使用的缆索、立柱、锚具等材料质景应符合相关标准、规范及设计要求。

（二）护栏的养护内容

1. 波形梁钢护栏

1）检查测试波形梁钢护栏的有关质量要求。

2）清洗护栏表面，去除油污和脏物。

3）补充、更换缺损的波形梁钢护栏部件。

4）紧固松动的连接螺栓和拼接螺栓。

5）对破损的防腐涂层进行部分或全部重新防腐并进行除锈处理。

6）矫正、修复或更换毁损的波形梁板、立柱等部件。

7）对事故多发路段及特殊路段的波形梁钢护栏进行相应的调整、加固。

2. 水泥混凝土护栏

1）检查测试水泥混凝土护栏的有关质量要求。

2）修复破损、位移的水泥混凝土护栏。

3）清洗水泥混凝土护栏表面的油污、脏物。

4）对事故多发路段及特殊路段的水泥混凝土护栏进行调整、加固。

3. 缆索护栏

1）检查测试缆索护栏的有关质量要求。

2）补充、更换缺损的缆索护栏部件。

3）紧固松动的连接件。

4）对锈蚀的缆索、立柱、锚具等进行更换或重新进行防腐处理。

5）对事故多发路段及特殊路段的缆索护栏进行调整和加固处理。

七、隔离栅的养护

隔离栅是设置于高速公路和一级公路的路侧，用于防止无关人员和牲畜进入、穿越，同时防止非法侵占公路用地的一种隔离设施。隔离栅主要由金属网片、立柱、斜撑、连接件、基础等部件组成。根据不同的金属网结构，隔离栅一般分为钢板网型隔离栅、焊接网型隔离栅、编织网型隔离栅以及刺钢丝型隔离栅。

隔离栅质量应符合现行《隔离栅技术条件》（JT/T 374）的要求。隔离栅的养护质量，主要应侧重于保证隔离栅的完整无缺，起到其防止人畜非法进入的正常作用，以保障高速公路和一级公路上车辆的快速安全通行。

当隔离栅出现破损时，犬类等动物能轻易翻越并进入高速公路，可能造成因躲避动物而发生交通事故。因此，应重视对隔离栅的养护管理工作。

1. 隔离栅的养护要求

1）应保持隔离栅的完整无缺，功能正常。

2）隔离栅金属网片、立柱、斜撑、连接件、基础等部件无缺损。

3）隔离栅质量应符合相关标准要求。

4）隔离栅应无明显倾斜、变形，各部件稳固连接。

5）隔离坍防腐涂层应无明显脱落、锈蚀现象。

2. 隔离栅的养护内容

1）检查测试隔离栅的有关质量要求。

2）修复破损的隔离栅金属网片。

3）安装、紧固缺损或松动的连接件。

4）修补立柱或基础。

5）对严重锈蚀的隔离栅部件进行除锈、防腐处理或更换。

八、防眩设施的养护

防眩设施是为防止对向车辆的灯光对驾驶人的眼睛造成眩光，保障安全行驶而在公路的中央分隔带安装的一种设施。防眩设施目前一般使用防眩板，由金属、塑料、玻璃钢等耐候性较好的材料制作而成，也有利用中央绿化带作为防眩设施的。防眩板的防眩功能主要取决于防眩板的宽度、安装高度和安装间距。养护工作的重点是补装、修复或更换缺损的防眩设施，保持设施的完整和正常的防眩功能。

防眩设施质量应符合现行《公路防眩设施技术条件》（JT/T 333）的要求。

1. 防眩设施的养护要求

1）防眩板、防眩网等防眩设施应完整、清洁，具有良好的防眩效果。

2）防眩设施应安装牢固，无缺损。

3）防眩设施应无明显变形、褪色或锈蚀。

4）防眩设旋的质量应符合相关标准要求。

2. 防眩设施养护的内容

1）检查测试防眩设施的有关质量要求。

2）清洁防眩设施表面的油污、脏物。

3）补装、修复或更换缺损的防眩设施。

九、其他交通安全设施的养护要求

随着公路建设的发展和新技术、新材料的不断涌现，交通安全设施也在不断推陈出新，更加趋于合理和完善。除以上标志标线、护栏等外，目前现有的其他交通安全设施主要有：里程碑、百米桩、道口标柱、公路界碑、防落网、锥形交通路标、公路防撞桶、减速垫、安全岛、平曲线反光镜、声屏障、示警标柱等。应根据其设施特点采取相应的养护手段，保持交通安全设施的清洁完整和功能正常，使其符合有关标准、规范的质量要求。

锥形交通路标的质量应符合现行《锥形交通路标》（JT/T 595）的要求，公路防撞桶的质量应符合现行《公路防撞桶》（JT/T 596）的要求，里程碑、百米桩、道口标柱、公路界碑、防落网、减速垫、安全岛、平曲线反光镜、声屏障、示警标柱等质量应符合相关的标准和规范要求。示警标柱是设置在漫水桥和过水路面两侧以及平原区 4m 以上、山岭区 6m 以上高路堤和危险路段两侧，以标明公路边缘和线形的标志。

1）应保持里程碑、百米桩、道口标柱、公路界碑、防落网、锥形交通路标、公路防撞桶、减速垫、安全岛、平曲线反光镜、声屏障、示警标柱等交通安全设施的清洁完整和功能正常。

2）应选择恰当和可行的方法对里程碑、百米桩、道口标柱、公路界碑、防落网、锥形交通路标、公路防撞桶、减速垫、安全岛、平曲线反光镜、声屏障、示警标柱等交通安全设施进行养护。

交通安全设施的养护要点见表 7-2。

表 7-2 交通安全设施养护要点

类别	养护要点
跨线桥	1. 每年检查 1~2 次，有严重自然灾害或被车辆碰撞时，应及时检修 2. 发现桥面、台阶损坏，油漆剥落、磨损、褪色，应及时修复，结构部分损坏应按设计补修 3. 应及时清除桥面杂物和积雪，做好日常保洁工作 4. 其结构性的修理养护工作同桥梁养护
地下通道	1. 每月定期检查有无漏水等异常，排水道及排水机械是否完好，照明及防范设施有无损坏 2. 经常清扫，定期粉饰；对照明、排水、防范设施等实行例行保养，避免通道内积水 3. 对其路面的养护问题同路面养护
护栏	1. 每季度检查结构有无损坏变形，有无脱漆、锈蚀、有无拉索松弛、护柱缺失 2. 经常清除周围杂草、积物，脱漆应修补 3. 由自然灾害及交通事故造成损坏或变形，应按原样修复，护柱损坏丢失应补充更换 4. 路基路面标高变化后，护栏高度应予以调整 5. 严重锈蚀的金属护栏应予以更换 6. 涂有油漆的护栏或护柱，应定期重新刷油漆，周期可按当地气候、油漆质量决定，一般 1~2 年一次
隔离栅	1. 除日常巡视外，每季度定期检查一次，看结构有无损坏变形，有无污秽或张贴广告、启事，是否有油漆脱落、金属生锈现象 2. 污秽、广告、启事应定期清洗，每 2~4 年重新刷油漆，损坏按原样修复
标柱	经常检查有无缺损、歪斜，并保持位置正确，油漆鲜明，缺失应及时补缺
反光镜	1. 经常检查反光镜位置、方向、角度是否正确，支架有无倾斜，镜面有无污秽和损坏 2. 及时清除镜面污秽及反光镜周围杂草等遮蔽物。保证位置、方向、角度正确
照明	1. 日常巡视时应检查亮灯情况，灯罩、电杆、灯具安装情况，对存在的问题应及时解决 2. 对车辆事故造成的损坏，应马上予以处理；暴风、台风、地震后应检查检修孔的排水情况，配电盘及电源线的引入线情况；涂漆情况，发现问题及时解决 3. 定期检查，一般一年左右一次，应对设备安装、检查孔的排水、配电盘状态、油漆、照明进行全面检测

(续)

类别	养护要点
防眩板	1. 除日常巡视外，应定期检查，防眩板是否完整、缺失，金属材料是否脱漆生锈 2. 一般每年一次除锈涂漆，对发现缺失的应及时补缺
隔声设施	除日常巡查外，应定期检查，隔声墙板是否有破损，有无污秽或张贴广告、启事，如有，应清除或修复破损
交通信号	1. 应经常清除信号灯上污秽，灯泡如有损坏应及时更新 2. 应经常检查信号灯和操作台之间以及计算机之间通信线路，注意接头是否良好，线路是否老化 3. 对操作盘式计算机应按操作规程要求经常检测
中央分隔带	日常巡查时，注意及时清除中央分隔带杂草污秽、积水。中央分隔带上树木、防眩设备的养护，可见有关规定。路缘石损坏严重的应更换

任务三　公路机电系统与服务设施的养护

公路机电系统包括监控系统、收费系统、通信系统、供配电系统等，其维护质量标准参照现行《公路工程质量检验评定标准（机电工程）》（JTG F80/2）执行。

定期对监控系统的地图屏、投影显示屏、计算机系统、区域控制器、匝道控制器、车辆检测器、可变信息标志、闭路电视、气象检测仪，交通调查数据采集设备，照明、风机、消防喷淋等设备的控制系统的工作环境、状态和性能进行检查、检测和维护。

应定期对收费系统的车道控制器、闭路电视、对讲系统、显示器、键盘、IC（磁）卡发卡机、IC（磁）卡读写器、票据打印机等收费车道亭内设备，和电动栏杆机、费额显示器、摄像机、手动栏杆、电源线、雨棚信号灯、车道通信灯、雾灯、车辆检测器、不停车收费系统的路侧读写单元和天线控制器等设备进行检查、检测和维护。

应定期对通信系统的光电缆传输线路、数字传输系统（包括准同步系列PDH，同步数字系列 SDH）、数字程控交换机、IP 网络设备、紧急电话系统和无线通信系统进行检查、检测和维护。

应定期对公路专用的供配电系统（包括高压配电装置、电力变压器、低压配电装置、配电线路和照明设备等）进行检查、检测和维护。

应认真做好公路机电系统的检查、检测和维护工作记录。公路机电系统各设备的检查、检测及维护的主要项目和周期参见《公路养护技术规范》（JTG H10）附录 I。

服务设施是公路为过往车辆和人员提供停置、加油、维修和食宿、休息等服务的服务区设施，以及长途客车停靠站、停车场等。服务设施包括服务区、停车区和收费站、加油站等的土建及附属设施，以及公共汽车停靠站等设施。服务设施的配置应符合相关要求。

现行《公路工程技术标准》（JTG B01）中，将交通工程及沿线设施分为 A、B、C、D 四级：A 级适用于高速公路；B 级适用于一级公路、二级公路作为干线公路时；C 级适用于一级公路、二级公路作为集散公路时，D 级适用于三级公路、四级公路。其中规定 A 级、B 级应设置服务区、停车区和公共汽车停靠站；C 级、D 级可根据需要设置加油站、公共厕所等设施。

服务设施的养护应符合下列要求：

1）及时清扫场地，清除场内杂物，清理疏通排水设施。保持服务区内环境的整洁卫生。

2）定期检查消防设备的数量及完好情况。灭火器药剂必须定期更换。

3）服务区内的道路、房屋、立体交叉、交通标志和标线、绿化、通信等设施的养护与维修，参照《公路养护技术规范》（JTG H10）有关章节的规定执行。

课堂延伸

分组调查学校周边公路沿线设施的使用情况，并按组以报告形式提交。

课后训练

1. 交通工程及沿线设施有哪些？
2. 公路交通安全设施有哪些？
3. 试述公路交通标志的分类。
4. 简述公路交通标志的养护内容。
5. 简述路面标线的养护要求。

项目八
公路绿化与环境保护

08

1. 了解公路绿化的目的和范围；
2. 了解公路绿化的规划及要求；
3. 了解树木的栽植与管护要求。

掌握公路及沿线设施周围环境保护要求。

观看"最美高速"——宁杭高速江苏段的图片，分组讨论观后感，激发对祖国秀美山河的热爱，对公路建设的自豪。

1. 公路绿化；
2. 公路环境保护。

任务一 公 路 绿 化

公路绿化是绿化国土的重要组成部分，也是公路建设和养护中的一项重要内容，是稳固路基、保护路面、美化路容、改善环境、减少噪声、舒适行旅、诱导汽车行驶，也是防风、防沙、防雪、防水害的重要措施之一。

公路绿化按其绿化的位置、作用和性质，主要划分为防护林、风景林和美化沿线景观的小型园林、花圃、草坪等。

公路绿化应贯彻"因地制宜、因路制宜、适地适树"的方针，科学规划，合理选择绿化植物品种。

一、概述

1. 公路绿化的范围

公路绿化的范围是：公路两侧边坡、分隔带及沿线空地等一切可绿化的公路用地，利于绿色的乔木、灌木及花、草合理覆盖的工程，都属于公路绿化。

2. 公路绿化的目的

1）利于路基的稳定，防止雨水冲刷。
2）保护路面，调节温度和湿度。
3）利于诱导机动车辆安全行驶。
4）防止公路环境污染，降低行车噪声。
5）丰富道路两侧景观，有利于司机、乘客及沿线居民的身心健康。
6）扩大国土绿化面积，改善生态环境。

3. 公路绿化规划

公路绿化规划应根据公路等级、沿线地形、土质、气候环境和绿化植物的生物学特性，以及对绿化的功能要求，结合地方绿化规划进行编制。新改建公路的绿化工程应与公路主体工程设计、施工、验收同步进行，由公路养护部门一并接养。

4. 公路绿化要求

公路绿化栽植成活率、保存率指标，不同类型区应分别符合下列要求：

1）平原区：成活率达90%为合格，95%（含）以上为优良；保存率达85%为合格，90%（含）以上为优良。

2）山区：成活率达85%为合格，90%（含）以上为优良；保存率达80%为合格，85%（含）以上为优良。

3）寒冷草原区及沙、碱、干旱区：成活率达75%为合格，80%（含）以上为优良；保存率达70%为合格，75%（含）以上为优良。

公路绿化植物应定期进行修剪、整形，加强病虫害防治。

5. 公路绿化方针

公路环境保护应贯彻"预防为主、防治结合、综合治理"的方针，保护和改善、提高公路环境质量。

二、栽植与管护

1）不同等级和不同路段公路绿化，应分别符合下列要求：

① 高速公路、一级公路的中央分隔带宜种植灌木、花卉或草皮。服务区应结合当地环境、景观要求，另行设计，单独实施。

② 二级及二级以下公路，宜采用乔木与灌木相结合的方式，并充分体现当地特色。

③ 平面交叉在设计视距影响范围以内，不得种植乔木；在不影响视线的前提下，可栽植常绿灌木、绿篱和花草。

④ 小半径平曲线内侧不得栽植影响视线的乔木或灌木，其外侧可栽植成行的乔木，以诱导汽车行驶，增加安全感。

⑤ 立体交叉分割形成的环岛，可选择栽植小乔木或灌木，实现丛林化。互通式立体交叉的匝道转变处构成的三角区内，应满足通视要求。

⑥ 隧道进出口两侧 30 ~ 50m 范围内，宜栽植高大乔木，尽可能形成隧道内外光线的过渡段，以利车辆安全行驶。

⑦ 桥头或涵洞两头 5 ~ 10m 范围内，不宜栽植乔木，以免根系破坏桥（涵）台。

2）不同类型地区的公路绿化，应分别符合下列要求：

① 山区：应实施具有防护功能的绿化工程，如防护林带、灌木、草皮护坡等。

② 平原区：应栽植单行或多行的防护林带。

③ 草原区：应在线路两侧栽植以防风、防雪为主的防护林带。

④ 风沙危害地区：以营造公路防风、固沙林带为主，栽植耐干旱、根系发达、固沙能力强的植物品种。

⑤ 盐碱区：应选择抗盐、耐水湿的乔木、灌木品种，配栽成多行绿化带。

⑥ 旅游区：通往名胜古迹、风景区、疗养休闲区、湖泊等地的公路，应注重美化，营造风景林带，可栽植有观赏价值的常绿乔木、灌木、花卉以及珍贵树种和果树类。

3）公路绿化植物的栽植应符合现行《公路工程技术标准》（JTG B01）关于公路建筑限界的规定，乔木和灌木的株行距可根据不同的树种、冠幅大小选择。

4）绿化植物成活后到郁闭前，应加强抚育管理，及时检查、补植、浇水、除草松土、施肥、整形等。

绿化植物冠幅投影面积与绿化占地面积之比，达到 0.6 以上时为郁闭。绿化植物郁闭后，应及时修剪抚育，促进其生长和发育健壮，形状优美，透光适度，通风良好，减少病虫害的发生，适时开花结果。草皮应定期修剪，保持草高不超过 150mm，避免叶茎过长，影响排水，遮挡阳光，通风不良，诱发病虫害。

5）加强公路绿化巡查，根据各类绿化植物病虫害发生、发展和传播蔓延的规律，及时采取相应防治措施，保障绿化植物正常生长。每年春季或秋季，宜在乔木树干上距地面1~1.5m高度范围内刷涂白剂。

刷涂白剂的目的是预防病虫害侵染，增添公路美观。涂白剂的配制方法：生石灰 5kg+石硫合剂原液 0.5kg+盐 0.5kg+动物油 0.1kg+水 20kg。

防治绿化植物病虫害应以预防为主，开展生物、化学防治与造林措施相结合进行综合防治、应贯彻"治早、治小、治了"的防治方针。严格苗木检疫制度，消灭越冬虫卵、蛹、烧毁落叶虫卵、虫茧，及时消除衰弱、病害植株。

6）绿化公路的乔木、灌木、花草及防护林、风景林等，不宜在较长路段内采用同一绿化植物品种，应分段轮换栽植不同品种，以减少病虫害的传播和蔓延。

7）严格遵守《中华人民共和国森林法》，任何单位和个人不得擅自砍伐、破坏公路绿化。公路绿化符合下列情况之一者，方可履行报批手续经批准后采伐或更新。

① 公路路树过密且不宜移植，需进行抚育采伐的。
② 经有关部门鉴定，树木确已进入衰老期或品种严重退化的。
③ 公路改建或加宽需采伐原有公路绿化的。
④ 公路树木发生大规模病虫害，经有关部门鉴定确需采伐或更新的。
⑤ 生长势弱，效果差，影响路容路貌的。

8）公路绿化采伐证须按有关规定程序办理。经批准采伐公路绿化，必须按采伐证规定的树种、数量、路线长度，在规定的时间内采伐，不得超量或超期采伐。公路改建需采伐的树木，如有移植价值，应尽可能移植利用。路树经采伐形成的空白路段应在其后的第一个绿化季节及时补植，并加强管护。

严禁无证采伐。但在非常时期，如遇战备、救灾、水毁抢修等特殊情况，为保障公路通行，可先行砍伐，后补办有关手续。

9）为了掌握公路绿化的发展变化情况，积累资料，应建立公路绿化档案。

任务二　环境保护

环境是人类赖以生存、繁衍和发展的基本条件，人类环境包括自然环境和社会环境。环境保护是我国的一项基本国策。为了避免公路建设和养护作业所产生的环境污染和对生态环境的破坏，必须切实做好公路环境保护工作。

公路环境保护应以防为主，在工程设计开始即从主观上考虑环境保护问题，以免引起环境破坏、污染，进而保护环境。

公路改建工程设计应妥善处理好主体工程与环保措施间的关系，尽可能从路线方案、指标的运用上合理取舍，而不应过多地依赖环境保护设施来弥补。当公路工程对局部环境造成较大影响时，应进行主体工程方案与采取环保措施间的多方案比选。

环境保护标准是指国家颁布的环境保护质量标准，如现行《环境空气质量标准》（GB 3095）、《地表水环境质量标准》（GB 3838）等。技术指标是指对环境保护总体设计原则量化的某些设计指标，如线位距环境敏感点的最小距离、乡村地区通道一般间距、路基填（挖）控制高度等。

1. 公路及沿线设施周围环境的保护要求

1）公路环境保护应与公路建设和养护相结合，开发和利用环境。

2）公路环境保护应体现经济效益、社会效益，各种环境保护设施应因地制宜，做到技术可行、经济合理。

3）公路养护工程应以维护生态、降低污染、保护沿线环境为目标，对施工与营运期产生的污染应采取相应的处治措施。

4）位于自然保护区、水源保护地、森林、草原、湿地和野生生物及其栖息地的公路，养护作业时应妥善处理施工废料、废水。废方弃置应注意保护自然水流形态，避免阻塞河道水流或造成水土流失。废水不得直接排入饮用水体和养殖水体。

自然保护区、水源保护区、湿地系指国家有关行政主管部门明文划定的且规定有相应的范围、级别的区域。野生生物主要指《国家保护植物名录》中的植物与《国家重点保护野生动物名录》中的动物。对生态环境提出保护方案主要指植物防护或工程防护方案，如尽量减少对原有地表植被的破坏，减少工程的开挖面与覆盖面，设置绿化带，将路面径流引出或筑砌挡墙、排水沟、改路堤为桥等。

5）增强生态保护和水土保持意识，保护生态资源，少占土（耕）地，做好公路用地范围内的水土保持工作；对边坡、荒地的水土流失，应做好治理工作。

2. 生活环境污染防治

生活环境是指人们正常生活的生活环境和工作环境，也包括人类食用生物的生长环境，如水产养殖水体等，其目的是保护人们的身体健康和正常生活、工作。

公路养护应注意防治下列生活环境污染。

1）养护施工作业噪声对声环境的污染。

2）搅拌站（场）的烟尘、施工扬尘、路面清扫扬尘对环境空气的污染。

3）公路服务区等的生活污水、路面径流、施工废水和废渣等对水环境的污染。

4）养护施工中的废弃物对环境的污染。

3. 公路养护环境污染防治

公路养护环境污染防治，是指对公路养护作业产生的噪声、废料、废气、污水等生活环境污染的防治。公路养护环境污染防治应采取下列有效措施。

1）积极实验和采用无污染或少污染环境的新工艺、新技术、新产品。在路面养护施工中，应积极推广再生、快速修补等环保工艺，减少工程废料。

2）环境空气污染防治应结合景观绿化，选择有吸附或净化能力，适合当地气候、土壤条件的花草、灌木和乔木。在用地许可时，宜种植多层次的绿化林带。

3）沥青混合料一般应集中场站搅拌，其设备污染物排放应符合现行《沥青工业污染物排放标准》（GB 4916）的有关规定。

4）石灰、粉煤灰等路用粉状材料运输和堆放应有遮盖，有条件时其混合料应集中拌和，减轻对空气、农田的污染。

5）养护作业应考虑对施工路段及便道适时洒水，减轻扬尘污染。

6）公路服务区、停车区等产生的废水排放应符合现行《污水综合排放标准》（GB 8978）的有关规定。

4. 公路养护作业要求

公路养护作业应采取有效措施，减少对生态环境、水环境、声环境、环境空气、社会环境的影响，并注意保护公路沿线文物古迹。

公路养护环境保护工作，主要指生态环境、水环境、声环境、环境空气、社会环境的保护工作。同时应加强已有环保设施及其他公路沿线设施的清洁工作。

1）生态环境保护：包括保护重要生态系统及生物资源，保护基本农田，水土保持等。

2）水环境保护：包括保护水体不受公路路面径流水污染；科学处理施工废水，如机修废水、含油污水；防止施工中的弃土、弃渣等固体废物直接排入水体等。

3）声环境保护：主要指控制环境噪声污染。《中华人民共和国环境噪声污染防治法》称："环境噪声污染，是指所产生的环境噪声超过国家规定的环境噪声排放标准，并干扰他人正常生活、工作和学习的现象。"

4）环境空气保护：主要指防治养护作业产生的扬尘、沥青烟尘等大气污染物对环境空气的污染，防治运送施工物料车辆排放的废气对环境空气的污染。

5）社会环境保护：《公路建设项目环境影响评价规范》（JTG B03）称，社会环境，包括社区发展、居民生活质量、基础设施、矿产资源利用、土地利用、旅游资源、文物资源、城镇建设等。公路建设和养护作业，应尽量保护社会环境不受施工破坏和影响。

课堂延伸

分组调查"中国最美公路"，按组制作 PPT 并汇报。

课后训练

1. 简述公路绿化的范围。
2. 简述公路绿化的目的。
3. 简述公路绿化的方针。
4. 简述公路树木的栽植要求。
5. 简述环境保护应符合的要求。

项目九
高速公路养护管理

09

知识目标

1. 了解高速公路养护管理的任务；
2. 了解高速公路养护管理的内容及分类；
3. 了解高速公路养护机械的配备；
4. 叙述养护作业安全管理的要点。

技能目标

具备高速公路养护管理及维修的能力。

素养目标

搜集并向同桌介绍我国高速公路的发展史，增强职业自豪感和爱国情怀。

工作任务

1. 高速公路养护的基本知识；
2. 高速公路的养护与维修；
3. 高速公路养护机械化；
4. 养护作业的安全管理。

高速公路是专供汽车分道分向高速行驶并全部设置立交、全部控制出入的公路，采用较高的技术标准和较完善的交通工程设施，反映公路的最新、最高技术水平。高速公路一般具有标准高、质量好、设计车速高、承载与通行能力大、运输成本低、使用寿命长、交通事故少等特点，具有快速、安全、舒适、全天连续运行的功能。因此，高速公路的养护必须做到快速、高效、保证质量和安全，避免养护作业影响车速或中断交通，造成不必要的经济损失。

高速公路养护
的基本知识

任务一　高速公路养护的基本知识

一、高速公路养护管理的任务

高速公路养护管理的目的是通过有针对性的及时养护，使高速公路及其设施经常处于良好的技术状态，从而保证高速公路具有快捷、畅通、舒适、安全、经济、美观的使用功能。

从上述目的出发，高速公路养护管理的主要任务有：

1）进行路况及管理设施调查，通过管理数据库，建立高速公路及设施的综合评价体系。

2）根据高速公路及设施的运营状况，制订可行的养护计划和规划，实施有针对性的及时养护，保证高速公路健全的服务功能。

3）不断探索新的养护技术与管理措施，积极采用新技术、新材料、新工艺、新设备，以最经济的方式达到最佳的养护效果。

4）努力推行并建立合理、高效的机械化养护方式，不断提高机械配备率和机械作业的占有率，保证高速公路养护的速度与质量。

5）建设一支能适应高速公路现代化养护的管理队伍，变被动养护为主动养护，变静态养护为动态养护，达到养护的高标准、高质量、高效率、高机动性的要求。

二、高速公路养护管理的内容

高速公路养护管理涉及的内容十分广泛，但归纳起来，大致可分为如下几个方面：

1. 为保持路况及设施完好而进行的日常维护保养

高速公路日常维修保养是确保高速公路正常使用功能的重要手段，它具有经常性、及时性、周期性的特点。高速公路日常维护保养一般包括路基路面保养、桥涵隧道保养、沿线设施保养、机电设备保养、绿化保养等。日常维修保养作业具有点多、线长、面广、分散，以及移动作业等特点，往往受自然因素影响较大。在施工组织上一般采用专项责任承包或分段综合承包等方式，这样可以更好地落实责任，提高养护质量和考核力度。

日常维护保养是高速公路养护资金使用的主要方面。

2. 为加固完善道路及运营设施而进行的专项工程

专项工程是在保证交通的情况下进行的规模性养护施工，是对高速公路及其附属设施的一般性磨损和局部损坏进行修理、加固、更新、完善的作业，是针对不同养护对象提出的具有保护作用的维护措施。这些工作对于防止高速公路及运营设施的后期损坏、减少日后长期费用的支出往往具有重要意义，在实际养护中常被列入专项工程计划，由专业施工队伍实施。

高速公路专项工程会随着高速公路使用年限的增长而逐年增多，根据资金状况对其进行合理预测与安排，是不断保证高速公路服务水平的重要一环。

3. 为恢复或改进原设计功能而进行的大修工程

高速公路大修工程是指高速公路及其附属设施已达到其服务年限，必须进行应急性、预防性、周期性的综合修理，使之全面恢复原设计状态或根据高速公路发展的要求进行的局部改善工程。内容包括重建或增建的防护工程、整段路面的改善工程、增建小型立交或通道、大中桥梁改善、沿线设施的整段更换、房屋建筑的改造、监控收费系统的改造以及站区广场的改造等。这些项目一般按年度做出规划，在养护费用中列支。

4. 对沿线景观、绿地的绿化美化和环境保护

绿化美化是高速公路养护管理的重要内容之一。这项工作一般包括沿线中央分隔带及边坡的绿化养护、站区及办公环境绿化养护、服务区绿化养护、沿线特殊景点的绿化养护，以及苗圃的保养等。它对于提高沿途景观效果，改善驾乘人员的视觉印象，表现地区人文环境，体现高速公路运营管理水平等都有着不可低估的作用。高速公路的绿化美化工作一般都列入高速公路日常维修、保养与专项工程之中，并根据高速公路管理的需要，有计划地完成。

此外，做好环境保护也是高速公路养护的重要内容。其中噪声控制设施、生态保护设施，以及结合绿化进行的绿化美化工程等是高速公路环保养护的重点。

5. 灾害及恶劣气候条件下的抢修及应急对策

高速公路在运营过程中，会遇到不良灾害天气的侵害，如飓风、暴雨、山洪、冰雪、地震和岩体滑塌等。这些情况尽管发生的机会较少，但造成的危害很大，往往会使高速公路运营工作陷入瘫痪。因此，对上述危害做好充分的物质准备，制订切实可行的抢修预防和快速反应机制，是高速公路养护管理不可缺少的重要内容之一。重大灾害造成的路基路面损害、桥涵结构物损害的修复，依据其工程量的大小一般都列入高速公路大修工程的范围。此外，在冰雪等恶劣条件下，尽快改善通行条件，减少高速公路不必要的关闭，则是高速公路养护管理经常遇到的问题，处理是否及时将直接影响着高速公路的社会效益和经济效益。

6. 沿线机电设施的维护与管理

机电设施的维护与管理是高速公路养护区别于一般公路养护的重要特征，也是保证高速公路正常运营的不可缺少的重要环节。机电设施的维护一般包括监控、收费系统维护，通信系统维护，通风照明系统维护，供配电系统维护以及消防等。这些工作往往具有技术要求高、程序复杂、危险性大等特点，维护人员须经培训或持有专业证书方可上岗作业，特别是在执行规范和规章方面，有着较严格的要求。

除此之外，高速公路养护工作还涉及有关机械设备管理、作业安全管理以及养护技术管理等很多内容，这些内容构成高速公路养护的保障体系，是不可缺少的重要组成部分。

三、高速公路养护管理的分类

高速公路养护管理按照不同的表述方式有很多种分类。在通常情况下，常见的分类方法有如下几种：

1. 按养护对象及部位分类

这种分类具有单一性特征，养护对象所指也很明确，特别适合于有针对性地制订养护措施，研究养护工艺。但由于高速公路养护对象十分广泛，如路面养护、路基养护、桥梁与涵洞养护、通道养护、隧道养护、隔离栅养护、紧急电话养护、标志标线养护、收费设备养护、房屋养护等，因此这种分类也有冗杂之嫌。

2. 按养护性质及规模分类

这种分类方法兼顾了养护的工程性质、规模大小、技术难易程度等综合因素，是我国《公路养护技术规范》采用的分类方法。这种方法便于养护管理部门较好地安排计划与资金，合理地进行施工组织。

该方法将高速公路养护工程分为三大类，即日常维修保养、专项工程和大修工程。在实际工作中，由于高速公路还增加了交通工程设施，监控、通信、照明、收费设施等更多的养护内容，管理部门一般会将这些养护内容按其性质、规模、技术状况等纳入上述三大类别之中进行统计和管理。

3. 按养护手段及方式分类

这种分类方法主要从养护的手段入手，将高速公路养护划分为机械养护和人工养护两大类。这种分类方法较适合于考察高速公路机械化养护的比率和机械化程度的高低，是高速公路养护的一种方向性指标。其不仅具有统计学上的意义，同时对于具体的机械管理、设备租赁、养护规划等部门都有着实际的管理意义。今后，随着高速公路养护市场的逐步成熟，这种分类很可能形成新的社会化养护分工，其意义会更加深远。

4. 按养护系统与专业分类

这种分类方法是在按养护对象分类的基础上进一步归纳后形成的专业分类方式，如道路桥梁养护、交通工程设施养护、机电设备养护、绿化景观养护等等，主要侧重于不同专业的养护分工。

按系统和专业进行养护分类，将有利于高速公路各专业部门的职能管理，既可以在管理上有专业侧重，又可以进行专业间综合协调，从而保证高速公路养护管理的宏观调控，是一种较好的高速公路行政管理的分类方式。

除此之外，单就高速公路养护管理而言可能还会有其他多种分类方法，但无论采用什么样的分类方法，其根本目的都是为管理的内容服务。对上述分类有一个基本的了解，可以不断改进管理行为，提高运营管理效益。

任务二　高速公路的养护与维修

一、巡视和检查

高速公路巡视和检查的目的是为了及时发现公路及其附属设施的损坏情况和影响交通的路障，制止违章建筑和侵占路产、路权的行为；掌握、收集公路路况和交通信息，以便主管部门及时做出处理。

巡视和检查可分为日常巡视、夜间巡视、定期检查和特殊检查四种。

1）日常巡视：指平常为了掌握公路路况和交通运行状况等而进行的巡视。

①巡视方法：巡视人员在进行巡视准备工作时，应认真检查巡视车辆和通信联络设备的技术状况，核查巡视交接班记录，制定巡视方案。在巡视过程中，巡视车辆应按规定开启示警灯具，车速一般控制在 40km/h。注意掌握公路技术状况的变化，并对重点结构物和路段的巡视情况做好记录。巡视结束后，巡视人员应整理巡视日记，作好交接班工作。

②巡视内容：巡视路基、路面、桥涵、隧道等构造物及绿化、沿线设施的完好程度，检查路障以及与路政管理工作有关的内容。巡视的重点是路面和路障。

③巡视频率：每天不少于一次。

2）夜间巡视：指为了检查夜间照明和标志、标线的技术状况而进行的巡视。每月进行一次。每次巡视结束后，应做好记录，对发现的问题提出处理意见。

3）定期检查：指为了掌握高速公路及其附属设施的技术状况，制订养护工程计划和评定公路使用质量而实施的检查。

①检查项目：路基、路面、桥涵、隧道等构造物及绿化、沿线设施等。

②检查频率：依据检查项目的重要性、使用年限、损坏程度和交通量大小等因素，由高速公路养护管理部门拟定。

4）特殊检查：指发生大的洪水、台风、地震等自然灾害和有可能对高速公路及其附属设施造成较大破坏的异常情况时所进行的检查。

①检查内容：处于危险路段的路基、路面、桥涵、隧道等构造物及沿线设施。

②特殊检查时，应携带通信设备和安全标志，以便及时沟通情况，采取应急措施；同时还应检查沿线养护单位的材料、设备、技术力量和抗灾能力，为合理制定防灾措施、恢复原有技术状况提供决策依据。

③特殊检查结束后，检查人员应及时将检查情况做出专题报告。

二、清扫及排水

1. 路面清扫

1）路面清扫应以机械作业为主。清扫频率根据公路状况、交通量大小及其组成、环境条件及机械效率等因素而定。

2）机械清扫路面时留下的死角，应用人工辅助清扫。

3）为了防止清扫作业产生灰尘污染环境，危及行车安全，清扫机械应配备洒水装置。

4）路面清扫后的垃圾不得随意倾倒，应运至指定地点或垃圾场进行处理。

5）当路面被油类物质或化学药品污染时，应清洗干净，必要时用中和剂或其他材料处理后再用水冲洗。

6）进行路面清扫作业时，应保障交通安全和畅通，宜选择在交通量小的时候进行作业。清扫车应有明显的作业标志。

7）桥面及隧道内路面的清扫，应与高速公路路面清扫要求一致，但应适当加大隧道内路面的清扫频率。

8）北方地区还需做好冬季路面除雪防滑。

2. 其他设施的清扫（理）

1）桥梁伸缩缝内的杂物应及时清除。

2）交通标志及标线受到污染后，应及时清扫（洗），标志牌面应定期擦拭。

3）高速公路收费广场和服务区应经常清扫，保持整洁美观。

4）中央分隔带内的杂物应及时清除，保持路容整洁。

5）隧道内壁和装饰材料应视污染程度，采用洗涤剂刷洗，或用机械喷水冲洗，每年不少于两次。

6）高速公路的照明、报警装置、通信监控设施，应及时清除污物，定期擦拭。

7）高速公路的排水设施应经常保持其排水功能完好，明沟或暗沟应定期清除杂物或疏通；集水井或沉淀池内的泥污应在泥浆固结前予以排除。

3. 高速公路的排水

高速公路的排水是为了最大限度地减轻水对公路的危害。养护时，应注意对排水设施的检查和维修，充分发挥排水系统的功能。

1）对设有集中排水设施的中央分隔带的集水井、横向排水管，应经常清淤及维修，保持排水畅通。

2）雨季前后应对拦水缘石及泄水槽进行检查维修，保持其完好，连接处应平顺无裂缝。对未设置拦水缘石及泄水槽的路段，宜通过养护手段逐步完善。

3）高速公路的路面局部积水，应针对积水原因，采取及时清扫、整平路面及增设排水设施等相应措施。

4）雨季前应对高速公路的路堤、路堑边坡的防护和排水设施进行检查，及时维修损坏部分。当路堤边坡出现冲沟或缺口时，宜选用与原路基相同的填料填筑夯实；路堑段应将截水沟内积水引至坡外，如有淤塞，及时清除。

5）雨后应采取措施，排除高速公路互通立交区内的积水。

6）所有从排水设施中排出的水，不得冲毁农田或其他建筑物，还应注意不污染环境。

三、排障与清理

排障与清理指排除、清理由自然灾害、异常气候、交通事故、故障车辆、丢弃物或堆积物等所造成的交通障碍及行车不安全因素。

高速公路管理机构必须健全通信联络系统，配备专用车辆，组建排障、清理专业组。专业组主要有下列任务：

1）收集、分析、处理各种信息，随时做好出动准备。

2）制订各种排障与清理处理方案的作业程序和应急措施。

3）保证各种机械、设备处于完好状态，并储备各种所需材料。

4）在最短的时间内排除路障、清理现场、保持畅通。

交通事故及故障车辆的排障与清理，应遵循下列规定：

1）当发生交通事故或阻塞时，到达现场的人必须迅速向有关部门发出信息。报告准确地点、事故车辆状况、阻塞程度、人员伤亡、路产损失等。

2）当车辆因故障停放在行车道或匝道上时，排障人员接到信息后应立即出动，将故障车辆牵引至紧急停车带，然后对其提供服务。经过服务仍不能行驶的车辆，必须牵引（或装运）离开高速公路。

自然因素所造成障碍的排除与清理：洪水、台风、地震等自然灾害发生后，高速公路管理部门应迅速组织人力、物力、机械设备，清理现场，排除路障，恢复交通。

四、冬季养护

高速公路冬季养护作业的重点是除雪防滑。

1. 除雪

冬季除雪应根据气象资料、路面结构、沿线条件、降雪量、积雪深度、气温、危害交通范围等条件，确定除雪计划。

高速公路应注重桥面、坡道、弯道、匝道、收费广场等重点区段的除雪。

除雪前的准备工作应符合下列要求：

1）除雪机械设备的准备：在冬季来临之前，必须将除雪机械设备维修好，并储备必要的配件、融雪剂、防滑料。每次除雪后，应立即对除雪机械设备进行保养、修理，以备下次使用。

2）为了有效地进行冬季作业，应对路面、路肩、桥头、桥梁伸缩缝等予以整修，以便除雪机械充分发挥作用。

3）因除雪机械种类较多，为有效地发挥其功能，应对驾驶、操作人员进行定期及特殊作业培训。

4）收集气象信息。

除雪作业分为新雪除雪、压实雪处理。除雪作业应以清除新雪为主。应加强交通管制，以最快的速度随时清除，防止路面积雪被压实。

2. 路面防冻、防滑

1）路面冻结的因素主要有：压实雪由于温度低，冻结在路面上；融化的雪水由于低温再结冰；初冬和冬末由于降雨后温度低引起冻结等。

2）防冻及防滑措施：

① 使用盐或其他融雪剂，使路面上的结冰点降低。

② 使用砂等防滑材料或与盐掺和使用，加大车轮与路面间的摩擦系数。

③ 防冻、防滑料施撒时间，主要根据气象条件（降雪、风速、气温）、路面温度监测器、巡回信息等来确定施撒时间。一般可在一开始下雪时就开始撒布融雪剂（或与防滑料掺合），或者估计在路面出现冻结前 1~2h 撒布。

④ 撒布次数：防止路面结冻时，通常撒布一次即可；除雪作业时，撒布次数可和除雪作业频率一致。

任务三　高速公路养护机械化

公路的养护必须做到快速、高效、保证质量和安全，不允许因养护作业影响车速或中断交通。它要求公路养护向高科技、现代化发展，实行养护机械化。

一、养护机械化的主要内容

主要作业包括路面清扫、洒水、除雪、除草、路面修补、绿化、交通工程设施的维护，以及紧急抢修等工作内容。

1. 日常养护

1）路面清扫：应配置洒水车、喷射清洁机（或高压喷射装置）等，以达到全面清扫的目的。

2）预防性养护及事故的修复：应配备一部分常用的机械设备，如装载机、压实机械、铣刨机以及抢险车、桥梁检测车等。

2. 除（防）冰雪

应视所管地段公路降雪量、积雪深度等情况，确定和配备机械，一般应装置相应的扫雪机（或装置），以及散布防滑材料和喷洒防冻剂的撒布机、洒水车等。

3. 绿化

应配备挖坑机、洒水车、剪草机、除草机等。

4. 巡回

应配备相当数量用作巡回检查、联络以及维修的车辆。

5. 公路附属设施的维修

应配备高压、冲洗、高空作业、划线、抢险等机械或装置。至于中修工程，因自营或发包而不同，若自己承担，应备有相应的机械设备，如用于沥青混凝土罩面的摊铺机、清除路辙用的铣刨机、再生重铺机等。

二、养护机械的配备

机械设备选型应本着技术先进、生产实用、运行可靠、便于维修、经济合理的原则，具体考察的因素有设备生产率、可靠性、维修性、节能性、易于准备程度、成套性、安全性和环境性。根据高速公路养护作业的特点，在选择养护机械时除了考虑以上因素外，还应考虑以下因素：

1. 养护内容及养护里程

养护内容包括路面养护、绿地及绿篱养护、道路设施养护等，这些项目的规模及标准决定着需用养护设备的类型及数量。因此，在进行设备配置前，首先要清楚高速公路的养护内容，然后，根据养护内容合理选择设备规格型号及数量，在保证完成养护任务的前提下选择最理想的配置，以提高设备利用率，避免因闲置时间过长而造成资金的浪费。

养护里程的长短决定了配置养护机械的数量，若养护路段长，可适当增加养护机械数量，这样有利于提高养护效率，缩短养护周期，减少因往返时间长而造成不必要的浪费。反之则应减少机械数量。

2. 地理环境

由于我国幅员辽阔，有平原、丘陵、沙漠、山地之分，因地理环境的不同，造成了各地区的高速公路道路状况、基础设施之间的差异，因此在配置设备时一定要考虑这些因素。如山区高速公路往往隧道较多，在进行设备配置时，应考虑隧道清洗设备；沙漠地区因缺水，绿化养护难度较大，应适当增加洒水车的数量。

3. 气候条件

由于我国南北的气候条件不同，北方地区气候干燥、冬季较冷、降雪多，而南方气候潮湿、冬季较暖、几乎不降雪，针对这些特点，北方地区应配置清雪设备及洒水设备，而南方地区就可以不配。

4. 交通量

交通量的大小决定了道路及设施的损坏程度的大小，进一步影响高速公路的使用寿命。为延长道路使用寿命，就必须增加养护的投入，养护设备的数量也要相应提高。交通量大的高速公路养护设备的配置数量要大于交通量小的高速公路。

5. 投资渠道

高速公路养护设备配置可以有多种投资渠道，如建设期投资、管理期投资、自行投资等。建设期投资的设备往往是根据建设需要进行配置的，多属于配套设备；而管理期及自行集资的设备多是根据高速公路自身的养护需要来配置，更具实用性。对于这些设备的管理，应根据不同情况采取不同的方法。

6. 道路先天质量

由于多种原因，可能会造成高速公路的先天质量存在这样或那样的缺陷，在进行养护设备配置时，应根据这些缺陷的特点有针对性地进行选择。

科学、合理的设备配置标准可以充分发挥设备的性能，提高利用率，保证养护生产能够优质、高效地完成，同时还可以避免浪费，节省配置费用。

下面列出辽宁省高速公路管理局各管理所机械配备方案（见表 9-1）以供参考。

表 9-1 辽宁省高速公路管理局各管理所机械配备方案

类别	设备名称	功　能	总计	近期配置	远期配置	备　注
路容维护系列	清扫车	路面清扫	2	2	—	—
	洒水车	路面降温、绿化养护、除尘	2	2	—	—
	小型剪草机	分隔带、景点的修理	4	4	—	—

（续）

类别	设备名称	功　能	总计	近期配置	远期配置	备　注
黑色路面维护系列	路面铣刨机	路面除油包	2	1	1	全线配备一台（大型）
	黑色路面养护车	补坑槽、处理桥头	1	1	—	—
	移动式拌和设备	拌和沥青材料	1	1	—	—
日常检修系列	高空作业车	维修收费棚、房屋、路灯	1	—	1	—
	工程维修车	道路维修、巡视养护	2	2	—	—
	移动标志车	施工中临时安全标志	7	—	7	—
	桥梁维修车	桥梁检修、维护	1	—	1	全线一台
冰雪防治系列	道路综合养护机	除雪、清扫、散布、清洗	1	1	—	—
	平地机	清除压实的冰雪	1	1	—	—
	药剂洒布机	除雪防滑、散布药剂	1	—	1	—
	除雪装载机	除雪	1	1	—	—
抢险救援系列	专用排障车	排障抢险	1	1	—	—
	起重机	排障抢险	1	1	—	间隔配置，两个所一台
	拖头	排障抢险	1	1	—	—
	拖板	排障抢险	1	1	—	—
	救护车	抢救伤员	1	1	—	—
电器通信系列	通信工程维修车	通信系列的抢修、维护	2	2	—	—
	业务联络车	机务站业务联络	1	1	—	—
路政系列	路政巡逻车	路政巡逻、检查	8	4	4	—
收费系列	收费送钞车	收费送钞	1	1	—	—
	收费人员通勤车	收费人员通勤	4	4	—	—
服务区管理系列	服务区进货车	服务区经营办货	1	1	—	—
	服务区人员通勤车	人员通勤	1	1	—	—
	业务联络车	业务联络	1	1	—	—
	巡回服务维修车	沿线巡回维修	1	1	—	—
行政管理系列	业务联络车	管理人员业务联络	3	3	—	—
	通勤车	管理干部通勤用	1	1	—	—
	生活用车	管理所后勤	1	1	—	—
交通安全系列	交通巡逻及事故勘察车	巡逻及事故勘察处理	3	3	—	—

任务四　养护作业的安全管理

一、一般规定

1）公路养护维修作业必须保障养护维修作业人员和设备的安全，以及车辆的安全运行。在进行养护维修作业前，应制定安全保障方案。

2）公路养护维修作业单位应建立安全管理制度，实施对养护维修作业人员的安全培训和教育。养护维修作业人员必须接受安全技术教育，遵守各项安全技术操作规程。

3）公路养护维修作业单位或经营单位应加强养护维修作业安全的管理。各级公路管理机构应加强对养护维修作业安全的监督和检查。

4）养护维修作业的安全设施在未完成养护维修作业之前应保持完好，任何人不得随意撤除或改变安全设施的位置，扩大或缩小控制区范围，以保证养护维修作业控制区的安全。

二、养护作业安全

1）凡在公路上进行养护维修作业和管理的人员必须穿着带有反光标志的橘红色工作服装。

2）公路路面养护维修作业应按作业控制区交通控制标准设置相关的渠化装置和标志，必要时应指派专人负责维持交通。在可能发生山体滑坡、塌方、泥石流及高路堤、陡边坡等路段养护维修作业，必要时应设专人观察险情，严防安全事故发生。

3）养护维修作业人员应在控制区内作业和活动，养护机械或材料不得堆放于控制区外。

4）公路桥梁、涵洞、隧道养护现场，应专门设置养护维修作业的交通标志。在桥梁栏杆外侧和桥梁墩台进行养护维修作业时，必须设置有效的安全防护设施，作业人员必须系安全带。

5）在隧道内进行养护作业时，除遵守一般规定第 4 条以及养护作业安全规定第 3 条之外，还应遵守以下规定：

① 养护施工路段内的照明应满足要求，并设置必要的安全设施。

② 注意观察和控制隧道内的有害气体浓度，做好通风工作。

③ 隧道内禁止存放易燃易爆物品，严禁烟火。

④ 电子设施等对维护安全有特别要求的，应按相关安全规程执行。

6）特殊条件下的养护维修作业应符合下列要求：

① 高温季节实施养护作业，应按劳动保护规定，采取防暑降温措施，并适当调整作息时间，尽量避开高温时段。

② 冬季养护维修作业时应采取保温防冻等安全防护措施，作业时应加强交通管制，并对作业人员、作业机械加强防滑措施。

③ 雨季养护作业应做好防洪排涝工作，加强防水、防漏电、防滑、防坍塌等措施。

④ 大雾天不宜进行养护维修作业，当必须进行抢修作业时，应采取封闭交通，并在安全设施上设置黄色施工警告灯号等安全设施。

⑤ 夜间养护维修作业，现场必须设置符合操作要求的照明设备。

7）山区养护维修作业时，应遵守下列规定：

① 在视距条件较差或坡度较大的路段进行养护维修作业，必要时应设专人指挥交通，作业控制区应增加有关交通安全设施。

② 控制区的施工标志应与急弯标志、反向标志或连续弯标志等并列设置。

③ 在同一弯道不得同时设置两个或两个以上养护维修作业控制区。

④ 养护维修作业人员在作业时应戴安全帽。

8）清扫、绿化养护及道路检测作业，应遵守下列规定：

① 严禁在能见度差（如夜间无照明设施、大雾天）的条件下进行人工清扫。

② 高速公路和一级公路路面清扫应以路面清扫车进行机械清扫路面为主，二级及二级以下公路路面清扫可以机械清扫和人工清扫相结合，当进行人工清扫路面时，应采取安全防护措施。

③ 凡需占用车道进行绿化作业时，必须按作业控制区布置要求设置有关标志。

④ 高速公路、一级公路中央分隔带、边坡绿化浇水作业时，浇水车辆尾部应安装发光可变标志或按移动养护维修作业控制区布置。

⑤ 道路检测车、路面清扫车、护栏清洗车等在高速公路、一级公路进行道路性能检测和作业时，凡行进速度低于 50km/h 时，应按临时定点或移动养护维修作业控制区布置，或在设备尾部安装发光可变标志。

9）加强养护维修机具的操作安全防范和维修保养。养护机械的操作、维修和保养按有关规定执行。

10）公路养护维修作业控制区为公路养护维修作业所设置的交通管理区域，分为警告区、上游过渡区、缓冲区、工作区、下游过渡区和终止区等 6 个区域。各项养护维修作业控制区的布置和长度应保证公路养护维修作业人员、设备和过街车辆的安全。

① 在作业控制区的 6 个分区中，警告区是最重要的一个分区。

警告区是从作业控制区起点设置的施工标志到上游过渡区之间的路段，从最前面的施工标志开始到工作区的第一个渠化装置为止，用以警告车辆驾驶员已经进入养护维修作业路段，按交通标志调整行车状态。

警告区长度应保证车辆驾驶员在到达工作区之前，有足够的时间改变行车状态。

警告区最小长度是保证驶入警告区的车辆减速至工作区规定的限速所需要的警告区路段的最短长度。

② 当工作区包含了一条或多条车道时，就需要封闭工作区所包含的车道。为了防止车流在改变车道时发生突变，需要设置一个改变车道的过渡区，以使车

流的变化缓和平稳。

过渡区一般有两种：上游过渡区和下游过渡区。

上游过渡区：保证车辆平稳地从封闭车道上游横向过渡到缓冲区旁边非封闭车道的路段。

下游过渡区：保证车辆平稳地从工作区旁边的车道横向过渡到正常车道的路段。若下游过渡区设置得当，将有利于交通流的平稳。下游过渡区的长度只要保证车辆有足够的路程来调整行车状态即可，一般可按 30m 取值。

在利用对向车道来转移本方向车流的情况下，本方向车道的下游过渡区实际上就是对向车道的上游过渡区，因此其设置要求与上游过渡区相同。

③ 缓冲区是上游过渡区和工作区之间的一个路段，其设置主要考虑假设行车驾驶员判断失误，有可能直接从过渡区闯入工作区，造成人员伤害和设备的损坏。设置缓冲区可以提供一个缓冲路段，给失误车辆有调整行车状态的余地，避免发生严重的事故。在缓冲区内一般不准堆放东西，也不准养护维修作业人员在其中活动或工作。为了更有效地保护养护维修作业人员，在过渡区与缓冲区之间，可以设置防冲撞装置，以加强防护作用。

④ 工作区是养护维修作业的施工操作区域。这是养护维修作业的工作场所，也是养护维修作业人员工作、堆放建筑材料、停放施工设备的地方。为了保证安全，在工作区与开放交通的车道之间要有明确的隔离装置。工作区的长度一般根据养护维修作业或施工的需要而定。工作区的布置，还应考虑为工程车辆提供安全的进口和出口。

⑤ 终止区是设置于工作区下游调整车辆行车状态的路段。其设置目的是为通过或绕过养护维修作业地段的车辆提供一个调整行车状态的路段。在终止区的末端应设置有关解除限速或超车的交通标志，这样可使驾驶员明白已经通过了养护维修作业地段，并恢复正常的行车状态。

11）养护维修作业安全设施的设置与撤除应遵守以下程序：当进行养护维修作业时，应顺着交通流方向设置安全设施；当作业完成后，应逆着交通流方向撤除为养护维修作业而设置的有关安全设施，恢复正常交通。

根据养护维修作业的情况，为养护维修作业而临时设置的交通标志，主要有警告标志、禁令标志、指示标志和施工区标志。交通标志的设置，除应符合现行《道路交通标志和标线》（GB 5768）规定外，在养护维修作业时，还应根据具体情况设置于专门的位置，并尽可能利用公路可变信息板，配以图案或文字说明。在弯道、纵坡处进行养护维修作业时，应根据实际情况增设交通标志。

当工作区在道路右侧时，交通标志宜设在车道右侧或工作区上游车道上。当工作区在道路靠中央分隔带一侧时，交通标志宜设在中央分隔带护栏外侧或绿化带上。

课堂延伸

分组搜集我国高速公路之最，并按组制作 PPT 进行汇报。

课 后 训 练

1. 简述公路养护作业安全的一般规定。
2. 简述在特殊条件下的养护维修作业时应符合的要求。
3. 简述养护维修作业控制区由哪几个区域组成。
4. 简述养护维修作业安全设施的设置与撤除应遵守的程序。

项目十
公路养护的组织与管理

10

知识目标

1. 了解公路养护管理的组织机构及人员配备;
2. 了解公路养护信息化管理、养护工程管理、公路检查及档案管理;
3. 了解公路养护的生产管理。

技能目标

具备组织和管理公路养护工作的能力。

素养目标

组织和管理是所有工作有序、高效进行的基础和保障,深入学习本项目内容,激发爱国热情。

工作任务

1. 公路养护管理的组织机构;
2. 公路养护的技术管理;
3. 公路养护的生产管理。

任务一　公路养护管理的组织机构

为了加强对公路养护工作的管理，确保完成公路养护所规定的任务，建立健全完善的公路养护管理的组织机构和人员配备是十分重要的。

一、公路养护管理的组织机构

目前，我国基本上采用省公路管理局、地市公路管理局、县（市）公路管理分局的三级公路养护管理体制，负责对国家干线、省级干线及重要县级公路的养护管理，并对地方交通部门养护的一般县、乡公路进行业务指导。

对于高速公路的养护，各省市一般都设立了高等级公路管理局（公司），在高等级公路管理局（公司）下设立专门的养护单位。

各级养路专业机构的具体职责是：

1）领导全体职工贯彻执行国家有关公路法规和公路养护、修建的方针政策和规章制度。

2）编制好公路养护和改善的规划和计划，经过上级审批后负责组织实施。

3）定期检查公路各项工程实施的技术状况，及时地、保质保量地进行公路养护工作。

4）负责组织工程的竣工验收工作，对不符合工程质量标准的工程不予接养。

5）系统地观察公路的使用情况，做好交通调查，掌握公路的各项技术经济指标，充实和修订公路路况登记和技术档案，逐步建立现代化的数据库管理系统。

6）加强科学研究和技术情报工作，掌握国内外科技发展动态，积极采用新技术、新材料、新工艺，改进机械设备，培训专业人才，提高人员政治、业务素质。

7）加强公路路政管理，保护公路及相关财产，维护公路畅通。

8）关心职工生活，保障养路工人的健康和生产安全。

9）积极抓好本单位的精神文明和物质文明建设工作。

关于各级公路养护专业机构的职责，还需解释性地进行说明：省级和地（市）级的公路管理局原则上不是政府机关或职能部门，而是属于有关公路养护事业管理的生产性专业机构。但是目前有些省由于交通厅未设公路处，所以就把相应的部分政府职权授给省、地（市）两级公路管理局，以利于公路建设的管理工作。

二、公路养护管理的人员配备

省、地（市）、县三级公路养护管理机构内分别设总工程师、主任工程师、主管工程师，连同其相应的技术管理部门组成技术管理体系，负责贯彻技术规范及其他有关标准规范的各项规定。他们是同级行政领导成员，有权决定其职责范围内的技术业务问题并负有技术责任。本机构内的技术人员及下属机构必须接受他们的领导。

三级养护技术负责人的主要职责包括下列内容：

1）贯彻执行国家有关公路技术法规、标准、规范和公路养护、修建的技术政策和规章制度，负责制订本省、地（市）内公路养护技术管理的有关规定和办法。

2）定期组织检查公路各项工程设施的技术状况，提出或审定公路各类养护工程的技术措施和方案。

3）负责组织养护工程的竣工验收及参与组织新、改建工程的竣工验收。

4）负责组织公路交通情况的调查，系统地观测公路的使用情况，掌握公路的各项技术经济指标，充实和修订公路路况技术档案，逐步建立相应的数据库系统。

5）掌握国内外公路科技发展的最新动态，积极引进、开发、推广公路养护的新技术、新材料、新工艺，组织科技交流和培训专业人才。

各级公路管理机构必须配备足够的养护工程技术人员。地（市）级以下管理机构的专职养护工程技术人员每管养 100km 至少需要配备 4 人。地（市）和县级机构内，养护工程技术人员总数占全部管理及服务人员总数的比例应不少于30%。随着技术水平的提高和业务人员的补充，其所占比例可相应增加。

任务二　公路养护的技术管理

公路养护技术管理是公路养护管理的重要组成部分。它是公路养护管理部门合理组织设计、施工、养护的重要方法，同时也是为了不断提高养护技术水平，采用先进的新技术、新材料、新设备，提高劳动生产率，提高工程质量，降低原材料消耗和保证安全生产，全面完成养护任务的关键一环。

公路养护技术管理的基本任务就是要严格贯彻和执行国家有关公路建设的技术政策、标准、规范、办法和相应的安全规章、操作规程、管理条例，以提高公路养护的质量和做到安全生产。

公路养护技术管理应严格控制和考核各项经济技术指标，做好交通情况调查、路况登记、工程检查与验收、建立路况技术档案和计算机数据库，健全基层管理制度，加强安全生产管理。

公路养护技术管理的目标、任务、内容和方法见表 10-1。

表 10-1　公路养护技术管理的目标、任务、内容和方法

目标	主要任务	管理内容	管理方法
质量第一安全生产	1. 完成改善工程任务 2. 培养技术队伍 3. 科研与科技情报 4. 提高好路率 5. 防护自然灾害	1. 基层制度 2. 技术资料档案 3. 公路定期检查 4. 工程检查验收 5. 安全管理 6. 交通情况调查	1. 开展技术革新 2. 做好技术指导 3. 按基建程序办事 4. 健全技术责任制 5. 加强检查验收 6. 实行技术民主 7. 建立技术档案

一、一般规定

1）公路养护应加强技术管理，严格遵守和贯彻执行有关公路技术标准、规范和规程，以提高公路养护质量和服务水平。

2）公路养护技术管理的内容包括：公路养护信息化管理、养护工程管理、公路检查和档案管理等。

3）公路养护技术管理应本着服务及保畅的原则，大力推行技术创新的制度创新不断提高公路养护技术水平和管理水平。

4）各级公路管理机构应建立健全公路养护管理制度，领先现代科技手段，逐步建立公路养护信息化管理平台。

二、信息化管理

在 2001 年全国公路普查后，交通部建立了《全国公路数据库系统（HDBS）》，并在此基础平台上，陆续推出了《中国国家公路数据库系统》（HDBS GIS 部级版）以及《公路养护投资分配系统》《HDBS 公路档案管理系统》《HDBS 公路养护评价决策管理系统》《HDBS 公路养护业务管理系统》等应用系统。各省（区、市）应按照交通部统一部署和要求，逐步建立完善本省（区、市）公路数据库系统，并借此研发符合本省（区、市）实际的各类应用系统。

1）公路养护技术管理应建立公路数据库作为基础平台，所有公路基本信息采用计算机进行储存和管理、各地公路管理机构应根据现行有关公路数据库标准的要求，逐步建立完善省、市、县各级公路数据库系统。

2）公路数据库的内容应包括公路几何数据、路面结构数据、公路养护历史数据、交通量和轴载数据、桥涵及路基防护构造物数据、安全保障工程设施数据、绿化植物数据、路域环境数据等基本数据资料，以及路面结构强度、路面破损、路面平整度和路面抗滑等路面数据和交通事故数据。

3）公路基本数据采集以公路竣工文件为主要依据，并结合现状调查进行。当公路大修或改建后，数据应及时进行更新。路面状况数据应现场采集，并应尽量采用高效检测仪器进行数据采集。

4）公路数据信息包括：文字信息、数字信息和图片信息、数据的采集和整理以路段（一般为 1km）为单位。路域环境信息除文字和数字信息外，宜每百米拍摄一张全景式数码照片作为图片信息存入数据库。路域环境图片信息也可用前方图像系统采集的连续录像信息代替。

5）各地应创造条件在公路数据库的基础平台上，根据需要建立起地理信息系统（GIS）以及路面管理系统、桥梁管理系统、隧道管理系统、公共信息服务系统等应用系统。

三、养护工程管理

1）各级公路管理机构应定期组织对公路路况进行调查，正确评价和掌握公路技术状况，并通过动态分析各种病害产生的原因、机理和变化规律，科学预测路况发展趋势，为养护工程决策提供科学依据。

2）养护工程应引入竞争机制，推行招投标制度、工程监理制度和合同管理制度，对于大中修工程，应由具有相应资质的单位进行施工和监理。对于改建工程，应按照工程建设管理的规定，对设计、施工和监理实行招投标制度。

对改建工程项目的设计、施工、监理及竣工验收等，应按照新建工程项目的建设管理规定执行。

3）各级公路管理机构应严格养护工程管理程序，完善重大工程项目的报批和审查制度；对技术难度较大的工程项目，应组织专家进行技术论证。

4）公路大修或改建工程项目，应由具有相应资质的设计单位进行勘测设计。并且在养护工程设计时应充分考虑当前车辆超载的实际情况，对车辆轴载情况进行检测；并根据实测结果进行路面结构设计。

5）各级公路管理机构应加强对养护工程的中间检查。

6）养护工程完工后，必须符合以下条件才能接养：

① 经竣工验牧为合格工程。

② 公路编号、命名以及相应的交通工程及沿线设施系统设置规范、完善。

③ 各项竣工文件、档案资料齐全。

四、公路检查

各级公路管理机构应坚持和完善公路检查制度，定期对公路进行检查，及时准确掌握公路路况质量和使用品质，评价和考核公路的运营性能以及公路养护生产和管理工作成效。

1）各级公路管理机构公路检查的频率，按照检查内容和要求的不同，并参考多年的惯例而定。

① 交通部在 2000 年明确规定，每 5 年组织一次全国性公路检查。

② 省级公路管理机构应每年至少组织一次检查。

③ 地（市）级公路管理机构可根据本辖区管理公路里程分布情况以及本级对公路养护目标考核的要求，每半年组织一次检查或每个季度组织一次检查。

④ 县级公路管理机构应每月组织一次检查。

2）公路检查的内容包括：公路技术状况、日常养护情况、养护工程实施情况、养护计划和管理制度的执行情况等。

公路检查应做到科学、合理，考核评定应客观、公正，检测手段应先进、准确。应对公路主要技术指标进行全面检测或抽检，客观地评价公路路况和养护水平。公路检查的评价标准按现行《公路技术状况评定状况标准》（JTG H20）执行。

公路因遭受洪水、台风、积雪等自然灾害毁坏或人为破坏，造成交通中断时，沿线养护道班（工区、站）应调查了解情况，并迅速向县级公路管理机构报告；受损线路为国省干线时，应立即上报到省级公路管理机构，国道应上报交通部。

应加强对收费公路，特别是经营性收费公路的监督检查，以保障收费公路的服务水平。

多雨地区或公路水毁多发地区的公路管理机构，应加强雨季公路检查。

五、档案管理

公路养护档案工作应贯彻执行《中华人民共和国档案法》和《中华人民共和国档案法实施办法》，并符合《交通档案管理办法》的有关规定，既要执行交通行业档案管理的制度、规范、标准，又要接受所在地区档案行政管理部门的业务指导与监督。

（一）公路养护档案管理

1. 公路养护档案管理规定

1）公路养护档案工作应遵循"统一管理、分级负责"的原则。

2）公路养护应严格执行工程档案管理有关规定，公路工程所形成的档案应及时归档，并由档案管理部门实行集中统一管理，不得由承办部门和个人分散保存。

3）应建立档案管理制度，由专人负责管理。

4）公路养护工程的计划、统计、审计、机械设备、设计文件、竣工档案等信息资料，应按相应的管理规定进行管理。

5）建设单位应对养护工程原工程档案组织设计、施工单位据实修改、补充和完善。对改变的部位，应当重新编制工程档案，并在工程验收后3个月内向相应的档案管理部门移交。

6）应积极采用先进技术，逐步实现档案管理现代化。

7）公路养护档案应对小修保养、中修工程、大修工程和改建工程分别立卷归档。

2. 公路养护档案分级管理

1）地（市）级及县级交通主管部门（公路管理机构）负责管理所在辖区内公路的全部基础档案资料。

2）省（市、区）交通主管部门（公路管理机构）负责管理全省（市、区）县级以上（含县级）公路的全部基础档案资料。

3）各省（市、区）也可根据当地实际情况确定分级管理范围。

4）公路小修保养档案应包括以下内容：

① 路况登记资料

a. 路面平面略图；

b. 公路基本资料；

c. 路况示意图；

d. 构造物卡片包括桥梁、隧道、渡口、过水路面、房屋等；

e. 登记表包括涵洞、挡土墙、绿化等。

② 检查与验收资料

a. 日常作业检查记录；

b. 中间检查记录；

c. 定期检查资料；

d. 巡查记录。

5）中修工程档案应包括以下内容：

① 工程合同和造价文件

a. 合同文件；

b. 决算书。

② 施工大纲及批复

a. 施工大纲；

b. 施工大纲批复。

③ 技术交底和会议纪要

a. 设计交底会议纪要；

b. 施工图交底会议纪要；

c. 关键施工技术交底记录；

d. 竣工验收会议纪要。

④ 工程施工过程资料

a. 开工报告；

b. 停工报告；

c. 复工报告；

d. 竣工报告；

e. 水准点、控制点和基准线复测记录；

f. 施工日志及施工原始记录。

⑤ 施工质量控制资料

a. 工程项目划分表；

b. 计量仪器、设备检定（测试）报告；

c. 工程质量检验评定表及汇总表；

d. 工程质量保证资料；

e. 工程质量事故报告及处理记录。

⑥ 竣工图表

a. 竣工图目录；

b. 变更单与相关竣工图对照汇总表；

c. 设计变更单；

d. 业务联系单；

e. 竣工图纸。

⑦ 工程总结及工程竣工验收报告

a. 施工总结；

b. 监理工作总结；

c. 设计工作总结；

d. 工程竣工验收报告单。

6）大修工程档案应包括以下内容：

① 工程合同和造价文件

a. 合同文件（包括招、投标文件）；

b. 决算书。

② 施工组织设计、监理大纲及批复

a. 施工组织设计；

b. 施工组织设计批复；

c. 监理大纲；

d. 监理大纲批复。

③ 技术交底和会议纪要

a. 设计交底会议纪要；

b. 施工图交底会议纪要；

c. 关键施工技术交底记录；

d. 竣工验收会议纪要。

④ 工程施工过程资料

a. 开工报告；

b. 停工报告；

c. 复工报告；

d. 竣工报告；

e. 水准点、控制点和基准线复测记录；

f. 施工日志及施工原始记录；

g. 监理日志及监理原始记录。

⑤ 施工质量控制资料

a. 工程项目划分表；

b. 计量仪器、设备检定（测试）报告；

c. 工程质量检验评定表及汇总表；

d. 工程质量保证资料；

e. 工程质量事故报告及处理记录。

⑥ 竣工图表

a. 竣工图目录；

b. 变更单与相关竣工图对照汇总表；

c. 设计变更单；

d. 业务联系单；

e. 竣工图纸。

⑦ 工程总结及工程竣工验收报告

a. 施工总结；

b. 监理工作总结；

c. 设计工作总结；

d. 工程竣工验收报告单。

7) 改建工程档案内容：应按现行《公路工程竣（交）工验收办法》的规

定，包含综合文件、决算和审计文件、监理资料、施工资料和科研、新技术资料等五方面内容。

（二）档案的整理

档案的整理应符合下列要求：

1）公路养护技术档案应每年按照档案要求分类整理，装订成册，编好目录，分类归档。

案卷可采用装订与不装订两种形式。文字材料必须装订。既有文字材料，又有图纸的案卷应装订。装订应采用线绳三孔左侧装订法，应整齐、牢固，便于保管和利用。

2）立卷应遵循工程文件的自然形成规律，保持卷内文件的有机联系，便于档案的保管和利用。

档案资料立卷可按照工程项目立项、设计、施工准备、施工、竣工验收顺序，对各参建单位移交的全部案卷进行系统整理排序。

3）档案资料应进行科学组卷，每单位工程为一卷，如文件材料多时可分为若干册。

文字材料按事项、专业顺序排列。同一事项的请示与批复、同一文件的印本与定稿、主体与附件不能分开，并按批复在前、请示在后，印本在前、定稿在后，主体在前、附件在后的顺序排列。图纸按专业排列，同专业图纸按图号顺序排列。既有文字材料又有图纸的案卷，文字材料排前，图纸排后。

4）卷内文件排列顺序一般为封面、目录、文件材料部分。

封面应具有工程名称、开竣工日期、编制单位、单位负责人、技术主管、技术负责人、卷、册、编号。文件材料部分的排列：管理性文件按问题重要程度排列；项目技术性文件材料应按现行《公路工程竣（交）工验收办法》的有关编制要求规定排列。

5）文件应字迹清楚，图样清晰，图表整洁，签字盖章手续完备。

工程文件应采用耐久性强的书写材料，如碳素墨水、蓝黑墨水，不得使用易褪色的书写材料，如红色墨水、纯蓝墨水、圆珠笔、复写纸、铅笔等。工程文件的纸张应采用能够长期保存的韧力大、耐久性强的纸张。图纸采用计算机出图，竣工图应是新图。计算机出图必须清晰，不得使用计算机出图的复印件。

（三）档案的保存与使用

1）公路养护档案保存可分别按短期、长期和永久三种保存期限进行分类排列。

① 公路定期检查资料、县级及县级以下公路大中修工程资料可作为短期保存档案资料进行保存。

② 乡级及乡级以下公路的基础资料、县级公路改建工程资料、国省干线公路的大中修工程资料可作为长期保存档案资料进行保存。

③ 县级及县级以上公路的基础资料、国省干线公路的改建工程资料和各级公路桥梁、隧道等建筑物应作为永久保存档案资料进行保存。

④ 各省（市、区）也可根据当地的实际情况，按照有利于保存、利用的原

则，确定短期、长期、永久保存的档案资料的类型。

2）档案的保存与使用应符合下列要求：

① 加强档案的保存与管理，遵循"统一管理、分级负责"的原则。

② 档案保管分别按永久、长期和短期三种期限进行系统排列。

③ 安放档案的档案室管理应贯彻"预防为主，防治结合"的方针，认真做好防盗、防火、防光、防潮、防尘、防污染、防有害生物等"七防"工作。

④ 坚持库房检查制度和库房温湿度记录制度，注意调节和控制库房的温湿度，确保档案的安全。

⑤ 档案管理部门应建立定期检查库存档案和设备制度，并做好检查记录。对破损和字迹模糊或变质的档案，应及时修补或复制。对库存档案发现可疑情况或者发生意外事故，应及时进行检查。

⑥ 档案的使用应遵循"严守国家机密、禁止涂改抽拆、切勿私自携出，不得转借散失、妥善保护案卷、用毕及时归还"的原则。

档案库房（含胶片库、磁带库）的温度应控制在 14~24℃，有调节设备的库房温度日变化幅度不得超过±2℃；相对湿度应控制在 45%~60%，配有调节设备的库房湿度日变化幅度不得超过±5%。保存母片的胶片库温度应控制在 13~15℃，相对湿度应控制在 35%~45%。

（四）电子档案

加大档案数字化建设力度，使养护档案基础工作与数据建库扩容紧密结合，使档案数据库信息量包括全宗级、案卷级、文件级目录数据和各种专题档案目录数据，并逐步向全文数据发展。

1）设计图纸应数字化保存。

2）应建立动态公路设施基础数据库，做好路面管理系统、桥梁管理系统、隧道管理系统、基础数据库的软件备份及数据更新和备份。

3）应做好文字、数据、影像记录等电子文件的保存和维护，逐步实现技术档案电子化。

4）应保证电子文件信息安全。

5）逐步建立档案信息化检索体系。

任务三　公路养护的生产管理

公路养护生产管理是对其日常生产活动的计划、组织和控制，以及与工程项目生产密切相关的各项管理工作的总称。生产管理的任务就是运用组织、计划、控制的职能，把投入生产过程的各种生产要素（人力、资金、材料、机具、信息）有效地结合起来，形成有机体系，按照最经济的方式，保质、保量、安全、按期或提前完成施工的任务。

一、公路养护生产的组织方式

1）公路改善与大中修工程，其生产组织方式与公路基本建设工程相似，采取内部竞标或对外公开招标的方式进行。

2）小修保养工程，由于具有点多、线长、面广、作业分散等特点，一般采用包干负责制组织施工，把养路责任与个人利益相结合。有条件的地区应采取公开招标或内部竞标的方式，选择养护生产企业。对养护单位的管理实现合同管理。

包干负责制一般有两种形式。

1）全面包干负责制：以一个行政区域某一干线公路范围为单位，组织相应的养护机构，对所辖范围的公路养护工作负全部责任。具体做法是：省级公路管理局对地市公路局、地市公路局对县级公路分局（段）、县级公路分局（段）对道班定里程、定养护等级、定人员编制、定材料消耗、定使用经费、定生产任务指标、定奖励办法、定检查评比。

2）局部包干负责制：以某一单项工作进行包干负责的制度。范围一般较小，可以落实到人，制定养护定额，养护投资实行计量支付。目前一般有：

① 干部分片包干制。

② 养路队（道班）分段保养负责制，如路面、桥涵专业队等形式。

③ 养路队（道班）分工负责制，如路基分段包给个人等形式。

④ 绿化管理负责制。

⑤ 主要养护机械单项核算制。

⑥ 县级公路分局（段）对养路队（道班）实行合同制。

包干负责制在实施过程中必须建立和执行"小修保养工程保修制度"，明确规定保修期限、责任、处理办法等。

二、计划管理

1. 公路养护计划管理的任务和作用

公路养护工程的计划管理是指从事公路养护的各级部门，用计划来组织、协调其生产、技术、财务活动的一种综合性管理工作。做好计划管理工作，可以大幅度地提高劳动生产率，合理地使用人力、物力、财力，取得显著的经济效益。

公路养护计划管理的任务主要是：

1）确保完成上级下达的公路小修保养、大中修、改善工程的任务，提高好路率，消灭差等路，不断提高公路技术标准，完善公路沿线设施。

2）合理地组织和安排公路局、生产班组的人力、物力和财力，在认真做好综合平衡的基础上，积极挖掘公路局、道班的生产潜力，采用先进的养护技术和科学的管理方法。

3）结合管养路段的自然条件、技术状况和资金的可能，在计划安排上应贯彻先重点路线、后一般路线，先小修保养、后大中修和改善的原则，做到任务平衡，人力、物力安排得当。

公路养护计划包括制订长远规划，编制、执行、检查年度、季度、月（旬）作业计划；按计划内容可分为公路保养小修计划、大中修工程计划、改善工程计划、公路绿化计划、养护经费收支计划、劳动工资（包括民工建勤）计划、物资供应计划等。通过计划的编制，可使各级公路养护部门明确各个时期内的任务和奋斗目标，调动各级职工的积极性；制订劳力、材料、机具计划，为完成任务提供可靠依据；并按计划要求预先做好各项准备工作，及时进行调度、平衡，保证养护工程的顺利完成。

2. 计划编制的内容与方法

1）远景规划。远景规划是指超过一年以上较长时期的计划，如三年、五年、十年规划等。养路远景规划是一个粗线条的指标性计划，只突出几个较大的指标，作为主观奋斗目标。制订养路远景规划，要有高瞻远瞩的眼光，要预见国内外形势发展的趋向，要掌握国民经济发展规律和对公路发展的要求。根据客观规律的变化，提出编制养路远景规划的项目和指标。

公路远景规划的编制可分三步进行。

① 搜集和整理资料。主要是搜集有关公路发展的经济调查资料和现有公路技术状况的基本资料。经济调查资料要向工矿、农村、水电、铁路、水运和汽车运输等部门了解情况，摸清各个部门的远景设想以及对公路发展的要求，特别集中反映在交通量和载重汽车的吨位上，以便考虑公路设计标准。同时，还要搜集有关部门的建设对公路干线干扰的资料，以便考虑公路的局部改线方案。现有公路技术状况的基本资料，包括线路、里程、技术等级、桥涵状况、载重标准、水淹地段、历史水毁特征和交通量等情况，以及国内外公路发展水平和科技发展水平等。

② 整理分析各项调查资料，编制公路发展的远景规划，并要求其与国民经济的发展要适应。公路管理部门要争取主动，公路技术改造目标要走在国民经济发展之前，真正起到先行的作用。在一条路线或一个站程之内，应按同一技术标准要求进行全面改造，以适应交通运输的需要。

③ 反复调整、综合平衡、紧抓落实。实现远景规划，首先要有足够的资金。根据需要与可能的原则，积极筹集公路技术改造所需的资金，使编制规划落实在可靠的基础上。

2）年度计划。公路养护年度计划是在计划年度内全部养护生产、经营活动的实施方案，是养路工作最主要的综合性计划。它既是养护远景规划的具体化，又是季度计划、月度计划的依据。

其具体编制过程大体可以分三个阶段进行。

① 收集资料。除了《公路养护技术规范》（JTG H10）中规定的各级公路部门应进行的路况调查登记和交通量调查统计工作等外，还应搜集以下各项资料，作为编制下一年度计划的主要依据：本年度计划执行情况和预计年末完成情况；远景规划要求考虑安排项目的资料；预计下年度养路资金情况；急待进行的（主要是一季度）工程项目的调查资料；需要补充的生产能力和技术革新措施的资料；小修保养年公里预算定额资料等。

② 编制计划草案。公路养护年度计划在年度开始前制订，在制订新的年度计划时，首先要对上一年度计划执行的情况进行全面分析研究，它是制订新年度计划的基础。编制新年度计划时必须遵照国家关于公路养护工作的方针、政策，

根据公路的整体规划，综合上年度计划项目，具体安排落实。编制计划时，一般是按照先重点线路，后一般线路；先小修保养，后大中修和预留水毁等预备费用，如还有可能，再行安排改建和提高项目的原则。

③ 上报审批计划。公路养护年度计划由省级公路管理部门进行汇总平衡，并经省级交通部门审定和省级计划部门批准。

3）月度计划。月度计划是为了保证年度计划的实现，防止产生前松后紧等不平衡情况发生的重要计划。养护单位包括基层班组，为了适应气候对公路的影响，主要采用月度作业计划来指导生产。根据自然条件、运输需要、物资供应、机械调度、劳力安排、资金分配等情况编制。它编制内容应紧密配合年（季）度计划。月度计划只是更具体，更切合实际，它的施工进度安排力争提前，不宜推迟；它是年（季）度计划的具体化，并作必要的调整和补充，使各项生产工作有条不紊地进行，更好地发挥计划指导生产的积极作用。公路管理部门的各个职能科室或有关人员都应根据职能范围，围绕养路年度计划安排及当时的具体情况，在每月初制订月度作业计划并付诸实施。月末进行检查小结，并按规定汇总上报。

3. 小修保养计划的编制

公路工程小修保养计划是指导和控制小修保养生产的主要依据。

（1）小修保养生产计划内容

1）产量指标：公路养护里程和小修保养工程数量和工作量。

2）质量指标：包括好路率、综合值、实现优等路和消灭差等路指标，以及各单项工程质量标准和要求。

3）小修保养工程年公里成本和单项工程成本。

4）主要材料消耗。

5）主要机械台班消耗。

6）员工出勤率和直接生产率。

7）主要机械完好率和利用率。

8）为完成任务、实现进度、保证质量、降低成本应采取的技术组织措施和安全生产措施。

（2）计划的编制

1）小修保养年度计划的组成文件如下：

① 文字说明：对计划编制所作的必要说明。

② 小修保养路况计划表：主要包括各等级（优、良、次、差）的计划里程，计划好路率、计划综合值、消灭差等路的计划里程数。

③ 小修保养工程进度计划表：主要包括工程项目、工程量、全年分季度完成的工程量和工作量。

④ 小修保养工程材料使用计划表：主要包括材料名称、本年度计划用量、分季度使用量。

⑤ 小修保养工程机械使用计划表：主要包括材料名称、本年度计划用量、分季度使用量。

⑥ 小修保养劳动力计划表：主要包括道班人数、计划出勤率、计划出勤天数、计划出工日数、计划直接生产利用率、计划直接生产工日、全年计划总用工数、分季度用工数。

⑦ 小修保养完成各项经济技术指标措施计划表：主要项目包括计划达到的指标与要求，计划实施方案和内容的说明，负责实施的人员等。

以上各表均按路线并按道班填列。

2）年度计划的编制方法：小修保养年度生产计划由县公路分局负责编制，将全县各条公路上各道班的计划内容统一汇总编制。年度计划编制完成后，应与年度预算一起上报审查批准。

（3）小修保养季度生产计划的编制

1）季度计划的组成：季度好路率计划表；季度工程计划表；季度材料使用计划表；季度机械使用计划表；季度劳动力措施计划表；季度技术组织措施计划表。

2）季度计划的编制方法：季度计划是落实年度计划的基础。县公路分局根据上级批准的年度计划，结合生产实际情况，编制季度小修保养生产计划。在编制季度计划时，可按实际情况对年度计划进行调整。季度计划应按规定时间上报，批准后方可贯彻执行。

（4）小修保养月份生产计划的编制

1）月份计划的内容：月份计划是以道班为单位按旬分列的。某个道班月份生产计划表中主要包括好路率计划、工程计划、机具使用计划、劳动力计划和工程进度计划。

2）月份计划的编制方法：月份计划是实施性的生产计划。县公路分局于上月下旬（25 日）在路况检查评定（自检）的基础上，根据批准的季度计划和实际路况进行编制。县公路分局于月末前下达到道班，并报上级部门备查。

（5）旬作业计划的编制

旬作业计划由道班根据县公路分局下达的月份生产计划编制。各道班根据旬作业计划，每天将次日的生产安排公布在布告牌上，以利于作业计划的贯彻执行。

4. 现代化计划管理简介

现代化计划管理是相对于目前大量应用的生产型管理中的计划管理而言的，它包括预测技术、决策技术、全面计划管理（含目标管理）以及公路养护 ABC 分析法等。为了促进公路养护生产的计划管理向现代化计划管理方向过渡，现仅介绍其基本知识。

（1）预测技术

1）基本概念：预测技术是对尚未发生或目前还不明确的事物进行预先的估计和推测，是在现时对事物将要发生的结果进行探讨和研究的一种技术。预测技术在公路养护管理中经常使用，如怎样才能准确地估算出拟建公路的远景交通量；怎样确定与工农业、人口、综合运输能力等因素相适应的公路网密度；公路在使用年限内是否会达到预期的经济效益等等问题。

2）基本原理：由于预测对象受到多种偶然因素的影响，所以常常使预测对象的发展表现得杂乱无章，似无规律可循。但是，这种偶然性始终受其内部隐蔽规律支配。在进行预测时，人们一般借助于以下几项原则：惯性原则、类推原则、相关原则、概率推断原则。

（2）决策技术

1）决策的定义：决策是对未来的行为确定目标，并从两个以上可行方案中选择一个合理方案的分析判断过程。正确的决策产生正确的行为，得到好的结果；错误的决策产生错误的行为，得到坏的结果。同样条件下，决策水平的高低，往往会产生完全不同的结果。

2）决策方法：可以分为确定情况下的决策和不确定情况下的决策。其中不确定情况下的决策根据所掌握数据资料的不同，又可分为风险型情况下的决策和完全不确定情况的决策。

3）决策原则：

① 确定性决策问题：这类问题有时很简单，如货款修路，当有几个利率方案可供选择，当然选用利率低的方案来决策即可。

② 风险型决策问题：风险型决策的标准有期望值标准、机会均等的合理性标准和最大可能性标准。

③ 完全不确定性决策问题：在进行这种决策时，选择最佳方案的准则有悲观原则、乐观原则和最小后悔原则。

（3）全面计划管理的概念

公路施工企业的全面计划管理是指在国家统一指导下，结合建筑市场的需求情况，根据企业现代化生产客观规律的要求，对企业的生产经营活动制订计划目标，实行有计划的组织、指挥、协调和控制等管理工作。它的特点是全面、全过程、全员性的综合管理。它要求企业各部门、各环节的各项工作都要计划化；要对企业生产经营活动的全过程实行计划管理；要使企业的全体人员都要关心和参与计划的制订和执行。

（4）确定公路养护重点的 ABC 分析法

ABC 分析法是将公路养护工程任务（路段、桥、涵等）分为 ABC 三大类，其中 A 类数量最少，但属于急需修理或养护的任务；B 类数量较多，但需要修理或养护的程度次于 A 类；C 类数量很多，但需要修理或养护的程度次于 B 类，由此来确定修理或保养工程任务的先后次序的方法。

公路养护 ABC 分析方法分两种：第一种为按实际交通量分类法，第二种为评分分类法。

三、文明安全生产与劳动保护

文明安全生产是指按照社会化大生产的客观要求，科学地从事企业生产的一切活动。企业从事一切生产活动都应当讲文明、讲科学、讲安全。

1. 文明施工

（1）文明施工教育

企业应通过文明施工教育，使施工现场人员掌握文明安全生产知识，提高对文明安全生产的思想认识，使施工现场人员成为有高度责任感和事业心、具备科学技术知识和管理知识、能够严以律己的劳动者。养护作业人员进行养护作业时，应当穿统一的安全标志服，利用车辆进行养护作业时，应当在公路作业车辆上设置明显的作业标志。现场管理员工应统一着装、佩挂证卡，并应自觉遵守工地的各项规章制度和劳动纪律，杜绝"三违"现象。

（2）文明管理

文明管理指养护管理的科学化和民主化。科学化是指建立文明施工管理和监督管理网络，推行现代管理方式，建立和贯彻一整套科学管理和生产的规章制度，包括各项责任制、工艺规程、设备维护与检修规程、安全技术规程等。民主化是指充分发挥职工管理企业的积极性和创造性。

（3）文明环境

文明环境指保持养护工程的工地、作业区、机器、设备等整洁、舒适和安全。

1）施工单位应按照场地总平面图设置各项临时设施，做到布局合理。在养护作业区应按规定进行适当的交通控制，应在工地边设置明显的标牌，标明工程项目名称、工程概况、建设单位、设计单位、监理单位、施工单位、项目经理和技术负责人的姓名，开、竣工日期等等。

2）施工现场作业区道路平整；施工机械设备应保持状况良好、停置整齐；施工材料堆放有序、存储合理规整。

3）作业区道路和现场按工程需要有足够的照明设施；施工电源集中布置，统一接线，专人负责，并定期检查。

4）工地现场外观应做到"三洁"：施工场地整洁、生活环境清洁、施工产品美观洁净。施工范围内基本无废料、垃圾和油垢，应做到工完、料尽、地清；办公室、作业区、仓库等场所内部应整洁，生活区中的食堂、供排水、浴室、医务室、宿舍和厕所应符合卫生通风照明等要求，职工宿舍内外应保持洁净、卫生；施工产品符合规范要求，外观洁净、美观。

5）工地禁烟区内应严禁吸烟，禁止边作业边吸烟。

6）遵守国家有关环境保护规定，避免和降低灰尘等对周围环境的污染。

2. 安全生产

在生产过程中，要坚持"安全第一、预防为主"的安全生产方针，切实做到"生产必须安全，安全促进生产"，保证人和机器设备在生产中的安全。

（1）施工现场安全管理规定

1）施工现场必须具备良好的施工环境和作业条件，实现安全生产，避免发生人身伤亡事故和工程事故。进入施工现场的所有人员必须遵守施工现场安全管理规定。

2）施工现场安全生产实行项目经理负责制。应建立健全工地安全组织保障体系，制定和完善安全管理制度，采取各项安全防护措施，确保施工正常进行。

3）施工现场所有施工人员必须经过上岗前安全教育。应备有各个工种安全生产手册或安全生产须知，使从事施工活动的职工都具备本工种的安全常识，不断增强安全防范意识。特种工种须经过专业培训，持证上岗。

4）进入施工现场的所有人员，应穿戴和使用有关防护用品、用具。

5）施工现场应设置必要的提示、警示、警告等各种安全防范标志。

6）施工现场必须杜绝违章指挥、违章作业、违反劳动纪律的"三违"行为。

7）施工现场必须做好防火、防电、防爆和防坠落等防护工作。

①必须遵守国家有关消防规定，各种消防设施配置齐全，并由专人负责，经常检查和定期更换。油库、易燃品存储等重点防火区域禁止火源进入。

②供电线路布设及施工用电必须遵守有关安全用电的规程和规定，应避免妨碍作业和交通。

③炸药、高压气瓶等易爆品的使用和管理必须遵守国家有关安全规定，并保持足够的安全距离，确保安全。

④高处作业必须遵守有关作业规程，设置必要的安全防护网或防护栏杆。特殊情况下应使用安全带。

8）施工现场应建立完善的机具设备例保、检修制度，保证机械设备正常安全运作。

（2）小修保养生产中的安全工作

1）路上作业应在作业区两端设立明显警告标志及挡栅，安排专人进行交通指挥，夜间应配装红灯信号警告；施工路段设置的便道应加强维护；在正线上作业留出的行车道应有足够的安全宽度和会车处。

2）雨季施工和水上水下作业，应与有关气象、水文台站建立全天情报联系，以便采取应变措施，做到有备无患。

3）遇有道路毁坏中断，应立即设置路障，并通知交通管理部门或登报通告阻、通日期及相应措施。

（3）公路养护生产中应注意的安全问题

1）严禁采用底脚挖土方法（俗称"挖神仙土"，即下面掏空，使土自动塌落的操作方法），以免塌土伤人。

2）撬除悬岩、陡坡上松动的石块，要系好安全带。不可站在石块的下方，并忌用力过猛，以防人随石下，发生危险。

3）铁锤、铁锹及十字镐等带柄工具、要随时检查木柄是否松动、伤折，以防脱落伤人。

4）凡皮肤受伤、呼吸系统及面部等暴露部分患病的职工，不得参加熬油、喷洒等直接接触沥青的工作。

5）沥青加热时要防止溢锅烫伤及引起燃烧，现场须设置灭火器、消防砂、湿麻袋等消防器材，以防不测。

6）各类脚手架和跳板必须牢固、稳定、不起翘。

7）拆下的模板、脚手板等木料，不得随地乱丢，木板所带的钉子要及时拔除。

8）桩锤未放下或桩锤起落时，禁止撬移桩架。

9）雨季、汛期作业，应与气象、水文站保持联系，以便及早采取措施，加以防范。如遇洪水突然袭击，应迅速组织力量将机具设备和材料转移到安全地点。

3. 劳动保护

劳动保护工作是为了保护劳动者在生产过程中的安全与健康而进行的组织管理工作，以及为此而采取的一系列技术措施。它专指对劳动者在劳动生产过程中的安全与健康的保护。

（1）劳动保护的任务

1）保证安全生产，防止工伤事故和职业病发生。

2）合理确定工作时间和休息时间，注意劳逸结合。

3）对女工实行特殊保护。

4）开展工业卫生工作。

（2）劳动保护的内容

1）安全技术：为了消除企业生产中引起伤亡事故的潜在因素，以及为了保证工人在生产中的安全，而必须采取的各种技术措施，称为安全技术。

2）工业卫生：为了改善生产劳动条件，避免因生产活动可能引起的对职工健康的危害，避免有毒、粉尘、噪声、振动，防止职业病的发生而采取的各种技术组织措施，称为工业卫生。

3）劳动保护制度：指为切实做好安全文明生产和保障职工身体健康而建立的一系列生产行政管理和生产技术管理制度。它由两方面内容组成，一是属于生产行政管理方面的制度，如安全生产责任制、安全教育制度、安全生产监督检查制度、工伤事故调查分析处理制度、卫生保健制度等；二是属于生产技术管理方面的制度，如安全操作规程、设备维护制度等。

（3）油路养护中的劳动保护工作

1）对患有皮肤病、眼病、喉病、面部或手部有破伤，以及对沥青有过敏感染的人员不应担任沥青（特别是煤沥青）的加工、运输和操作等工作。

2）对运油、熬油、洒油、摊铺等工序，凡经常接触沥青的人员，其外露皮肤需涂上防护油膏，应穿长袖、长裤工作服，戴口罩、帆布手套、护目眼镜等，并用干毛巾围裹颈部。用手摇洒布车洒油的人员还需戴上鞋罩。

3）接触沥青人员在上下班时，还需点眼药水一次，以保护眼睛，眼药水的品种及点滴标准由医生决定。

4）每天工作完毕，应将防护用品除下，脸和手用肥皂洗净，再擦一些润滑脂。若皮肤或手已染有沥青，应立即用松节油洗净，不宜使用汽油、柴油等油类擦洗。

5）如果被沥青灼伤时，应立即将黏在皮肤上的沥青，用酒精、松节油或煤油等擦干净，再用高锰酸钾溶液或硼酸水洗伤处，必要时请医务人员治疗，事故严重的应立即报告医务人员进行急救。

在施工现场或拌和厂、加热站等处，都需配备灼伤防暑等药品，以备急需。如气候炎热，工地应保证供应茶水及清凉饮料，同时还应采取相应的防暑降温措施。

课 后 训 练

1. 试述公路养护管理的组织机构。
2. 试述公路养护管理机构中养护技术负责人的主要职责。
3. 公路养护技术管理的内容包括哪些？
4. 公路数据库的内容应包括哪些？
5. 养护工程完工后必须符合哪些条件才能接养？
6. 公路检查的内容包括哪些？
7. 各级公路管理机构公路检查的频率分别是多久一次？
8. 公路养护档案管理应符合哪些规定？
9. 公路养护档案的整理应符合哪些要求？
10. 简述公路养护生产的组织方式。
11. 公路养护计划管理的主要任务是什么？
12. 为什么要实行劳动保护？
13. 试述在沥青类路面养护工作中的劳动保护措施有哪些？

项目十一
公路路政管理

11

● **知识目标**

1. 了解公路路政管理的作用和特点；
2. 了解公路路政管理的任务和方法。

● **技能目标**

掌握公路路政管理方法的实施。

● **素养目标**

请结合依法治国理念向同桌讲解公路路政管理的相关内容，树牢"爱国、法制"的核心价值观。

● **工作任务**

1. 公路路政管理的基本知识；
2. 公路路政管理的任务和方法。

任务一　公路路政管理的基本知识

公路路政管理属于国家行政管理的组成部分，是随着公路路政管理的实践而产生，随着行政管理学的发展而发展，是社会经济发展到一定阶段的必然产物。

公路路政管理学是一门专门化的行政管理学，除了普通管理学的一般原理外，还有其自身特点和内涵。它是一门研讨路政管理活动规律以及如何搞好路政管理的科学，其内容广泛，一般包括路政决策、路政管理、路政方法、路政法规、路政业务管理以及路政管理机构的设置、人员编制等。

公路路政管理学是一门新兴的边缘学科，与之相关的学科主要有行政管理学、社会学、经济学、管理心理学以及现代化管理知识等。

公路路政管理是公路管理的主要组成部分之一，是强化公路管理的重要一环，是公路行政管理的集中体现。

一、公路路政管理的有关概念

公路路政管理是指公路主管部门及其授权的公路管理机构根据国家的有关法律法规，为保护公路、公路用地、公路设施、维护公路合法权益和为发展公路事业所进行的行政管理。

公路路政管理的目的是保障公路使用质量，提高公路的社会经济效益，保障公路的安全畅通。

公路路政管理的对象是人、社会组织、物质资源（路产）、时空资源（路权）和信息资源等。

公路路政管理应遵循"管养结合、综合治理、预防为主、依法治路"的原则。

二、公路路政管理的特点

公路路政管理具有法制性、广泛性和复杂性的特点，是一项系统工程。

1. 法制性

路政管理是我国行政管理的组成部分，是代表国家履行相应管理职能的一种执法活动，属于法制的范畴。路政管理活动直接牵涉到路政管理相对人（个人或组织）的切身利益，有时涉及的经济价值很大，如一幢违法建筑的价值可以达到几万元甚至几十万元。路政执法活动是国家意志的体现，由国家通过法律法规来保证强制实施，任何个人或组织违反路政管理法，都要受到法律的制裁。

2. 广泛性

人们的生产和生活都离不开公路交通，因此，路政管理涉及千家万户，与人民群众有着密切的联系；而且，公路线长面广，牵涉到农业、市政、水利、林业、电信、电力、厂矿、铁路、商业、建筑、汽车运输及沿线乡镇等各行各业和各部门，路政管理必然与这些行业和部门发生密切的联系。因此，公路路政管理具有较强的广泛性。

3. 复杂性

路政管理的复杂性主要表现在：一是该项工作关系到千家万户，涉及许多部门；二是路政管理机构与公安交通等部门在工作职责上有交叉；三是交通、公安、土地管理、工商、城建等部门的法规和政策不一定配套，造成各行其是、多头审批，尤其在公路沿线建筑控制工作中最为明显；四是路政管理机构在管理中权威和手段有限，因此，路政管理机构和路政管理员在履行职责时常常需要借助其他部门的权威手段，如在查处路政案件以及进行路政大整顿时，往往要取得公安、法院、土地管理、工商等部门的支持和协助。

三、公路路政管理的作用

公路建成后投入使用，并交由养护单位养护。在公路的使用及养护工作过程中，必须要有路政管理相配合，才能使公路的作用得到更充分的发挥。

路政管理的作用可归纳为：

1. 维护路产路权，保护公路完好

路政管理工作将依照国家有关法律，保护公路的路基、路面、桥涵、排水设施、防护构造物、隧道、渡口、测桩、里程碑、交通标志及设施、绿化及苗圃、路用房屋、公路用地的完好，对各种侵占和破坏公路、公路用地及公路设施的行为依法进行查处。

2. 保障公路的使用质量

通过路政管理工作来控制超限运输车辆在公路上行驶，加强对超限运输车辆行驶公路的审核管理，加强对各种管线与公路交叉的审批等，从而保障公路的使用质量。

3. 促进公路养护工作，发挥公路养护应有的效益

公路在使用过程中将出现各种病害或损坏，因此，必须及时进行养护维修。但有些病害和损坏是人为破坏造成的，例如车辆违规跨越水沟、村民在公路路基边坡上取土、偷伐行道树、偷取交通标志或护栏等。这大大增加了养护费用和养护的工作量，导致交通事故的大量发生。通过路政管理工作，依法查处人为破坏的事件，减少或避免人为破坏的出现，将使公路养护工作发挥应有的效益。

4. 改善交通运输环境

通过路政管理工作，对公路沿线的违章建筑、在公路上堆物占道等事件进行查处，以保证行车视距良好；控制和减少横向干扰，以利于行车安全等，从而使交通环境得以改善。

任务二　公路路政管理的任务和方法

公路路政管理是公路管理的组成部分，它与公路交通管理互有差别。路政管理主要是对公路、公路用地、公路设施及活动的静态管理，而公路交通管理则是对人、车、路的动态管理。

公路路政管理与公路建设、公路养护的地位相等，目标一致。公路建设、公

路养护是路政管理的基础和前提，路政管理是公路建设、公路养护的必然结果和保障。

一、公路路政管理的任务

公路路政管理的中心任务是保护路产路权，具体来说主要有以下四个方面：

1. 保护路产

保护路产是指由公路主管部门及其授权的公路管理机构依法享有占有、使用、处置权的所有有形和无形的财产，它包括公路、公路用地、公路设施、专用房屋、料场、材料、苗圃、装备、用具、资金、财物、科研成果、专利所有权等。保护路产还表现在制止和查处超限运输、在公路上试刹车、挖掘公路以及毁坏和破坏公路的路基、路面、桥梁、隧道、涵洞、排水设施、防护构造物、花草林木、苗圃等违法行为。

2. 维护路权

维护路权是指公路主管部门及其授权的公路管理机构，由法律赋予、为排除侵权而拥有的行政管理权和民事权益。维护路权不受侵犯，主要表现在控制公路两侧建筑红线，审理穿越和跨越公路的各种管线和渠道，审理各种道路与公路的交叉，决定废弃公路的产权归属等。

3. 维护秩序

维护秩序是指维护公路工作的正常秩序，主要表现在维持公路渡口、公路养护施工作业以及公路外部行政管理的正常秩序。

4. 保护权益

保护权益是指保护公路管理机构、路政管理机构的合法权益，以及公路养护施工作业人员、公路管理人员在从事生产、执行公务时的合法权益。

二、公路路政管理的方法

路政管理的方法是指能够保证路政管理活动朝着预定的方向发展，达到路政管理目的的各种专门的方式、手段、技术措施的总称。路政管理机构在实施路政管理活动时，必须运用一定的方法，路政管理活动的过程也就是各种管理方法的应用过程。

在路政管理活动中，由于管理对象的特点和条件的不同，具有多样性，因而也决定了路政管理方法的多样性。

采用什么样的管理方法，取决于管理对象的性质和发展规律。路政管理的内容一旦发生了变化，路政管理的方法也要随之发生变化。路政管理方法如果不符合其管理对象的性质和发展规律，就达不到预期的管理目的，甚至会出现某些无法预料的情况。

一般的管理方法主要有：

1. 定量管理法

定量管理法是运用数学方法，从量的角度进行分析、控制和协调管理对象及其运行过程，从而做出精确而迅速的决策。定量管理是管理的一个方面，这是由作为管理对象的客观事物固有的规律决定的，是管理发展的一个基本趋势。

2. 系统管理法

系统管理法是以系统性原理为指导，把对象作为系统进行定量化、模型化和择优化研究的科学方法，是将对象放在系统的联系和结构中加以研究和处理的方法。运用系统的方法进行管理，是现代化管理的一项重要特征。

3. 心理行为管理法

心理行为管理法是通过调整或改变人们的社会关系和精神状态，满足人们的社会生活和精神生活需要来调动其工作的积极性和创造性的管理方法。

现代路政管理方法的主要特点是效率化、科学化和规范化。

三、公路路政管理方法的实施

在路政管理中，如果不争取地方政府的重视和支持，不与有关部门联系，不注重宣传，不借助群众的力量，只是埋头苦干、方式简单，那么一旦碰到实际问题，往往是束手无策。反之，路政管理方法正确、科学、规范，就可少走弯路，收到事半功倍的效果。

1. 宣传先行的方法

通过路政管理法的宣传，将人们无意识的自由交通行为变为有意识的依法交通行为。增加路政管理的透明度，达到家喻户晓、人人皆知的深度和广度。主要的宣传形式有：文字宣传、影视宣传、广播宣传、报纸宣传、会议宣传及其他各种有效的宣传形式。

2. 行政干预的方法

这里所说的行政干预，主要是指路政管理机构及其路政管理人员为完成路政管理任务，争取得到地方政府和领导的重视，通过政府和领导的行政干预，实现路政管理的目标。

路政管理是现代行政管理的组成部分，而政府的协调功能主要就是协调政府部门之间、政府部门与企业之间的矛盾，以达到综合平衡、协调发展。由于路政管理工作的政策性强、情况复杂、难度大，因而必须争取得到地方政府的重视和支持，尤其是长期得不到解决的"钉子户"和"老大难"问题。

3. 行政沟通的方法

行政沟通有下行沟通、上行沟通和平行沟通。这里主要是指平行沟通，即路政管理机构及路政管理人员为顺利完成路政管理任务，与平行的有关部门进行横向沟通，这种沟通以会商和协调方式为主，带有相互支持、相互促进的性质。

路政管理工作具有广泛的群众性和社会性，关系到千家万户，牵涉到许多单位。因此，路政管理工作必须得到沿线单位和人民群众的支持和协助，这样才能顺利地完成路政管理任务。

4. 舆论监督的方法

在路政管理中，通过各种媒体和渠道，引起公众舆论，给违法者以舆论压力，使其纠正违法行为。这种舆论监督的方法作用面广、收效大。

5. 经常性与突击性巡查相结合的方法

在路政管理中，必须把经常性与突击性的管理方法结合起来。经常性地巡查管理，便于及时发现违法事件，及时处理违法行为，使违法行为不再继续；突击性检查管理主要以专项整治活动的形式进行。专项整治活动必须是有组织有计划地进行，要制订方案、明确目标、组织发动、措施落实。

6. 典型示范、以点带面的方法

路政管理的典型示范，即以具有代表性的先进单位、先进经验和做法作为路政管理系统内其他单位学习的典范，借以推动全面工作。路政管理中典型示范的形式主要有：召开路政管理工作现场会，召开路政管理经验交流会，路政管理对口检查，路政管理模范人员的先进事迹介绍等。

四、公路路政管理的手段

管理手段是管理主体对客体实施管理的桥梁，传递着管理者对管理对象的作用。如果路政管理手段缺乏或无力，则无法实施路政管理并达到预定目标。

路政管理的手段主要有：

1. 行政手段

行政手段是指依靠路政管理机构的权威，运用各种行政决定、命令、规章制度、工作程序、法律等手段，以权威和服从为前提，直接左右被管理者的管理方法。它具有权威性、强制性、无偿性、垂直性的特点。

2. 经济手段

经济手段是指在客观经济规律直接起支配作用的情况下，通过运用各种经济手段，按照经济原则，调节各种不同的经济利益的管理方法。它具有间接性、关联性、平等性的特点。

3. 法律手段

法律手段是指通过法律、法规、规章等，调整路政管理中所发生的各种社会关系，保证和促进公路事业发展的管理方法。简而言之，就是依法治路。它具有稳定性、权威性、强制性、规范性的特点。

法律法规不是随便制定的，也不能随意改变，它有严格的制定程序，因此具有稳定性；法律法规是任何组织和个人都必须遵守的，这就是权威性；法律法规的实施得到强制力的保证，任何组织和个人都不允许对法律法规的执行进行阻挠，这就是强制性；法律法规都是用极其严格的语言，准确地阐明一定的含义，并且只允许对它做出唯一的解释，这就是规范性。

上述三种手段相辅相成、互相渗透，体现了路政管理科学化和法制化的统一。在路政管理中，不管是行政手段还是经济手段，最后都要通过法律手段体现，或者说，都要以法的形式表现出来，并对违法者予以制裁。

课 后 训 练

1. 公路路政管理的原则是什么？

2. 公路路政管理的特点是什么？
3. 公路路政管理的任务有哪些？
4. 公路路政管理的方法主要有哪些？
5. 公路路政管理的实施过程中应该注意的问题有哪些？
6. 公路路政管理的实施过程中主要有哪些手段？

项目十二
公路养护管理系统

12

知识目标

1. 了解路面养护管理系统；
2. 了解桥梁养护管理系统。

素养目标

了解公路养护管理系统，认识到"科技、创新"的巨大力量。

工作任务

1. 路面养护管理系统；
2. 桥梁养护管理系统。

公路养护部门所涉及的工作内容很多，包括路基、路面、桥涵和公路沿线附属设施的养护，以及水毁防治与绿化等，这些日常的养护和维护工作并不是单独、独立地存在，而是互有联系的。公路养护是对正在使用期间的公路构造物和附属设施进行保养、维修和改善，以期达到在公路使用年限内提供有足够的行车安全性、乘车舒适性和环境美观性；管理则是利用已采集到的和公路档案记录的数据信息，根据目标对各种要素进行协调、控制后作为判断和决策的依据。公路数据信息是指路基、路面宽度、路面结构形式、公路行政、技术等级、设计年限、交通量等基本数据。

在一般情况下，公路养护管理的目标有两种：一是利用有限的养护资金，维修哪些路段可产生较大的经济、社会效益；二是为使整个公路网保持在可接受的服务水平，需要有多少养护资金。系统是指各要素之间相互制约、相互联系的有机整体。公路的要素根据系统研究的内容而定，可以是路基、路面、附属设施，也可以是沥青路面、水泥混凝土路面等。所以说，公路养护管理系统是将公路日常养护的各项工作综合进行考虑，按照系统的观点用最少的养护费用使公路、桥梁及附属设施和外部环境在使用年限内满足行车的基本要求。

就养护工作的内容来看，每一项目的养护工作都需涉及很多内容。例如，仅在路基养护工作中就要考虑路肩、边沟、边坡、排水沟、截水沟以及挡土墙、护坡和路基的塌方、滑坡、道路翻浆等工作内容。在公路养护系统建立的初期，如果将影响养护工作的所有内容都考虑进去，势必造成系统过于庞大和繁杂，从而使系统无法进行正常的运行。另外，对于某些养护公路，初期主要的研究对象是养护资金需求量大且对行车有直接影响的工作内容。从国内外养护工作的经验来看，路面养护在日常养护中资金需求量所占的比例最大，所以国内外在养护管理系统研究初期都是从路面养护工作着手，使其逐步完善，然后将路面养护管理的方法逐步推广到其他养护工作。公路养护管理系统各要素之间的相互联系可以用图 12-1 所示的框图表示。

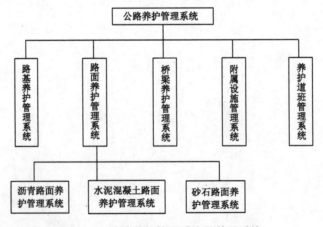

图 12-1 公路养护管理系统及其子系统

按照系统科学的观点，一个大的系统可以由几个子系统构成，这些子系统又可以分为若干个子系统。从图 12-1 可知，路面养护管理系统是公路养护系统的一个子系统，而沥青、水泥混凝土和砂石路面养护管理系统又是路面养护管理系统的一个子系统。在以下的公路养护系统的讲述中将重点阐述沥青路面的养护管理系统，它的研究方法可以推广应用到水泥混凝土路面等其他养护管理系统中。

公路养护管理是一门综合学科，它既不同于公路专业学科，也与管理学科有别。它是两者的有机结合。在公路养护管理系统中不但涉及公路专业知识，而且还需要有管理学科中的基本知识以及计算机等学科的知识。

任务一　路面养护管理系统

一、概况

路面养护管理系统是近 40 年在公路界出现的一项研究成果。它运用现代管理科学的理论、系统分析的方法和计算机运算手段，为管理部门提供分析工具和方法，使有限的资源实现最佳配置，提供足够服务水平的路面。经过 30 余年的发展，路面养护管理系统已从一个概念变为在许多国家实际运转的系统，成为路面养护中一个受欢迎的现代化辅助决策工具。

路面养护管理系统的研究起源于美国和加拿大，1971 年首次出现了路面养护管理系统 PMS 的术语。20 世纪 70 年代后期，美国和加拿大的许多州和省相继建立和实施网级路面养护系统，到 80 年代中期，约有 35 个州和省已建成或基本建成路面管理系统。其中，较有代表性的有美国加利福尼亚州 1978 年建成的网级路面养护系统，亚利桑那州 1980 年建成的供财政规划用的网级优化系统，美国陆军工兵团 1983 年建立的军用机场和城市道路管理系统 PAVER，加拿大阿尔伯达省 1983 年建立的路面信息和要求系统 PINS（后改建成信息和优先排序系统 PIPPS）以及 1987 年建立的城市路面养护管理系统 MPMS。其他有代表性的还有 1980 年丹麦的路面养护管理系统及英国运输和道路研究会（TRRL）的公路养护评价系统 CIIAR。目前，路面养护管理系统的理论和方法已近成熟。我国路面养护管理系统的研究始于 1984 年，1985 年首先在辽宁营口地区移植了英国的沥青路面养护管理系统。之后，北京、广东、河北、山东、河南、云南和江西等省市的公路部门相继建立了省市级或地区级沥青路面养护管理系统。经过"七五""八五"攻关工作，我国路面养护管理系统的理论水平已接近或达到发达国家水平。但在实用上，尚有大量工作有待进行，这包括提高认识、改善数据采集手段、投资上予以倾斜等。

公路养护系统的应用将在很大程度上促进公路管理的科技进步，加快公路管理现代化建设的步伐。系统的应用体现在社会和经济方面的好处（效益）主要包括：

1）由于决策科学，提高了公路管理部门的资金使用率。

2）充分利用有限的养护资金，提高路网的使用质量，降低车辆损耗和油耗，提高车辆行驶速度和行驶舒适性（即所谓的社会效益）。国内外研究表明，这部分费用的节省（效益），将远远高于公路养护投资的直接效益。

3）提高了公路部门职工的科学管理水平，促进了公路行业的现代化建设。

按不同的管理层次，路面养护管理系统可分为网级路面养护管理系统和项目级路面养护管理系统。网级路面养护管理系统包括一个区域的公路网或一大批工程项目，是公路网的宏观分析系统。其作用是制订养护方针，确定分配方案，分析费用需求，确定项目优先顺序，为管理部门在进行关键性行政决策时提供依据。项目级路面养护管理系统是通过对一个或一组项目进行路面评价、优先排序、选择处治方法和分析费用寿命期，制订具体的路面养护计划，为管理部门对某一工程项目进行技术决策时提供对策，以选用费用效果最佳的方案。

路面养护管理系统可利用路面调查数据，对路面进行定量评价、预测、效益分析、优先决策、输出对策，其模块结构见表 12-1。

表 12-1　路面养护管理系统模块结构

模　块	主　要　内　容	典型输出结果
数据库管理	路段划分、几何尺寸、路面结构、交通量、路面使用性能、路面历史	路面现状报告（报表、图等形式），路面历史状况报告
养护和改建需要的分析	使用性能最低可接受水平，决策标准，使用性能预估模型	目前需要养护和改建路段，今后需要养护和改建路段，路面使用性能曲线
养护计划	典型养护措施和单价，养护政策（养护对策的决策标准），养护水平对路况的影响分析	各路段的养护措施、养护计划，不同养护预算水平的分析报告
改建计划	典型改建措施和单价，改建政策（改建对策的决策标准），优序原则或优化分析（费用最小或效益最大）	各路段的改建方案，优先计划（按年份、道路等级、地区等），预算水平分析，财务计划（按特定使用性能水平要求）
养护和改建综合计划	按预算水平养护和改建计划	各路段的养护和改建措施，养护和改建综合计划
项目级分析	路面弯沉和材料性能测定，改建路面结构设计，寿命周期费用分析	结构分析报告，改建方案分析报告

二、路况调查

路况调查是养护工作中的一项常见内容，也是路面管理系统中数据采集的重要组成部分。通过路况调查进行动态数据采集，输入路面管理系统中，可自动生成路面评价指标及各种表格。

路况调查分为平整度调查、路面破损状况调查、结构承载力调查（沥青路面）和抗滑能力调查。

路面调查可采用全面调查或抽样调查的方式。

1. 路面破损调查

路面破损的调查指标为综合破损率（DR）。

高速公路和一级公路路面破损数据调查，宜采用先进快速的调查方法。其他等级公路，可采用人工调查的方法。

路面各种破损的损坏范围按实测损坏面积计，不规则形状的损坏面积按当量矩形面积估算。对于各种单条裂缝，其损坏面积按裂缝长度乘以 0.2 换算系数计算。对于车辙、拥包、波浪、坑槽，可用 3m 直尺测最大间隙。

调查结果应按破损路段进行汇总。二级及二级以下公路，路段长度采用1000m。以整公里桩号为起讫点，并考虑以公路交叉及政区分界为分段点；高速公路和一级公路，路段长度可为 100~500m。将每个路段内各类损坏数据分别统计后，计入汇总表。

2. 路面强度的调查

路面强度的调查指标为路面弯沉值。

调查设备可采用贝克曼梁或自动弯沉仪测量回弹弯沉值。如采用自动弯沉仪测定时，应建立与贝克曼梁测定结果的对比关系。

路面强度测定应在不利季节进行，并注意温度修正。在非不利季节测定时，应作季节修正。

3. 路面平整度的调查

路面平整度的调查指标为国际平整度指数（IRI）。

路网的全面调查宜采用车载式颠簸累积仪快速检测；小范围的抽样调查，可采用连续式平整度仪或 3m 直尺检测。

各种方法的测定结果应建立其与国际平整度指数之间的关系。

4. 路面抗滑能力的调查

路面抗滑能力的调查指标为轮胎与路面的摩擦因数。

调查设备可采用摆式仪和横向力系数（SFC）测定仪。高速公路和一级公路，宜采用横向力系数测定仪。

摆值的调查应在每个评价路段选 5 个测点，每个测点重复测定 5 次，取其均值作为该测点的测量值，5 个测点的平均值作为该路段的测值。

三、数据库管理系统

1. 数据库的作用

路面管理系统是借助于计算机技术进行路面养护评价、预测、分析和决策的计算机辅助决策系统。数据库是这一系统的基础。系统所需的各种路况数据以不同的方式采集后输入计算机，通过数据库加以处理和管理，为系统的网级及项目级决策提供所需的数据。数据库在路面管理系统中的主要作用如下：

1）通过数据库转换接口与数据库采集设备相连接，将采集设备中的数据直接收入并存储于数据库中。

2）通过数据库管理模块接收并存储手工输入数据。

3）通过数据库通信接口，接收来自其他应用系统的传送数据。

4）存储并管理系统的模型参数数据。

5）为网级和项目级系统提供数据。

6）通过处理结果输出模块和路网基本数据。

2. 数据库分类

路面管理系统中的数据库，依据其在系统中的作用主要分为三类：原始数据库、中间结果库和分析结果库。

原始数据库用于记录、存储系统的基本编码以及路况数据和资料；中间结果库用于存储系统在运行过程中产生的中间结果，这类库是系统内部应用的，在系统中为数不多，也没有用户界面；分析结果库用于存储系统所产生的分析和决策结果。

在 CPMS 中，原始数据库依据其存储数据的性质分为静态数据库和动态数据库两类。

1）静态数据库。静态数据库是指所存储的数据保持相对稳定，一次采集和输入后，除特殊情况外基本保持不变，构成系统的基本数据编码。静态数据主要包括：路线编码、政区编码、养管单位编码、区间编码、路段编码。

2）动态数据库。动态数据库存储的数据是动态变化的，它必须根据路况的变化而定期地更新数据。严格地说，路况数据每时每刻都在发生变化。考虑到这些数据的采集具有一定的周期性，因此在两次数据采集之间，尽管实际的路况可能已产生了变化，但路面管理系统假设这期间路况是不变的。动态数据库主要包括：交通量数据、路面病害数据、路面平整度数据、路面弯沉数据、路面抗滑数据、处治历史数据等。

四、公路养护决策与管理要求

公路的养护管理包括多方面内容，其中一个重要组成部分是路基、路面的养护管理。路基、路面的管理需求来自于路面结构破损以及荷载疲劳损坏和偶发事件（洪水、事故等）引起的破损。这些破损要求周期或随时进行路面养护和修补。在公路养护决策时将主要遇到如下问题。

1. 路面使用状况评价

路面使用状况评价的主要功能是对公路路面状况进行客观的使用性能评价。评价内容包括：

1）路面状况指数（PCI）。

2）行驶质量指数（RQI）。

3）路面结构强度指数（PSSI）。

4）车辙深度指数（RDI）、路面抗滑指数（RSI）和综合指数（PQI）。

2. 路网养护需求分析（指定养护标准）

路网养护需求分析的主要功能是在指定的道路服务水平限制下，根据公路网的路面状况，进行路面养护的需求分析，确定未来一定年度内的路面大、中修和日常养护工作量或资金需求。

3. 路面养护需求分析（指定道路服务水平）

路面养护需求分析的主要功能是在指定的道路服务水平限制下，根据公路网的路面状况，进行路面养护的需求分析，确定未来一定年限内，把路面状况维持在要求的服务水平之上所需要的养护方案和最小道路养护预算。

4. 养护预算分配

养护预算分配的主要功能是把确定的道路养护预算,以最经济的方式优化分配到指定的公路网上,确定公路的最佳路面养护方案。通过优化决策让决策者了解,在给定的预算条件下,路网中哪些路段、在什么时候、用什么方法进行路面养护管理。

5. 投资水平与道路状况分析

通过分析道路投资和路面养护状况的关系,为决策者提供公路养护投资的选择方案。养护投资水平与道路状况分析的作用就是通过养护分析建立投资与路面状况的数学关系,用于公路养护的辅助决策。

根据上述需求分析和优化分析结果,编制公路年度路面养护计划和公路路面养护规划。

五、沥青路面养护管理系统

1. 沥青路面损坏与评价

路面现有使用质量评价的内容包括:路面破损状况、平整度、强度及抗滑性能。

2. 路面使用性能预测

根据交通部公路科学研究所的研究结果,认为可采用马尔科夫链预测模型即概率模型来预测沥青路面性能。

3. 维护养护对策

1)小修保养对策:路面状况指数(PCI)评为优、良,行驶质量指数(RQI)也评价为优、良的路段,以日常养护为主,并对局部路面破损进行小修。

2)中修对策:路面状况指数(PCI)评价为中,或行驶质量指数(RQI)为中的路段,应进行中修罩面。

3)大修对策:对于强度不满足要求的路段,则应进行大修补强。

4. 抗滑处理

公路的路面行驶质量、路面破损状况和强度均满足要求,但抗滑能力不足的路段,应加铺抗滑磨耗层。

5. 改建对策

因路面不适应现有交通量或载重的需要,应提高现有路面的等级,或通过加宽等措施提高道路的通行能力。

6. 专项养护

因自然灾害致使路面受严重的损坏,可申请专款对路面进行修复。

六、水泥混凝土路面管理系统

1. 水泥混凝土路面评价方法与指标

水泥路面使用质量评价参见《公路水泥混凝土路面养护技术规范》(JTJ 073.1)。

2. 维修养护对策

对一定路况的路面，选择合适的修复对策是一件十分困难的事。根据有关资料，可根据不同的路况等级确定相应的养护和改建措施。

1）路况为优或良级状态，采用小修、保养措施。

2）中级路况状态，采用小修或大修措施。

3）路况较差时需采用中修或大修措施。

4）路况很差的路段，应采用大修措施。

任务二　桥梁养护管理系统

一、概况

由于桥梁的初期投资大，使用期长，养护资金投入集中，所以，如何科学地分配庞大的维修改建资金，特别是在资金普遍不足、养护需求得不到全部满足的情况下，如何把资金投到最需要、最重要的地方，将显得更加重要。

国外桥梁养护管理系统诞生于 20 世纪 60 年代，经过 70 年代的发展，80 年代逐步完善，进入 90 年代已到了推广应用的新时代。80 年代中期我国一些地区初步建立了桥梁的数据库，但没有对养护的经济性及效益进行分析。1991 年由北京公路科研所与河南省公路局联合开发的桥梁养护管理系统比较全面地就桥梁养护工作的数据采集、养护对策、养护费用、优先排序及养护计划、计算机处理进行了研究开发，它的研究成果为我国今后桥梁养护系统的开发打下了良好的基础。

从 1998 年起，全国部分省市的高速公路管理部门相继开始使用由交通部公路科学研究所开发的高速公路桥梁管理系统（China Expressway Bridge Management System）。该系统现已在山西太旧、江西昌九、福建泉厦、河北石安、海南东线及广东多条高速公路上运用。广东、江西、山西、海南省高速公路管理养护部门已全面完成数据的采集、录入及系统的各功能调试工作，并已经将桥梁管理系统所提供的数据、计算分析结果作为养护的辅助依据。

桥梁管理系统（CBMS）基于桥梁结构工程、病害机理、检测技术和数据采集技术，运用计算机系统所提供的数据处理功能、评价决策方法和管理学理论，对现有桥梁进行状况登记、评价分析、投资决策和状况预测。建立 CBMS 系统能够全面地收集、储存和处理各类桥梁数据资源，通过系统提供的各个模型和功能的运行，用户可以直观地了解现有桥梁的过去、当前和将来若干年内的营运状况，从而合理安排有限的养护资金，及时、经济和有效地对桥梁养护和维修，达到延长桥梁使用寿命、充分发挥桥梁的运营效能、确保交通运输安全畅通的目的。

二、桥梁管理系统数据库

桥梁管理系统数据库主要由桥梁静态数据、桥梁动态数据、文档、图像以及维修加固数据等资料库组成，它是桥梁养护与维修、安全评价的依据。

1. 数据库的建立

数据的采集与录入、建立数据库是桥梁管理系统极其关键的一环。数据采集质量直接影响着整个系统运行效果，因此，必须非常重视数据库的建立工作。

数据采集及录入过程应遵守规定的编目、编码进行，并重点掌握数据库设置、各种数据字段的类型、长度、含义、归属、编码字段的编码规则及代码转换技术。对已损失的内业资料要进行补充，或通过实测加以修订。在外业数据采集中，对桥梁病害评价代码要正确理解和把握，保证数据的完整与准确。

2. 数据库的功能

1）利用数据库，能迅速、正确地查出所需的资料，若发现输出的某些资料有错误，可以用编好的程序进行修正。

2）按需分类输出资料。管理人员可根据自己工作的需要调出各种资料，进行桥梁维护系统的相关分析，进而评估不同维护方法的效果。

3）提供将来工程的基本参考资料。数据库所存储的资料除了为桥梁维护工作提供依据，还可为桥梁未来的改建或建设其他桥梁提供设计参考资料。

三、桥梁管理系统结构及功能设置

1. 系统结构

交通部推广应用的 CBMS 系统采用结构设计，以菜单方式调用。其结构共分4 层。

1）总控制层：该层的作用是提供 CBMS 版本信息，对下层进行调用。

2）子系统层：由数据管理、基本应用、统计处理、图形图像、评价对策、维修计划和费用分析 7 个系统组成，该层由总控层调用。

3）模块层：由若干管理模块组成，受对应的子系统调用。

4）功能层：设有 100 余项独立处理功能块，处理某项具体工作，各功能块由相应的上层模块调用。

CBMS 采用层层调用、层层返回的结构方式，结构清晰，各功能相互独立，便于系统维护和功能扩展。

2. 系统功能设置

CBMS 采用 ORACLE 关系数据库，建有桥梁静态、动态、文档和加固方法等4 个数据库、13 个库文件、155 项数据字段，与 C 语言嵌套建有数据管理、评价对策等 7 个子系统，100 余项功能。按其特点可分为 6 个方面。

1）数据管理功能：CBMS 提供了很强的数据管理功能，可进行数据输入、修订、查询、删除、校验、备份、重装、传输等处理，这些操作通过"数据管理子系统"实现。

2）日常事务处理：提供固定检索，任意查询，快速制表，输出桥卡，汇总一览表、定检表以及各种统计功能，满足日常管理工作的需要。

3）图像管理功能：提供彩色图像扫描、编辑、分类显示和印刷输出，通过图像信息决策，直观、清晰，一目了然。

4）编制桥梁维修检查计划功能：系统根据数据采集所提供的维修检查建议，编制桥梁维修计划、特检计划和定期计划，输出结果按桥梁病害程度、桥龄长短、路网交通量及道路类别等关键字排序。

5）提供维修费用估价功能：系统建立多种维修方法基价，用户输入工程量就可估算所需费用。

6）评价对策功能：CBMS 提供了桥梁使用功能评定及加固对策、人工智能处理子系统。桥梁使用功能评定是根据桥梁的结构缺损状况、荷载承重足够性和桥面交通适应性三方面，同时考虑交通量、道路类别、绕行距离等条件来评价。通过对桥梁现状评定，以确定桥梁对路网的适应程度，从而为桥梁的维修改造计划的制订提供依据。CBMS 采用了 AHP 层次分析和模糊评判两种评定方法，这两种方法均为系统工程中较为有效的方法。其中层次分析法（AHP）的评价结果以分数的形式表达（CBMS 中采用 100 分制），模糊评判以模糊数学为理论基础，其结果采用等级形式表示（CBMS 采用 1~5 等级制）。

课堂延伸

分组搜集公路养护工作中应用到的新科技、新技术，并按组制作 PPT 进行汇报。

课后训练

1. 简述公路管理系统的内容。
2. 路面状况调查的内容？
3. 试述数据库在路面管理系统中的作用。
4. 简述桥梁管理系统结构。

参 考 文 献

[1] 黄晓明. 路基路面工程 [M]. 6 版. 北京：人民交通出版社，2019.
[2] 彭富强. 公路养护技术与管理 [M]. 3 版. 北京：人民交通出版社，2015.
[3] 武鹤. 公路养护技术与管理 [M]. 北京：人民交通出版社，2013.
[4] 王凯英. 公路养护与管理 [M]. 北京：机械工业出版社，2017.